Bad Samaritans

富国的
伪善

〔英〕张夏准（Ha-Joon Chang） / 著

严荣 / 译

The Myth of Free Trade
and the Secret History of Capitalism

自由贸易的
迷思与资本主义
秘史 ————

社会科学文献出版社
SOCIAL SCIENCES ACADEMIC PRESS (CHINA)

献给爱妻熙贞（Hee-Jeong）

目　录

序　言　莫桑比克的经济奇迹

　　　——如何摆脱贫困 ………………………………… i

第一章　重温凌志车与橄榄树

　　　——关于全球化的神话和现实 ……………………… *1*

第二章　丹尼尔·笛福的双面人生

　　　——富国是如何变富的？ …………………………… *27*

第三章　我 6 岁的儿子应该参加工作

　　　——自由贸易是否总是答案？ ……………………… *59*

第四章　芬兰人与大象

　　　——我们是否应该管制外来投资？ ………………… *80*

第五章　人剥削人

　　　——私营企业好，公共企业坏？ …………………… *105*

第六章　1997 年的 Windows 98
　　　　——"借用"创意是错误的？ ················· 128

第七章　不可能完成的使命？
　　　　——财政审慎是否走得太远？ ················· 157

第八章　扎伊尔与印度尼西亚
　　　　——我们应该支持腐败和不民主的国家吗？ ········· 176

第九章　"懒惰"的日本人和"偷盗"的德国人
　　　　——某些文化会阻碍经济发展吗？ ··············· 202

结　语　圣保罗，2037 年 10 月
　　　　——世界会变得更好吗？ ··················· 226

致　谢 ······································· 247

译后记 ······································· 250

索　引 ······································· 256

序　言　莫桑比克的经济奇迹

——如何摆脱贫困

莫桑比克接受大公司的挑战

坚果和伏特（Nuts and Volts）

2061 年 6 月 28 日，马普托

来自《经济学家》

特立斯·埃斯特拉斯宣布燃料电池技术的一项新突破

6 月 25 日，南非以外非洲最大的一个企业集团，本部在马普托（Maputo）的特立斯·埃斯特拉斯（Tres Estrelas）巧妙地安排在国家的独立日宣布一项大规模生产氢燃料电池（Hydrogen Fuel Cells）的突破性技术。"到我们的新工厂在 2063 年秋天投产时，"激情四溢的公司主席阿曼多·努马伊奥先生（Mr. Armando Nhumaio）宣布，"我们将能接受来自日本和美国的大公司的挑战，给消费者提供物超所值的产品。"分析家认为特立斯·埃斯特拉斯的氢燃料电池将会取代乙醇作为汽车的主要动力来源。南非西开普大学（University of Western Cape）著名的能源经济研究所的主任纳尔逊·姆贝基-马兰（Nelson Mbeki-Malan）说："这肯定给主要的乙醇燃料生产商提出了严峻挑战，比如巴西的国家石油公司（Petrobras）和马来西亚的阿科纳斯公司（Alconas）。"

特立斯·埃斯特拉斯在燃料业务上起点很低。公司从 1968 年开始出口腰果，这个时间比莫桑比克从葡萄牙获得独立早 7 年。之后，该公司成功地实现了经营多元化，进入了纺织和制糖业，随后大胆地进入电子行业。一开始它是韩国电子巨头三星的分包商，后来成为独立的生产商。但是，2030 年有关氢燃料生产将是该公司下一项重要业务的声明引发了广泛的质疑。"大家都认为我们疯了，"努马伊奥先生说，"燃料部门烧了整整 17 年钱。幸好，在那段时间里，我们没有很多要求获得立竿见影效果的外部股东。我们坚信，打造一家世界级的企业需要做长期的准备。"

该公司的崛起代表了现代莫桑比克的经济奇迹。1995 年，在 16 年血腥内战结束后的第三年，莫桑比克的人均收入只有 80 美元，莫桑比克绝对是世界上最贫穷的国家。由于根深蒂固的政治分裂，腐败猖獗，加上 33% 的识字率，莫桑比克的形势变得严峻。2000 年，内战结束后的第八年，莫桑比克人平均每年只能赚到 210 美元，仅比加纳人平均收入的一半多一些——加纳人能赚到 350 美元。然而，从那以后，莫桑比克的经济奇迹使它成为非洲最富裕的国家，而且是有着稳定的中上水平收入的国家。如果运气好的话，它也许能在二三十年后加入发达国家的行列。

"我们不会在荣誉面前止步，"努马伊奥先生说，他调皮的露齿笑容据说掩藏着果敢的决定，"这是一个技术快速变化的艰难行业。生产周期短，谁都不能指望仅仅靠一种创新就可以维持市场领先者的地位。竞争者随时随地都会出现。"毕竟，他的公司已经震惊了美国人和日本人。如果特立斯·埃斯特拉斯能从最底端爬升到最上层，也许尼日利亚什么地方一个尚不知名的燃料制造商会想："或许我也能这样做？"

　　莫桑比克或许能或许不能实现我的幻想。但是如果你在1961 年——比莫桑比克的梦想早一个世纪——被告知，韩国将在 40 年内成为世界上移动电话（当时还只是科幻小说中的产品）的主要出口国之一，你会做何感想？至少目前已经出现了氢燃料电池。

　　1961 年，在结束与朝鲜人残杀之后的第八年，韩国人的年收入是每人 82 美元，**不到**加纳人平均收入（179 美元）的**一半**。[①] 朝鲜战争——开始于 6 月 25 日，凑巧与莫桑比克的独立纪念日是同一天——是人类历史上最血腥的一次战争，在短短三年（1950 ～1953 年）内夺去了 400 万人的生命。韩国一半的工业基础和超过75% 的铁路在这场战争中被摧毁了。虽然韩国展现了一些组织能力，将识字率从 1945 年微不足道的 22%（该水平得自 1910 年以来一直统治韩国的日本殖民者）提高到 1961 年的 71%，但人们普遍认为它是一个发展失灵的穷国。1950 年，一份来自美国国际发展署（USAID）——美国政府当时主要的援助机构——的内部报告称，韩国是个"无底洞"（Bottomless Pit）。当时，韩国主要出口钨、鱼及其他初级产品。

2

---

① 韩国的收入数据出自 H. -C. Lee（1999），*Economic History of Korea*（Bup-Moon Sa, Seoul），Appendix Table 1。加纳的数据出自 C. Kindleberger（1965），*Economic Development*（McGraw-Hill, New York），Table 1 - 1。

　　三星电子公司（Samsung）[1]是世界上移动电话、半导体和计算机最主要的出口商之一，它在 1938 年起步，比韩国摆脱日本的殖民统治获得独立早 7 年，那时它是一个出口鱼、蔬菜和水果的公司。直到 20 世纪 70 年代，它的主要业务仍然是 50 年代中期确立的制糖和纺织。[2]当它在 1974 年获得韩国半导体公司 50% 的股份进入半导体行业时，没人注意到它。当它 1983 年宣布要设计自己的芯片，向来自美国和日本的半导体产业巨头发起挑战时，很少有人信服。

　　我在 1963 年 10 月 7 日出生于韩国，当时它是世界上最穷的国家之一。如今，我是一个富有之国——如果不是最富裕的国家——的公民。在我有生之年，韩国按购买力平价计算的**人均**收入增长了大约 14 倍。取得同样的成绩，英国花了两个世纪，美国花了大约一个半世纪。[3]我在 40 多年里所看到的物质进步，相当于一个出生于乔治三世时期的英国退休金领取者，或者一个出生于亚伯拉罕·林肯（Abraham Lincoln）任总统时期的美国老爷爷，从他们出生到现在所看到的。

　　我出生并一直生活到 6 岁的房子位于韩国首都首尔的西北角。

---

① 三星在韩语中是"三颗星"的含义，就像我虚构的莫桑比克企业特立斯·埃斯特拉斯一样。我虚构的 2061 年《经济学家》文章中的最后一句是基于该杂志一篇关于三星电子公司的真实文章——《尽善尽美？》（2005 年 1 月 13 日），它的最后一句是这样写的："如果三星电子公司可以从最底端爬升到最上层，也许中国某地一个尚不知名的电子制造商会想，'或许我也能这样做？'"虚构的莫桑比克企业的燃料部门整整亏损了 17 年，这个期限也正是创立于 1960 年的诺基亚电子部门亏损的时间。

② http：//www. samsung. com/AboutSAMSUNG/SAMSUNGGroup/TimelineHistory/timeline01. htm.

③ 根据麦迪逊的相关数据估计得出。A. Maddison（2003），*The World Economy: Historical Statistics*（OECD，Paris），Table 1c（UK），Table 2c（USA），and Table 5c（Korea）.

它是那种很小（两居室）但比较新潮的房子，出自政府一个利用外国援助修缮破旧住宅区的项目。由于是用水泥砖建造而成，这所房子很不保温，因此冬天特别寒冷——韩国冬天的温度会降到零下15摄氏度，甚至零下20摄氏度。我家当然没有抽水马桶，只有非常富有的人家才会有。

然而我家有很多其他人家所没有的奢侈品，这得感谢我的父亲，他是财政部的一名高级公务员，利用在哈佛大学学习一年的机会努力积攒下了一些奖学金。于是我们有了一台黑白电视机，这对我们的邻居产生了轰动般的影响。我们的一位世交、韩国最大的医院之一圣玛丽医院的年轻有为的牙医，以前经常挑有重大体育赛事转播的时机来拜访我们——表面上装得跟体育比赛毫无关联。当时，他可能打算把家里放在卧室的第二台电视机换成等离子屏幕电视。我的一位堂兄弟从我父亲的老家光州（Kwangju）搬到首尔，有一次他来看望我们，还因为我们家客厅里奇怪的白色家具而嘲讽了我母亲。那是我们的冰箱（厨房太小无法容纳更大的冰箱）。我的爱人熙贞1966年生于光州，她告诉我她家的邻居经常把他们珍贵的食物"存放"在她母亲的冰箱里，就好像她母亲是一家瑞士私人银行的经理，而实际上她母亲是一位成功医生的妻子。

一间小的水泥砖房子，配有一台黑白电视机和一个冰箱，可能不算什么，但对于我们的父辈来说着实是一个梦想，他们的大部分时光是在动荡和贫穷中度过的：日本殖民统治（1910～1945年）、第二次世界大战、国家分裂成韩国和朝鲜（1948年）以及朝鲜战争。每当我和我的妹妹延熙（Yonhee）以及我的哥哥夏索（Hasok）抱怨食物时，我母亲总会说我们被宠坏了。她告诉我们，当他们那一代人在我们这个年龄的时候，如果有一个鸡蛋，他们就会觉得特别幸福。许多家庭买不起鸡蛋，即便买得起鸡蛋也得把它

4

们给父亲和工作了的兄长留着。她时常回忆起她的伤心事，她5岁的弟弟在朝鲜战争期间经常挨饿，她说他的手里只有拿着一只饭碗才会感觉好些，哪怕只是一只空碗。就我父亲而言，他是一个喜欢牛排而且胃口特别好的人，朝鲜战争时期正好他是一名中学生，不得不靠米饭以及从黑市上的美国军人那里买来的黄油、酱油和辣椒糊维持生计。10岁时，他无助地看着他7岁的弟弟死于痢疾——一种在当时致命的疾病，如今在韩国已很少见到这种疾病了。

多年以后的2003年，当我从剑桥大学回来休假并在韩国逗留时，我带着我的朋友和导师、诺贝尔经济学奖得主约瑟夫·斯蒂格利茨（Joseph Stiglitz）到首尔的国家博物馆游览。我们看到了一场精美的黑白照片展览，这些照片展示了韩国20世纪50年代末和60年代初的人在首尔的中产阶级地区忙乎自己的事。这正是我对童年的回忆。站在我和约瑟夫之后的是两个20岁出头的年轻姑娘。一个尖叫道："这怎么可能是韩国？这像是越南！"我们之间的年龄差距不到20岁，但对我而言非常熟悉的景象于她是全然陌生。我转向约瑟夫并告诉他，作为一名发展经济学家，我能历经如此变迁是多么"荣幸"。我感觉像是一名真正见证了黑斯廷斯战役（the Battle of Hastings）的历史学家，或是一名通过时光倒流回到了大爆炸时代的天文学家。

我们家后来的一处房子不仅有抽水马桶，而且装了中央暖气系统，我在那里从1969年一直生活到1981年，这正是韩国经济奇迹的巅峰时期。不幸的是，我们搬进去没多久锅炉就着火了，差点把房子烧掉。我不是向你抱怨；我们能有一个锅炉已经很幸福了——大多数房子靠烧煤球取暖，每年冬天成千上万人因一氧化碳中毒而死亡。但是这个故事有助于我们了解那个影响深远的年代（也是很近的年代）韩国的技术状况。

　　1970 年，我开始读小学，那是一个私立学校，每个年级有 65 名学生。我们非常骄傲，因为隔壁的公立学校每个班有 90 名学生。多年以后，在剑桥的一次研讨会上，一位发言者说由于国际货币基金组织（International Monetary Fund，IMF）强行要求削减预算（在那以后削减得更多），20 世纪 80 年代非洲一些国家每个教室里的学生数量从平均 30 多人上升到 40 多人。这使我突然想起孩童时期韩国学校里的情况有多糟。我读小学时，最豪华的学校一个班有 40 名学生，大家都疑惑："他们会干些什么？"一些快速发展的城区的公立学校的班级人数增加到了极限，每个班有 100 名学生，老师得两班倒，有时要三班倒。在这种条件下，学校出现了体罚学生和老师死记硬背教案的情况。这种教育体制有明显的弊端，但至少韩国自 20 世纪 60 年代以来做到了为每个适龄儿童提供至少 6 年的教育。

　　1972 年，当我读三年级的时候，我们学校的操场突然变成了一个士兵营地。士兵们是为了防止反对戒严法的学生的示威活动，该法是由当时的总统朴正熙（Park Chung-Hee）将军制定的。幸好，他们没有针对我和我的朋友。我们韩国小孩的早熟是很出名的，但宪政的确超出了我们这些 9 岁小孩的认知范围。我所在的小学靠近一所大学，那里示威的学生才是士兵们的目标。事实上，在军人独裁的整个政治黑暗时期，韩国大学生是有民族的良心的，而且他们在 1987 年将军人独裁推向灭亡的进程中也扮演了领导角色。

　　从 1961 年的一次军事政变中开始执政以后，朴正熙转变成"平民"并赢得了三次连任。他的选举胜利得益于通过经济发展的五年计划成功地启动了国家的经济"奇迹"。但是，胜利也出自选举舞弊和政治上的肮脏伎俩。他的第三个也被认定为最后一个总统任期在 1974 年到期，但朴正熙不想就这么下台。到第三个任期的

6

中期，他发动了一次拉美所谓的"自动政变"（Auto-coup）。这牵涉解散议会，建立一个舞弊的选举系统以确保自己在有生之年的总统职位。他的借口是国家无法承受民主的纷扰。人们被告知，国家必须防御朝鲜，还要加速经济发展。他宣称在 1981 年把韩国的人均收入提高到 1000 美元，该目标被认为过于夸张，甚至有点接近妄想。

朴正熙在 1973 年启动了雄心勃勃的重化工业化（Heavy and Chemical Industrialization，HCI）计划。第一个钢铁厂和第一座现代船厂投入生产，第一辆自主设计的汽车（大部分是进口部件）的生产线被启动；韩国成立了电子、机械、化工和其他先进行业的新企业。在这段时期，也就是 1972～1979 年，国家的人均收入根据美元计算，奇迹般地增长了 5 倍多。朴正熙提出的到 1981 年人均收入达到 1000 美元的妄想目标事实上比计划提前 4 年实现了。出口增长更快，在 1972～1979 年，韩国按美元计算的出口额增加了约 9 倍。[①]

国家有关经济发展的困局也完全反映在我们的教育中。我们被告知，看到任何抽外国香烟的人都要报告，这是我们的"爱国"义务。国家需要用从出口中赚得的外汇去进口机械和其他投入品以发展更好的产业。价值不菲的外汇的确是在国家工厂里打赢出口战争的"工业战士"的血汗。那些把金钱浪费在像购买外国香烟这样不重要的事情上的人是"卖国贼"。我不相信我的朋友真的会去汇报这种"叛国行为"，但是当在朋友家里看到

① 以现在的美元价计算，韩国在 1972 年的人均收入是 319 美元，1979 年是 1647 美元。1972 年，韩国的总出口额是 16 亿美元，到 1979 年增长到 151 亿美元。数据出自 H.-C. Lee（1999），*Economic History of Korea*（Bup-Moon Sa，Seoul），Appendix Table 1（income）and Appendix Table 7（exports）。

外国香烟时，的确会听到一些闲话。朋友的父亲——几乎毫无例外的是一个抽烟的男人——会被含混不清地评论为不爱国的因而也是不道德的人，如果大家认为抽外国香烟不是犯罪的话。

把外汇花费在任何对工业发展不必要的事上，要么被禁止，要么通过进口禁令、高关税和消费税（那时称为奢侈品消费税）加以限制。"奢侈品"甚至包括一些相当简单的东西，比如小汽车、威士忌或饼干。我记得当20世纪70年代末在政府特许令下进口了一些丹麦饼干时，出现了小规模的全民亢奋。出于同样的理由，海外旅游是不允许的，除非你得到了政府许可去海外做生意或读书的明确指令。结果，尽管有不少亲戚在美国生活，到1986年我23岁去剑桥读研究生之前，我从来没离开过韩国。

这并不是说就没有人抽外国香烟或吃被禁止的饼干。相当多的非法和半合法的外国商品在流通。一些是走私品，尤其是来自日本的，但大部分商品是购自——非法或半合法地——韩国的众多美军基地。那些参加过朝鲜战争的美国士兵也许依然记得追在他们后面乞要口香糖或巧克力的营养不良的韩国小孩。即便在20世纪70年代的韩国，美国军人的商品仍然被认为是奢侈品。逐渐富裕起来的中产阶级家庭可以从商店和流动商贩那里买到m&m牌的巧克力和果珍。稍不宽裕的人可以去提供"杂烩套餐"（Boodae Chige）的餐厅，该套餐的字面意义是"军事基地菜肴"（Army Base Stew），这是韩国经典菜肴"泡菜套餐"（Kimchee Chige）的一种实惠版，虽然有"泡菜"（就是在大蒜和辣椒中腌泡的大白菜），但这种餐厅用更便宜的肉代替其他重要的调料和猪肉，比如从美军基地走私来的剩余的熏肉、香肠和火腿肉。

我渴望有机会能从美军的"C口粮"（C Ration）（作战时的

罐头和干粮）盒里获得一些火腿肉、咸牛肉、巧克力、饼干以及其他数不清的那时连名字也不知道的东西。我母亲的一个叔叔，那时是韩国军队里的一位将军，过去经常利用与美军联合军演的机会积攒这些供应品，然后作为盛宴送给我。美国士兵咒骂他们战时口粮的糟糕质量。而对我来说，它们简直就像是福南梅森（Fortnum & Mason）令人愉悦的食物篮。但那时我是生活在一个连香草冰激凌都少得可怜的国家，以至于在中学念英语之前，我一直都认为"香草"的意思是"不受人喜欢"。我当时还是一个较富裕的中上阶层家庭的孩子，你可以想象其他小孩的境况。

上中学时，父亲送给我一个卡西欧电子计算器，这件礼物可是超出了我最大胆的梦想。那时它可能值一个制衣工人半个月的工资，即便对我父亲来说也是一笔不小的开支，尽管他对我们教育的支持是不遗余力的。20多年后，随着电子技术的快速发展和韩国生活水平的提高，电子计算器随处可见，以至于百货商场将其作为礼品免费派送，很多最后成为小孩的玩具（不过，我不认为这是韩国小孩精于算术的原因！）。

当然，韩国的经济"奇迹"并不是没有黑暗面的。许多来自农村贫寒家庭的小女孩不得不在12岁时就辍学去打工——为了"少一个人吃闲饭"，也为了赚点钱，使至少一个兄弟能接受更多的教育。这些小女孩很多在城市中产阶级家庭做保姆，她们的收入仅够负担食宿花销，如果运气好点，她们能留点零花钱。其他女孩和一些运气不佳的男孩都只能在工厂里受盘剥，那里的条件使人想起19世纪"黑暗的撒旦磨坊"（Dark Satanic Mills）。在纺织和成衣这样的主要出口行业，工人们经常要在非常危险且有害的环境中工作12个小时，甚至更长时间，报酬却非常低。一些工厂在食堂不供应汤，以免工人增加去洗手间的时间，而这种额外时间可能略减少工厂的利润。新兴的重工业——汽车工业、钢铁业、化工业、机械制造业等——企业的工作条件好一些，但是韩国工人总体上平均每周工作 53～54 个小时，这在当时是世界上最长的工时。

城市贫民窟开始出现。它们通常在矮山上。矮山在韩国非常普遍，因风景优美被昵称为月亮区（Moon Neighbourhoods），它出自 20 世纪 70 年代一部非常流行的电视连续剧。在贫民区，一家五六口人挤在一间小屋里，上百人共用一个卫生间和一根水管。为了给日益壮大的中产阶级盖新公寓楼，许多贫民屋最后被警察强制拆除了，其中的居民被赶往卫生条件更差且无路可通的更远的地区。如果穷人不能快速脱离新的贫民区（脱离至少是有可能的，因为经济在快速发展，新的就业岗位也在不断增加），城市的扩张就会赶上他们，他们就得再一次被赶往更加遥远的地方。一些人最后就在城市主要的垃圾场南麂岛（Nanji Island）拾荒为生。外国人很少知道，2002 年世界杯时令人印象深刻的汉城足球场旁边漂亮的公园正是建于岛上的旧垃圾场之上（岛上现在有一座超现代的环境友好型的沼气发电站，它引入填埋在那里的有机物质）。

1979 年 10 月，当我还是一个中学生的时候，朴正熙意外地被他的情报部长刺杀了，当时百姓对他的独裁和第二次石油危机之后的经济混乱非常不满。紧接着是短暂的"汉城之春"（Spring of Seoul），民众看到了民主兴起的希望。但是，它被全斗焕（Chun Doo-Hwan）军事政府残酷地终结了，全斗焕在 1980 年 5 月的光州屠杀中（the Kwangju Massacre）镇压了长达两周的武装民众反抗，在这之后他开始执政。

虽然出现了这次重大的政治挫折，到 20 世纪 80 年代初，韩国已经成为一个真正的中等收入国家，和厄瓜多尔、毛里求斯及哥斯

9

达黎加相当。但这与我们现在所知晓的繁荣国家和地区还有很大差距。那时在高中生中，表达共同感受的一首歌曲是《我必须去香港》，它的意思是"我有了走出这个世界的经验"。虽然今天的中国香港仍然比韩国富裕，但当时那种感受反映了这样一个事实，即香港的人均收入是韩国的三四倍之多。

当我 1982 年上大学时，我对知识产权保护的问题很感兴趣，当时这个问题比现在讨论得还激烈。那时，韩国已经有足够的能力去复制先进的产品，百姓也足够富裕，能够追求生活中更美好的东西（如音乐、流行商品、书籍）。但是韩国还没有能力生产原创的产品，也没有能力发展和拥有国际专利及自己的版权和商标。

如今，韩国是世界上最具"创意"的国家之一——根据美国专利办公室每年授予的专利数量，韩国排在前五位。但是在 20 世纪 80 年代中期以前，它是以"反向工程"（Reverse Engineering）为生的。我的朋友所购买的"山寨版"计算机（Copy Computer）实际上是由小工厂所造，这些工厂往往拆散 IBM 的机器，复制其部件，然后组装。商标也是一样。那个时期，韩国是世界上的"盗版胜地"之一，大量生产假冒的耐克鞋和路易威登皮包。那些更有心计的人会采取接近假冒的方式组织生产。一双看起来像"耐克"（Nike）的鞋叫"耐斯"（Nice），或者鞋上本应该有的耐克的"钩"变成了一个"叉"。假冒商品很少作为真品出售。买假冒商品的人都知道他们是在买赝品；这种行为表明人们追求流行事物，而不是要误导人。版权也是这样。现在韩国出口大量质量越来越高的版权商品（电影、电视剧、流行音乐），但是当时进口的音乐（大唱片）或电影（影碟）都太贵，很少有人买得起正品。我们这代人就是听着盗版的摇滚乐长大的，我们称之为"天妇罗商店唱片"（Tempura Shop Records），因为它们的音质太差，听起来就像有人在后面做油炸食品一样。至于外文书，大部分学生是买不起的。由于来自一个愿意投资教育的家境优裕的家庭，我有一些进口书。但是，我的大部分英文书是盗版的。没有这些非法的书，我永远不可能进入剑桥大学并在这里待下去。

到20世纪80年代末我在剑桥大学完成研究生学习时，韩国已成为稳定的中上收入国家。最确切的证据就是欧洲国家不再需要韩国人的入境签证了。那时大部分韩国人已没有理由要非法移民到其他地方去了。1996年，韩国加入了经济合作与发展组织（Organisation for Economic Co-operation and Development，OECD）——富国①的俱乐部，宣称自己已"达到"了富国的标准，尽管这种幻想在1997年吞没韩国的金融危机中破灭了。金融危机之后，根据韩国自己的高标准，它做得很不好，主要是因为它过分热衷于"自由市场规则"的模式。但这是后面的话题了。

不管遇到什么问题，韩国在过去40多年里的经济增长以及其导致的社会变迁肯定是举世瞩目的。在人均收入上，韩国已经从世界上最贫穷的国家之一转变成一个与葡萄牙和斯洛文尼亚相当的国家。② 同时，它也从一个主要出口钨矿石、鱼和用头发制作的假发的国家转变成一个拥有高科技的强国，所出口的时尚手机和平板电视机在全世界畅销。更好的营养和保健使21世纪初韩国小孩的预期寿命比20世纪60年代出生的小孩的预期寿命多24年（从当时的53岁发展到21世纪初的77岁）。当时的新生婴儿死亡率是

---

① 本书中的富国一般指西方发达国家。——编者注

② 2004年，韩国的人均收入是13980美元。同年，葡萄牙和斯洛文尼亚的人均收入分别是14350美元和14810美元。数据来自 World Bank（2006），*World Development Report 2006 – Equity and Development*（Oxford University Press, New York），Table 1。

78‰，21 世纪初只有 5‰，这大大降低了伤心父母的数量。就这些生活机会的指标来看，韩国的进步就像是海地转变成瑞士。① 这种"奇迹"是如何产生的？

对众多经济学家来说，答案非常简单。韩国之所以成功，是因为遵循了自由市场的指示。也就是说它已经接受了这样一些准则，如稳健货币（低通胀）、小政府、私有企业、自由贸易和善待外国投资。这就是新自由主义经济学（Neo-liberal Economics）的观点。

新自由主义经济学是 18 世纪亚当·斯密（Adam Smith）及其追随者所创立的自由主义经济学的修订版。它最早出现于 20 世纪 60 年代，自 20 世纪 80 年代以来成为主流经济学。18 世纪和 19 世纪的自由主义经济学相信，自由市场中不受限制的竞争是组织经济的最好方式，因为它使每个人追求效益最大化。政府干预被认为是有害的，因为无论是进口控制还是创立垄断，都限制了潜在竞争者的进入，从而减少了竞争压力。新自由主义经济学支持一些老自由主义经济学所不赞成的内容——特定形式的垄断（比如专利或中央银行对银行票据业务的垄断）和政治民主。但是总的来说，它与老自由主义经济学一样对自由市场充满了热爱。在过去的 1/4 世纪里，新自由主义政策应用到发展中国家产生了一系列令人失望的结果，因而之后对这些政策的应用出现了一些"疲软"，但是从 20

---

① 韩国人在 1960 年的预期寿命是 53 岁，到 2003 年是 77 岁，2003 年海地人的预期寿命是 51.6 岁，而瑞士人的预期寿命是 80.5 岁。1960 年韩国的婴儿死亡率是 78‰，2003 年是 5‰。2003 年，海地的婴儿死亡率是 76‰，而瑞士的婴儿死亡率是 4‰。韩国 1960 年的数据来自 H-J. Chang（2006），*The East Asian Development Experience – the Miracle, the Crisis, and the Future*（Zed Press, London），Tables 4.8（婴儿死亡率）and 4.9（预期寿命）。所有 2003 年的数据均出自 UNDP（2005），*Human Development Report 2005*（United Nations Development Program, New York），Tables 1（预期寿命）and 10（婴儿死亡率）。

世纪 80 年代以来，新自由主义的核心议程依然存在，包括解除管制、私有化以及开放国际贸易和投资。

与发展中国家有关的是，新自由主义的议程一直是由美国所领导的富国政府联盟所推动，并由基本被它们所控制的国际经济组织来斡旋。富国政府利用它们的援助预算和国内市场准入作为"胡萝卜"，诱导发展中国家接受新自由主义政策。虽然这有时会对进行游说的个别企业有利，但通常是使相关的发展中国家在整体上营造一种善待外国商品和外国投资的环境。国际货币基金组织和世界银行（World Bank WB，简称世行）的作用在于，将它们的贷款与受贷国采纳新自由主义政策的条件相结合。世界贸易组织（World Trade Organization，WTO，简称世贸组织）的贡献在于，通过制定贸易规则，在富国竞争力强的领域实行自由贸易，而在它们竞争力弱的领域（比如农业或纺织业）则不实行自由贸易。这些政府和国际组织得到了一大批理论家的支持。其中一些受过专业学术训练的人应该知道自由市场经济学的局限性，但当他们提出政策建议时倾向于忽视这些局限性（尤其是在 20 世纪 90 年代他们向前社会主义国家提供政策建议之时）。总之，这些形形色色的机构和个人组成了一部强大的宣传机器，一个由金钱和权力作为支撑的金融 – 知识混合体。

这个新自由主义的当权派要我们相信，在 20 世纪 60 年代到 80 年代的奇迹年间，韩国追求的是一种新自由主义的经济发展战略。[①] 但是，事实是截然不同的。韩国在这些年里的真正举措是，

13

---

① 对新自由主义有关韩国奇迹相关论述的批评，见 A. Amsden（1989），*Asia's Next Giant*（Oxford University Press，New York）and H. -J. Chang（2007），*The East Asian Development Experience – the Miracle，the Crisis，and the Future*（Zed Press，London）。

由政府与私营部门协商挑选特定的新产业，通过关税保护、补贴和政府支持的其他方式（比如由国家出口机构所提供的海外市场情报服务）加以培育，直到它们成长到能抵抗国际竞争为止。政府拥有所有的银行，所以它能引导商业的血脉——信贷。韩国政府把一些大的工程项目直接交给国有企业——钢铁制造商浦项制铁公司（POSCO）——就是最好的例证。韩国对待国有问题的态度是一种实用主义的态度。如果私有企业能做好，那也可以；如果它们不愿在重要领域投资，政府在创立国有企业问题上也不会有顾虑；如果私有企业管理不善，政府通常会接管它们，经过重组然后再卖掉它们（经常这样做，但并不总是如此）。

韩国政府对稀缺的外汇实行绝对的管制（不服从外汇管制的人可以判死刑）。它还仔细设计外汇使用的优先顺序，确保辛苦赚来的外汇能用于进口重要的机械和工业投入品。韩国政府也严厉地管制外国投资，根据与时俱进的国家发展计划，在一些领域张开双臂欢迎外资的同时在另一些领域则完全禁止引入外资。对于外国专利，它也持宽松的态度，鼓励"反向工程"并忽视专利产品的"盗版"。

人们普遍将韩国经济看作自由贸易经济，产生这种印象是因为它的出口很成功。但是出口成功不一定需要自由贸易，日本等国家就展示了这一点。韩国早期的出口——如成衣和便宜的电子产品出口——都是去赚硬通货的手段，是韩国购买先进技术和昂贵机器以用于发展新的、更为艰巨的产业的手段，并且通过关税和补贴来保护这些产业。同时，关税保护和补贴并不是使企业永远不参与国际竞争，而是在它们能参与世界市场竞争之前，政府使其有时间吸收新技术，形成新的组织能力。

韩国的经济奇迹来自市场激励和国家指导明智且实用的结合，

这种结合导致了奇迹的产生。韩国政府没有像过去有些国家那样征服市场，但是它也没有盲目迷信市场。在认真对待市场的同时，韩国的决策者认识到市场经常需要通过政策干预来加以矫正。

如果只有韩国是通过此类"异端"政策而走向富裕的话，自由市场的鼓吹者可能仅仅将其作为一个小小的例外。然而，韩国不是例外。我将在后面谈到，实际上当今**所有**的发达国家，包括英国和美国这两个被认为是自由市场和自由贸易发源地的国家，都是基于违反新自由主义经济学的政策秘诀而致富的。

如今的富国都曾运用保护和补贴手段，也歧视过外国投资者——所有这些都是被当今的经济学正统所痛斥的，都是被像世界贸易组织若干协定之类的多边协议所严格限制的，也都是被援助提供者和国际金融组织（主要是国际货币基金组织和世界银行）所禁止的。有一些国家没有使用太多的保护手段，比如荷兰和（第一次世界大战后的）瑞士。但是它们在其他方面偏离了正统，比如拒绝保护专利（详见后面的章节）。现今的富国在管制外资、国有企业、宏观经济管理和政治制度等方面的政策的历史记录都表明，它们明显地偏离了现在的正统。

但是，如果这是事实，为什么富国不向现在的发展中国家推荐这些得心应手的战略？为什么它们偏要分发一本有关资本主义历史的虚构小说，而且是一本编得很差的小说？

1841 年，一名德国经济学家弗里德里希·李斯特（Friedrich List）批评英国向其他国家鼓吹自由贸易，因为英国正是通过高关税和广泛的补贴而获得经济优势的。他谴责英国"踢开梯子"（Kicking Away the Ladder）的行为，因为正是靠这个"梯子"英国才爬到了世界经济最强国的位置："这本来是一个极寻常的巧妙手法，当一个人已攀上了高峰以后，就会**把他逐步攀高时所使用的那个梯子一脚踢开**，免得别人跟着上来。"①

如今，富国中有些人肯定是为了获得穷国更大的市场份额并预防潜在竞争对手的出现而向穷国鼓吹自由市场和自由贸易的。他们说"照我说的去做，而不要照我做过的去做"，就像"伪善者"（Bad Samaritans）欺骗困境中的人。② 但更让人忧心的是，现在许多伪善者根本没有意识到他们是在用这些政策伤害发展中国家。资本主义的历史已经被全面改写了，这使富国的很多人在向发展中国家推荐自由贸易和自由市场时，没有觉察到历史实际上存在双重标准。

我不认为在某个地方存在一个阴险的委员会在制度性地将讨厌的人从历史照片中清除掉并重写历史。但是，历史是由胜利者来书写的，从现在的视角来重述历史也是人之天性。结果时过境迁，通常是潜意识地，富国逐渐地改写了它们的历史，使其更符合现在人们对自己的看法，而不再讲求事实是什么——就像现代人写文艺复

---

① 他继续写道："任何国家依靠保护关税与海运限制政策，在工业与海运事业上达到了这样的高度发展水平，在自由竞争下已经再没有别的国家能同它相抗衡，这时，代它设想，最聪明的办法莫过于把它爬上高枝时所用的梯子扔掉，然后向别的国家苦口宣传自由贸易的好处，用那种过来人后悔莫及的语气告诉它们，它过去走了许多弯路，犯了许多错误，到现在才终于发现了自由贸易这个真理。"见李斯特《政治经济学的国民体系》（*The National System of Political Economy*），节选自 1885 年桑普森·劳埃德对 1841 年德文版的翻译。（中文版见〔德〕弗里德里希·李斯特《政治经济学的国民体系》，陈万煦译，商务印书馆，1997，第 307 页。——译者注）"Kicking Away the Ladder"（"踢开梯子"）也是我另一部学术作品的书名，见 H‑J. Chang（2002），*Kicking Away the Ladder – Development Strategy in Historical Perspecthe*（Anthem Press，London）。（中文版见张夏准《富国陷阱——发达国家为何踢开梯子?》，蔡佳译，社会科学文献出版社，2020。——译者注）

② 源自《圣经》中"好的撒玛利亚人"的故事。在那个寓言中，一位"好的撒玛利亚人"帮助一个被强盗打劫的人，虽然事实上撒玛利亚人被认为是自私、不帮助他人的人。

兴时期的意大利（这个国家实际上在 1871 年之前根本不存在）一样，或者认为在"英国"国王和女王中包括说法语的斯堪的纳维亚人（诺曼征服者）一样。结果，许多向穷国推荐自由贸易和自由市场政策的伪善者秉持一种真诚但错误的信念，认为他们的国家 16 过去正是在这条道路上走向富裕的。但他们事实上是在使竭力想帮助的对象生活更困难。有时，这些伪善者在"踢开梯子"方面是麻烦大于助益，因为自视为正直常常比自私更固执。

所以，不管这些伪善者的意图何在，我们应该如何劝阻他们伤害穷国呢？他们应该在别的方面做些什么呢？本书综合历史、现今世界的分析、一些未来的预测以及对变革的建议而给出了一些答案。

开篇是关于资本主义和全球化的真实历史，这将在接下来的两章（第一章和第二章）中进行审视。在这些章节中，我将揭示，许多已经被读者接受的认为是"历史事实"的东西，要么是错误的，要么是不完全的事实。英国和美国不是自由贸易的生长地；事实上，很长一段时间里它们是世界上实行保护主义最强的国家。不是所有的国家都能通过保护和补贴获得成功，但不运用它们而取得成功的很少。对于发展中国家，自由贸易很少是能选择的事，通常是外部强加的，有时是通过军事实力强加的。在自由贸易中，大部分发展中国家表现得很糟；当运用保护和补贴政策时，它们做得更好。成绩最好的国家是那些实行有选择的、逐渐开放的国家。新自由主义的自由贸易和自由市场政策宣称牺牲公平能获得增长，但事实上它哪一个都没能实现；在过去的 25 年里，当市场更加自由、边界更加开放时，增长速度却慢下来了。

在历史部分之后的主要章节里（从第三章到第九章），我综合运用了经济理论、历史和现在的证据颠覆了关于发展的许多传统观点。传统观点有如下几点。

- 自由贸易减少了穷国选择的自由度。

- 长期来看，限制外国公司可能是有益的。

17

- 投资一个可能会亏损 17 年的公司也许是一种明智之举。

- 一些世界上最好的企业是由政府掌握并经营的。

- 从更具生产力的外国人那里"借"想法对经济发展是必要的。

- 低通胀和政府审慎可能对经济增长有害。

- 腐败的存在是因为有太多市场，而不是因为市场太少。

- 自由市场和民主不是天然的伙伴。

- 国家穷不是因为它们的人民"懒"；相反，它们的人民"懒"恰是因为他们穷。

与开篇一样，结语一章展现了另一种"未来的历史"——但这一段是非常黯淡的历史。场景是有意设置的，虽然略显悲观，但绝对是基于现实，它揭示了我们离这样一种场景是多么近，如果我们延续伪善者所鼓吹的新自由主义政策的话。在该章的余下部分，我提出了一些重要的原则，是对全书详细讨论的另一种政策选择的浓缩，如果我们想使发展中国家发展它们的经济，就应该遵循这些原则。尽管是消极的开篇，该章——全书也是一样——却结束于一个乐观的观念，解释了我为什么相信大多数伪善者能够被改变并能

18

够真正设法帮助发展中国家改善它们的经济境况。

第一章　重温凌志车与橄榄树

——关于全球化的神话和现实

曾几何时，一个来自发展中国家且在其国内市场占主导地位的汽车制造商向美国出口了其首批轿车。在此之前，这个小公司只生产劣质产品——粗糙地复制富国的高质量产品。那批车没什么特别的，只是便宜的小型车（可以称之为"四个轮子和一个烟灰盘"）。但这是这个国家的一件大事，出口商也为之骄傲。

不幸的是，这批产品失败了。大多数人认为这款车不好看，而且它来自一个只会生产二流产品的地方，精明的买家不愿用辛苦钱买这款家用车。这款车不得不退出美国市场。这件事在该国的老百姓中间引发了一场大的争论。

许多人认为，这家公司应该坚守它的本行，制造简单的纺织机械。毕竟，国家最大的出口商品是丝绸。如果公司经过多年的努力都生产不出一款好车，那么它在汽车行业是没有前途的。政府已经为这家汽车制造商创造了一切机会。它对汽车市场上的国外投资者实行严格限制并征收很高的关税，以确保这家公司在国内市场的高额利润。几年前，政府甚至动用公共资金拯救濒临破产的公司。因此，批评者认为，应该允许外国汽车自由进入该国市场，并且允许二十多年前被赶出去的外国汽车制造商重新经营。

也有一些人不这么看。他们认为，如果不发展像汽车制造业这样"重要"的行业，国家不会获得成功。企业需要更多的时间制造吸引人的汽车。

那一年是 1958 年，这个国家就是日本，这个公司是丰田汽车公司，而上文提到的那款车是"丰田宝贝"（Toyopet）。丰田汽车公司起步于纺织机械制造（原为日本丰田自动织机株式会社），于 1933 年进军汽车制造业。日本政府在 1939 年让通用汽车公司和福特公司出局，并在 1949 年用央行（日本银行）的钱救助丰田汽车公司。如今，日本汽车被认为像苏格兰鲑鱼或法国酒一样常见，但是几十年前，包括日本人在内的许多人认为日本汽车产业根本不应存在。

"丰田宝贝"这款汽车退出市场之后半个世纪，丰田汽车公司的豪华车凌志（该款车进入中国市场后，官方于 2004 年采用雷克萨斯这个音译的名字。——译者注）已经成了全球化的某种标志，这得感谢美国专栏作家托马斯·弗里德曼（Thomas Friedman）的书《凌志车与橄榄树》（*The Lexus and the Olive Tree*）。这个书名来自弗里德曼 1992 年在日本旅行时在新干线的子弹头列车上的一次顿悟。之前在凌志汽车工厂的参观肯定给他留下了深刻印象。在从位于丰田市的汽车工厂回到东京的列车上，他碰巧看到了一篇关于中东困境的新闻报道，他曾在中东做了很长时间的通讯员。这触发了他。他认识到："一半国家似乎……热衷于生产更好的凌志车，致力于使它们的经济更加现代化、更加有效率、更加私有化，以促成全球化体系。而世界的另一半人却仍然纠缠于谁拥有橄榄树的问题上。"①

根据弗里德曼的理解，除非给自己套上他称之为"金色紧

---

① T. Friedman (2000), *The Lexus and the Olive Tree* (Anchor Books, New York), p. 31.

身衣"（the Golden Straitjacket）的一些特定的经济政策，橄榄树世界的国家将无法加入凌志车的世界。在描述"金色紧身衣"时，他很好地总结了新自由主义经济的正统思想：为了能符合这种正统思想，一个国家需要将国有企业私有化、维持低通胀、缩小政府机构的规模、平衡预算（如果不能产生盈余的话）、实行贸易自由化、解除对外资的管制、解除对资本市场的管制、实现货币的可兑换以及减少腐败并实行养老金的私有化。[①] 在他看来，这是国家在新的全球经济中走向成功的唯一道路。他所谓的"金色紧身衣"是只适合参与残酷却令人兴奋的全球化游戏的"衣裳"。弗里德曼说得很明确："不幸的是，这件'金色紧身衣'是一个尺码……它并不总是那么漂亮，也不会一直让人感到温柔或舒适。但是它就是这样，它就是这个历史时期各国接受挑战的唯一模式。"[②]

20

　　然而，事实是，如果日本在 20 世纪 60 年代初接受了自由贸易经济学家的建议，肯定就没有凌志车，今天的丰田汽车公司最多也不过是西方国家某个汽车制造商的小伙伴；更糟的情形可能是，它可能被淘汰出局。这对整个日本经济而言也是一样的道理。如果日本早早地穿上了弗里德曼所谓的"金色紧身衣"，它肯定像 60 年代一样仍然维持着三流工业实力的水平，收入水平相当于智利、阿根廷和南非；[③] 那时它是一个本国首相被法国总统戴高乐侮辱性

---

① T. Friedman（2000），*The Lexus and the Olive Tree*（Anchor Books，New York），p. 105.

② T. Friedman（2000），*The Lexus and the Olive Tree*（Anchor Books，New York），p. 105.

③ 1961 年，日本的人均收入是 402 美元，相当于智利（377 美元）、阿根廷（378 美元）和南非（396 美元）的水平。数据出自 C. Kindleberger（1965），*Economic Development*（McGraw-Hill，New York）。

地蔑视为"晶体管收音机推销员"的国家。[1] 换句话说，如果听从了弗里德曼的建议，日本现在就不是在出口凌志车，而是仍然纠缠于谁拥有桑树的问题上。

全球化的官方历史

这个丰田汽车公司的事例说明，在托马斯·弗里德曼及其同行所宣传的全球化故事中有一些明显的不一致之处。为了阐述真正的事实，首先需要交代清楚什么是我所说的"全球化的官方历史"，它的局限性在哪里。

根据这种历史，全球化在过去 300 年里是以下述方式向前发展的。[2] 英国领先于其他国家，在 18 世纪就采纳了自由市场和自由贸易政策。由于英国取得了令人瞩目的经济成就，到 19 世纪中期，这些政策的优越性就非常明显了，以至于其他国家纷纷实行贸易自由化并解除对国内经济的管制。在英国的霸权之下，这个在 1870 年趋于完善的自由主义世界秩序基于如下原则：在国内实行**自由放任**的产业政策；对商品、资本和劳动力的跨国流动实行低壁垒政策；通过稳健的货币（低通胀）和预算平衡原则确保国内外的宏

21

---

[1] 这发生在日本前首相佐藤荣作 1964 年对法国访问的时候。"The Undiplomat"，*Time*，4 April 1969.

[2] J. Sachs & A. Warner（1995），"Economic Reform and the Process of Global Integration"，*Brookings Papers on Economic Activity*，no. 1；M. Wolf（2004），*Why Globalisation Works*（Yale University Press，New Haven and London）. 这两篇文献的论述虽然在一定程度上更加全面，而且表述清楚，但有严重错误。J. Bhagwati（1985），*Protectionism*（The MIT Press，Cambridge，Massachusetts）；J. Bhagwati（1998），*A Stream of Windows - Unsettling Reflections on Trade，Immigration，and Democracy*（The MIT Press，Cambridge，Massachusetts）. 这两本书给出了不是很全面却更富代表性的解释。

观经济稳定。接着就是一段史无前例的繁荣时期。

不幸的是，第一次世界大战后情况就开始变糟了。为了应对世界经济令人不安的波动，各国又开始错误地建立起贸易壁垒。1930年，美国放弃了自由贸易，颁布了臭名昭著的《斯穆特－霍利关税法案》。像德国和日本这样的国家也摒弃了自由主义政策，设立了高关税壁垒，并组建了一些卡特尔组织，这与这些国家的法西斯主义和随后的对外侵略是密不可分的。当英国这个当时自由贸易的领导者在1932年经不住诱惑重新引入关税时，世界自由贸易体系最终瓦解了。世界经济的萎缩和波动以及随后的第二次世界大战把第一次自由主义世界秩序的最后一点残余都摧毁了。

第二次世界大战后，世界经济在更加自由的方向上得到了重组，这一次是在美国霸权的领导下。特别是通过早期的关税及贸易总协定（General Agreement on Trade and Tariffs, GATT, 简称关贸总协定）谈判，富裕国家在贸易自由化上取得了一些显著的进步。但是，众多发展中国家仍然继续实施保护主义和国家干预的政策，社会主义国家就更是如此。

幸好，随着新自由主义在20世纪80年代的兴起，大部分非自由主义的政策在世界上被废弃了。在70年代末，发展中国家所谓的进口替代工业化①（Import Substitution Industrialization, ISI）——基于保护、补贴和管制——的失败尽人皆知。而已经实施了自由贸 22

---

① 进口替代工业化背后的理念是，一个落后国家开始生产以前进口的工业产品，因而用国内生产的产品"替代"了进口的工业品。进口替代工业化战略要求政府对进口品征收关税和实行配额以人为地抬高进口产品的价格，或者对国内厂商进行补贴。这是许多拉丁美洲国家在20世纪30年代采取的战略。当时，其他众多发展中国家缺乏实施该战略的地位，因为它们要么是殖民地，要么屈服于剥夺了它们自定关税权力的不平等条约（见下文）。这些发展中国家在20世纪40年代中期和60年代中期获得独立后，大多采用了进口替代工业化战略。

易政策并鼓励外来投资的东亚国家的经济"奇迹"唤醒了其他发展中国家。于是，从 1982 年第三世界爆发债务危机之后，许多发展中国家开始放弃干预主义和保护主义，转而投入新自由主义的怀抱。

由于交通和通信技术的史无前例的快速发展，这些国家的政策变迁更加具有必然性。这些技术进步大大增加了通过国际贸易和投资与遥远的伙伴国建立互利性经济安排的可能性，这使开放成为国家繁荣更重要的决定性因素。

全球治理体系得到了强化，这反映了全球经济一体化正在深化。最重要的是，关贸总协定在 1995 年升级为世界贸易组织，成为推进自由化的一个强有力的机构，这不仅体现在贸易方面，还体现在外资管制和知识产权等领域。世界贸易组织成了全球经济治理体系中的核心，此外还得加上负责短期金融事务的国际货币基金组织和负责长期投资事务的世界银行。

根据官方的历史，这些发展的结果是出现了全球化的世界经济——在自由和繁荣的潜力上堪与早先的自由主义"黄金年代"（1870~1913 年）的经济相媲美。世贸组织的第一任总干事雷纳托·鲁奇洛（Renato Ruggiero）庄严地宣称，由于这个新的世界秩序，我们现在具备"在下个世纪（21 世纪）的前期消灭全球贫困问题的能力——即便在十多年前这还只是乌托邦式的想法，现在却有了实现的可能性"。[①]

这个版本的全球化历史被广泛接受，它被视为决策者带领其国家走向繁荣的路线图。不幸的是，它描绘了一幅完全错误的图画，

---

① R. Ruggiero (1998), "Whither the Trade System Next?" in J. Bhagwati & M. Hirsch (eds.), *The Uruguay Round and Beyond – Essays in Honour of Arthur Dunkel* (The University of Michigan Press, Ann Arbor), p. 131.

误导了我们对自己从何而来、现在身处何地及未来在何方等问题的
理解。让我们来看看实际情况是什么样子的。

全球化的真实历史

1997 年 6 月 30 日，香港由最后一任港督彭定康正式交还给中
国。许多英国评论家对于香港的民主在中国共产党领导下的命运感
到担忧，虽然香港是在被英国统治了 152 年后的 1994 年才被允许
实行民主选举，而且离预定的回归交接日期只有三年时间，但看来
很少有人记得香港起初是如何被英国占领的。

作为鸦片战争的产物，1842 年签订《南京条约》后英国对香
港实行殖民统治。即便按照 19 世纪帝国主义的标准，这也是一段
特别可耻的时期。英国对茶叶日益增加的嗜好使其与中国产生了巨
大的贸易逆差。为了弥补这个缺口，英国人孤注一掷，开始向中国
出口产自印度的鸦片。但是，向禁售鸦片的中国所输出的小量鸦片
难以起到平衡贸易的作用。当 1841 年一名中国官员查获一船非法
运输的鸦片时，英国政府就以此为借口宣战，希望一劳永逸地解决
问题。中国在战争中大败，被迫签订了《南京条约》，向英国"出
租"香港，并丢掉了关税自主权。

这就是自由主义世界中自我标榜的领导者，因为另一个国家
禁止它非法从事的鸦片贸易，它就对这个国家宣战。事实是，在
英国霸权之下的 1870～1913 年——第一次全球化时期——发展起
来的商品、人员和资金的自由流动，在很大程度上是军事强迫的
结果，而不是因为市场力量的调动。除了英国，当时实行自由贸
易的国家大多是些弱国，它们是被迫而不是自愿选择的，这要么
是殖民统治的结果，要么由于"不平等条约"（比如《南京条

约》）剥夺这些国家的关税自主权，从外部强行设立非常低且统一的关税税率（3%～5%）。[①]

尽管殖民主义和不平等条约在 19 世纪末 20 世纪初对促进"自由"贸易起了关键作用，但它们在大批倾向全球化的书中根本没有被提及。[②] 即便它们被明确地谈到，它们的角色在总体上也是正面的。比如，英国历史学家尼尔·福格森（Niall Ferguson）在其备受好评的书《帝国》（*Empire*）中，虽然真实地记录了大英帝国的许多罪行，包括鸦片战争，但是断言大英帝国总体上是好的——它以成本最低的方式保证了自由贸易，使之惠及每个人。[③] 然而，身处殖民统治和不平等条约下的国家却非常贫穷。1870～1913 年，亚洲（不包括日本）人均收入的年增长率是 0.4%，与此同时，非

① 由于南美大陆的国家获得了政治独立，因此英国最早是在拉美使用不平等条约的，从 1810 年巴西签订不平等条约开始。《南京条约》签订之后的几十年里，中国被迫签订了一系列不平等条约。这最终导致中国完全丧失关税自主权，其中一个表现就是，海关负责人在 55 年的时间里——1863～1908 年——一直由一名英国人担任。1824 年之后，泰国（当时的暹罗）被迫签订了许多不平等条约，最后以 1855 年一项最全面的条约而告终。波斯在 1836～1857 年、奥斯曼帝国则在 1838～1861 年，签订了很多不平等条约。日本在 1853 年开放后签订了一系列不平等条约，丧失了关税自主权，但这并没有妨碍它强迫朝鲜在 1876 年签订一项不平等条约。从 19 世纪 80 年代后，拉美一些大国开始收回关税自主权，早于日本于 1911 年收回关税自主权。众多其他国家在第一次世界大战后才收回关税自主权，但是土耳其到 1923 年，而中国直到 1929 年才真正收回关税自主权。见 H-J. Chang（2002），*Kicking Away the Ladder – Development Strategy in Historical Perspective*（Anthem Press, London），pp. 53－54。

② 比如，在其富有争议的书《赞美帝国》中，出生于印度的英美经济学家迪帕克·拉尔（Deepak Lal）根本没有提及殖民主义和不平等条约在自由贸易扩散中的作用。见 D. Lal（2004），*In Praise of Empires – Globalisation and Order*（Palgrave Macmillan, New York and Basingstoke）。

③ N. Ferguson（2003），*Empire – How Britain Made the Modern World*（Allen Lane, London）.

洲人均收入年增长率是 0.6%；① 西欧相应的数据是 1.3%，美国是 1.8%。② 特别有趣的是拉美国家，当时它们已经收回了关税自主权并很骄傲地拥有全世界最高的关税，在这段时期它们的经济增长速度与美国一样快。③

在通过殖民主义和不平等条约将自由贸易强加给弱国的同时，富国自己却仍然维持着非常高的关税，尤其是工业品关税。这将在下一章详细讨论。首先，被认为是自由贸易诞生地的英国，在 19 世纪中期转向自由贸易之前一直是实施保护主义最强的国家之一。

---

① 获得独立后，亚洲发展中国家的增长速度明显加快。能获得数据的所有 13 个亚洲国家和地区（孟加拉国、文莱、中国、印度、印度尼西亚、韩国、马来西亚、巴基斯坦、菲律宾、新加坡、斯里兰卡、中国台湾和泰国），人均收入的年增长率在去殖民化后都有所增加。殖民时期（1913 ~ 1950 年）和后殖民时期（1950 ~ 1999 年）之间人均收入年增长率的差距是从 1.1%（孟加拉国：从 −0.2% 到 0.9%）到 6.4%（韩国：从 −0.4% 到 6.0%）。殖民时期（1820 ~ 1950 年）的非洲，人均收入年增长率是约 0.6%。20 世纪 60 ~ 70 年代，当非洲大陆大部分国家获得了政治独立后，中等收入国家的增长率上升到 2%。即便最穷的国家——这些国家通常被认为是很难增长的——增长率也达到 1%，是殖民时期的 2 倍。见 H-J. Chang（2005），*Why Developing Countries Need Tariffs – How WTO NAMA Negotiations Could Deny Developing Countries' Right to a Future*（Oxfam, Oxford, and South Centre, Geneva），http: //www. southcentre. org/publications/ SouthPerspectiveSeries/WhyDevCountriesNeedTariffsNew. pdf，Table 5 and 7。

② Maddison（2003），*The World Economy: Historical Statistics*（OECD, Paris），Table 8. b.

③ 拉美国家的平均关税在 17%（墨西哥，1870 ~ 1899 年）至 47%（哥伦比亚，1900 ~ 1913 年）。见 M. Clemens & J. Williamson（2002），"Closed Jaguar, Open Dragon: Comparing Tariffs in Latin America and Asia before World War II"，NBER Working Paper, no. 9401（National National Bureau of Economic Research, Cambridge, Massachusetts），Table 4。1820 ~ 1870 年，当拉美国家还受制于不平等条约时，它们的人均收入增长处于停滞状态（年增长率是 −0.03%）。1870 ~ 1913 年，当大部分国家收回了关税自主权时，人均收入年增长率上升到 1.8%，但这仍然赶不上 20 世纪 60 ~ 70 年代所达到的 3.1% 的人均收入年增长率。拉美国家收入增长的数据出自 Maddison（2003），*The World Economy: Historical Statistics*（*OECD, Paris*），Table 8. b。

欧洲从 19 世纪 60 年代到 70 年代的确有过一段短暂的接近自由贸易的时期，尤其是英国实行零关税政策的时候。但是，这段时期非常短暂。从 19 世纪 80 年代开始，众多欧洲国家又提高了保护壁垒，部分是为了保护农民免受来自新大陆的（the New World）便宜的进口农产品的冲击，部分是为了促进新兴的重化工业的发展，比如钢铁业、化工业和机械业。[①] 前面我已提到过，即使是英国这个第一次全球化浪潮的主要推动者，最后也放弃了自由贸易，并在 1932 年重新引入了关税。官方的历史资料将这件事描述为英国"经不住保护主义的诱惑"。但是相关资料通常不会讲到，这是由于英国经济优势的衰落，而这又是竞争对手（尤其是美国）在发展新兴产业中成功地实行保护主义的结果。

因而，有关 19 世纪末和 20 世纪初第一次全球化的历史已经被改写了，目的是符合新自由主义正统。当今富国实施保护主义的历史大部分被掩饰，而发展中国家经历过的全球高度一体化的帝国主义萌芽阶段也几乎不被提及。这个时期最后一块幕布的落下——英国对自由贸易的摒弃——也以一种带有偏见的方式呈现。而真正使英国放弃自由贸易的原因恰恰是它的竞争对手成功地运用了保护主义，这点却几乎没人提及。

新自由主义者 vs 新的白痴？

在全球化的官方历史中，第二次世界大战结束后的初期被描绘

---

① 比如，1875～1913 年，瑞典的工业品平均关税税率从 3%～5% 上升到 20%，德国的工业品平均关税税率从 4%～6% 上升到 13%，意大利的工业品平均关税税率从 8%～10% 上升到 18%，法国的工业品平均关税税率则从 10%～12% 上升到 20%。见 H-J. Chang（2002），*Kicking Away the Ladder – Development Strategy in Historical Perspective*（Anthem Press, London），p. 17, Table 2. 1。

成一段不完全全球化的时期。据说，富国之间的一体化已经有了显著进展，这加快了它们的发展；而大多数发展中国家在 20 世纪 80 年代之前却拒绝全面融入全球经济，因而阻碍了这些国家的经济发展。

这种说法错误地描述了富国在这段时期的全球化过程。这些国家的确在 50 年代到 70 年代大幅降低了关税壁垒，但是它们也运用了许多其他的民族主义政策来促进经济发展，如补贴（尤其是对研发的补贴）、国有企业、政府指导银行信贷、资本控制等。当它们开始执行新自由主义计划时，它们的增长速度放缓了。在 60 年代到 70 年代，富国人均收入的年增长率是 3.2%，而在之后的 20 年里，年增长率下降到 2.1%。①

但是，更具误导性的是对发展中国家的描述。这些国家在战后的这段时期被全球化的官方历史描绘成经济灾难时期。官方观点认为，这是因为这些国家相信了"错误"的经济理论，这些理论使它们认为可以挑战市场逻辑。结果，它们抑制了本该擅长的领域（农业、采矿和劳动力密集型制造业），而发展了使它们有面子却没有经济意义的"形象"工程（White Elephant Project）——其中最具恶名的例子就是印度尼西亚生产高额补贴的喷气式飞机。

发展中国家在 1964 年修订的《关税及贸易总协定》中获得的"非对称保护"权利在杰弗里·萨克斯（Jeffrey Sachs）和安德鲁·沃纳（Andrew Warner）一篇著名的文章中被描绘为"公认的给自

————————

① H-J. Chang（2005），*Why Developing Countries Need Tariffs – How WTO NAMA Negotiations Could Deny Developing Countries' Right to a Future*（Oxfam, Oxford, and South Centre, Geneva），p. 63, Tables 9 and 10.

己经济上吊的绳套"①。巴西中央银行的前行长（1997～1999 年任行长）古斯塔沃·佛朗哥（Gustavo Franco）更是简明地（如果不是更粗鲁地）表达了同样的观点。他认为自己的政策目标是"摆脱 40 年的愚蠢行为"，而唯一的选择就是"要么成为新自由主义者，要么成为新的白痴"②。

这种描述的问题在于，发展中国家"糟糕的过往岁月"根本就不糟糕。20 世纪 60 年代和 70 年代，当发展中国家实行"错误"的保护主义和国家干预政策时，它们的人均收入年增长率是 3.0%。③ 正如我令人尊敬的同事阿吉特·辛格曾指出的，这是"第三世界的工业革命"时期。④ 这个增长率是一个巨大进步，无

---

① J. Sachs & A. Warner （1995），"Economic Reform and the Process of Global Integration"，*Brookings Papers on Economic Activity*，no. 1；M. Wolf （2004），*Why Globalisation Works* （Yale University Press，New Haven and London），p. 17. 相关论述的完整引述是："出口悲观主义加上大推进的观念产生了一种非常富有影响的观点，认为开放贸易将使发展中国家在国际体系中长期处于原材料出口国和工业品进口国的附属地位。拉美经济委员会（ECLA）以及其他人认为，比较优势来自短期考虑，这将使原材料出口国无法建立工业基础。因而，如果发展中国家想摆脱过分依赖原材料生产的局面，对幼稚产业实行保护就非常关键了。这些观点在联合国体系（联合国经济委员会的区域办公室）中广为流传，大部分被联合国贸易与发展会议（UNCTAD）采纳。1964 年，这些观点在《关税及贸易总协定》新的第四部分中获得了国际法理地位，该条款确定了发展中国家应该享有非对称贸易政策的权利。在发达国家应该开放其市场的同时，发展中国家可以继续保护其市场。当然，这种'权利'是公认的给自己经济上吊的绳套！"

② 引自巴西《瞭望》杂志 1996 年 12 月 15 日的一篇采访，这篇采访出自 G. Palma （2003），"The Latin American Economies During the Second Half of the Twentieth Century-from the Age of ISI to the Age of The End of History" in H-J. Chang （ed.），*Rethinking Development Economics* （Anthem Press，London），p. 149，endnotes 15 and 16。

③ H-J. Chang （2002），*Kicking Away the Ladder – Development Strategy in Historical Perspective* （Anthem Press，London），p. 132，Table 4. 2.

④ A. Singh （1990），"The State of Industry in the Third World in the 1980s：Analytical and Policy Issues"，Working Paper，no. 137，April 1990，Kellogg Institute for International Studies，Notre Dame University.

论与它们在"帝国主义时代"的自由贸易之下所取得的成绩相比，还是与富国在 19 世纪工业革命时期所达到的 1% ~1.5% 的增长率相比，这都是有史以来最好的成绩。自 20 世纪 80 年代实行新自由主义政策以后，发展中国家的增长率（1.7%）只有 60 年代和 70 年代的一半左右。富国的增长也放缓了，不过下降幅度更小些（从 3.2% 下降到 2.1%），可能因为它们在引入新自由主义政策时并没有达到发展中国家那样的程度。如果不算上中国和印度，发展中国家在这段时期的平均增长率会更低。这两个国家在 1980 年和 2000 年的收入分别占到发展中国家总收入的 12% 和 30%，它们一直拒绝套上托马斯·弗里德曼的"金色紧身衣"。①

　增长失灵在拉美和非洲尤为明显，这两个地区执行新自由主义政策比亚洲更为全面。20 世纪 60 年代和 70 年代，拉美的人均收入年增长率是 3.1%，高于发展中国家的平均水平；尤其是巴西，它的增长率与东亚"奇迹"经济体的人均收入年增长率相当。然而自 80 年代采纳新自由主义政策以来，拉美人均收入年增长率还不到"糟糕的过往岁月"的 1/3。即便把 80 年代作为调整期排除在外，该地区的人均收入年增长率也只有"糟糕的过往岁月"的一半左右（3.1% 对 1.7%）。2002~2005 年，该地区表现得更差；它事实上是在原地踏步，人均收入年增长率只有 0.6%。② 至于非洲，在 60 年代和 70 年代，它的人均收入年增长率就增长得相对较慢

27

---

① 1980 年和 2000 年的数据分别根据世界银行 1997 年出版的《世界发展报告》的表 12 和 2002 年出版的《世界发展报告》（纽约，牛津大学出版社）的表 1 计算得出。

② M. Weisbrot, D. Baker and D. Rosnick（2005），"The Scorecard on Development: 25 Years of Diminished Progress", September 2005, Center for Economic and Policy Research（CEPR）, Washington, DC, http://www.cepr.net/publications/development_2005_09.pdf.

（每年1%～2%）。但自80年代以来，这个地区人们的生活水平居然下降了。这个成绩真是对新自由主义正统的一份谴责控诉书，因为大部分非洲经济体在过去的1/4世纪里实际上是由国际货币基金组织和世界银行管理。

新自由主义全球化在20世纪80年代以来的**糟糕**的增长纪录更是令人难堪。加快增长——如果必要，不惜加大不均等并增加贫困——是新自由主义所宣称的改革目标。我们多次被告知，首先得"创造更多的财富"，然后才能在更大范围内分配财富。新自由主义也正是这么做的。结果，正如人们所预料的那样，收入不平等在大多数国家加剧了，但增长显著地减速了。[①]

而且，在新自由主义主导的时期，经济不稳定明显增加了。自20世纪80年代以来，世界（尤其是发展中国家）发生了日益频繁且规模浩大的金融危机。换句话说，新自由主义全球化在经济生活的各个方面——增长、平等和稳定——都失败了。尽管这样，我们还是经常被告知，新自由主义全球化带来了史无前例的利益。

全球化的官方历史对事实的扭曲在国家层面也很明显。与正统理论要我们相信的相反，事实上自第二次世界大战以来所有成功的发展中国家起初都是通过民族主义政策获得成功的，即使用保护、补贴和政府干预的其他形式。

28

————————

① 一些评论者认为全球化的发展已使全世界变得更加平等了。这个结果是极有争议的，但即便这是真的，那也不是因为收入分配在国家之间更加平等了，而是因为大部分中国人变得更加富裕了。无论"全世界"不平等发生了怎样的变化，过去20～25年里包括中国在内的大部分国家内部的收入不平等加剧了，这是很少有争议的。关于这方面的争论，见 A. Cornia（2003），"Globalisation and the Distribution of Income between and within Countries" in H-J. Chang（ed.），*Rethinking Development Economics*（Anthem Press, London）and B. Milanovic（2005），*Worlds Apart – Measuring International and Global Inequality*（Princeton University Press, Princeton and Oxford）。

我在序言中已经详细讨论了我的出生地韩国的情况，东亚的其他"奇迹"经济体也是通过战略性地融入世界经济而获得成功的。中国台湾所使用的经济政策与韩国非常相似，也比韩国更加善待外国投资者。虽然新加坡实行过自由贸易而且更加依赖外资，但即便这样，它的经济模式也在许多方面不同于新自由主义的理想模式。虽然欢迎外国投资者，但新加坡用了大量补贴把跨国公司吸引到战略产业中，尤其是基础设施建设和教育这些政府定位的特定产业。而且，新加坡的建屋发展局（Housing Development Board）提供了新加坡85%的住房（几乎所有的土地都归政府）。

中国香港是个例外。虽然实行自由贸易和**自由放任**的产业政策，它却变富了。1997年之前，英国对其实行殖民统治，它是英国在亚洲实现贸易和金融利益的基地。现在，它是中国经济体的金融中心。这些事实都使中国香港没有必要拥有独立的工业基地。尽管这样，它在20世纪80年代中期之前的人均工业产值是韩国的2倍，但是，即使中国香港，也不实行完全的自由市场经济。最为重要的是，在香港，政府控制土地，以便掌握土地状况。

中国和印度是21世纪初取得经济成功的例子，这也表明基于民族主义视角、战略性地（而不是无条件地）融入世界经济的重要性。与19世纪的美国或20世纪中期的日本和韩国一样，中国运用了高关税政策来建立其工业基础。直到20世纪90年代，中国的平均关税仍超过30%。应该承认，中国比当时的日本和韩国更加欢迎外资。但是，它也规定了外国所有权的限额和本地成分要求（要求外国企业至少从本地供应商购买一定比例的投入品）。

21世纪初，印度的经济成功经常被相信全球化的人士（Pro-globalizer）归结为20世纪90年代初的贸易和金融自由化。然而，最近的一些研究表明，印度经济的增长加速事实上开始于80年代，

29

挑战了简单的"更加开放促进增长"的观点。① 而且，即使在 90
年代初贸易自由化之后，印度的工业品平均税率仍然在 30% 以上
（21 世纪初印度的工业品平均税率是 25%）。在 20 世纪 90 年代之
前印度的保护主义在一些行业中肯定是过头了。但这并不意味着如
果印度在 1947 年独立以后就执行自由贸易，现在会更成功。印度
对外国直接投资也施加了严格限制——准入限制、所有权限制和各
种绩效要求（比如本地成分要求）。

　　战后的全球化时期，一个看起来运用新自由主义政策而取得成
功的国家是智利。事实上，在 1973 年奥古斯托·皮诺切特将军发
动政变后，智利比包括美国在内的任何国家都更早采取新自由主义
政策。自那以后，智利经济增长得非常快——虽然与东亚"奇迹"
经济体的增长速度有所差距。② 而且该国经常作为一个新自由主义
的成功例证被引用。它良好的增长绩效是无可否认的，但是智利的
情况要比正统观念所认为的更为复杂。

　　智利早期由所谓的"芝加哥弟子"（Chicago Boys，一群在芝
加哥大学受教育的智利籍经济学家，芝加哥大学是新自由主义经济
学的中心之一）领导的新自由主义经历是一场灾难，它结束于
1982 年那次可怕的金融崩溃，之后智利必须对所有银行部门实行
国有化才能化解这场危机。感谢这场危机（所带来的国有化），该

---

① 比如，见 D. Rodrik and A. Subramaniam（2004），"From 'Hindu Growth' to Growth
　Acceleration：The Mystery of Indian Growth Transition"，mimeo.，Kennedy School of
　Government，Harvard University，March 2004，http://ksghome. harvard，edu/~
　drodrik/indiapaperdraftMarch2. pdf。

② 1975～2003 年，智利的人均国内生产总值（GDP）年增长率是 4%，新加坡的
　人均 GDP 年增长率是 4.9%，韩国的人均 GDP 年增长率是 6.1%。见 UNDP
　（2005），*Human Development Report 2005*（United Nations Development Program，
　New York）。

国在 80 年代末就恢复到了皮诺切特时代之前的收入水平。① 智利正是在经历了那场危机之后,新自由主义变得更加务实以后,经济才真正发展良好。比如,政府给出口商在海外的营销和研发等方面提供了许多帮助。② 它也在 20 世纪 90 年代利用资本控制成功地减少了短期投资基金的流入,虽然它与美国签订的自由贸易协定使它承诺不再使用该措施。更为重要的是,有很多人怀疑智利发展的可持续性。过去,智利失去了许多制造产业,现在过于依赖以自然资源为基础的出口。由于缺乏技术能力,智利无法从事具有更高生产力水平的经济活动,从长远看,这是智利实现繁荣的明显的限制因素。

　　总之,1945 年以来全球化的事实与官方历史几乎完全相反。在 20 世纪 50 年代到 70 年代,这个以民族主义政策为基础的、有控制的全球化时期,世界经济(尤其是发展中国家)比在过去快速而没有控制的新自由主义全球化时期增长得更快、更稳定,收入分配也更为平等。然而,在官方历史中这段时期却被描绘成民族主义政策的一次完全的灾难,尤其是在发展中国家。伪善者散播这种对历史事实的扭曲,目的在于掩饰新自由主义政策的失败。

---

① 1970 年,智利的人均收入(以 1990 年的美元计算,以下也是)为 5293 美元,当时左翼总统阿连德刚开始执政,不过后来被皮诺切特推翻了。虽然阿连德在资本主义的官方历史中形象不佳,但在其任期内智利的人均收入增长了很多——1971 年是 5663 美元,1972 年是 5492 美元。政变后,智利的人均收入下降了,1975 年最低,只有 4323 美元;1976 年后又开始上升,1981 年最高,达到 5956 美元,这主要归功于金融泡沫。金融危机之后,智利的人均收入在 1983 年降到 4898 美元,1987 年又恢复到政变前的水平,达到 5590 美元。数据出自 Maddison (2003), *The World Economy: Historical Statistics* (OECD, Paris), Table 4c。

② Public Citizen's Global Trade Watch (2006), "The Uses of Chile: How Politics Trumped Truth in the Neo-liberal Revision of Chile's Development", Discussion Paper, September 2006, http://www.citizen.org/documents/chilealternatives.pdf。

谁在管理世界经济？

全球经济中大部分事情是由富国决定的，其他国家连尝试的机会也没有。这些富裕国家的产出占了世界产出的 80%，其国际贸易份额占世界的 70%，它们输出的外国直接投资也占世界总量的 70% ~90%（依年份而定）。① 这意味着它们的国家政策能强有力地影响世界经济。

但是，比这些绝对的权重更为重要的是富国在制定全球经济的规则时可以随心所欲地施加各种影响。比如，发达国家引诱穷国采纳特定的政策，以此为提供外国援助的条件，或者通过提供优惠贸易协议来换得"友善的行为"（采纳新自由主义政策）。在塑造发展中国家的选择方面，起更重要作用的是西方国家主导的国际组织。虽然它们不是富国的木偶，但是它们大部分由富国所掌控，所以这些组织制定并执行富国所期望的伪善政策。

国际货币基金组织和世界银行成立于同盟国（基本上是美国和英国）1944 年召开的一次会议，在这次会议中这些国家打算设计战后国际经济治理的形式。这次会议在新罕布什尔州的度假胜地布雷顿森林召开，所以这些机构有时被统称为布雷顿森林机构（Bretton Woods Institutions, BWIs）。国际货币基金组织成立的目的是向处于国际收支危机中的国家贷款，使它们不用诉诸通货紧缩

---

① 产出数据出自 World Bank（2006），*World Development Report 2006 – Equity and Development*（Oxford University Press, New York）。贸易数据出自 WTO（2005），World Trade 2004，"Prospects for 2005: Developing Countries' Goods Trade Share Surges to 50-year Peak"（出版发布版），于 2005 年 4 月 14 日发布。外国直接投资的数据出自联合国贸易和发展会议的各期《世界投资报告》。

就能减少国际收支的赤字。世界银行成立的目的是帮助欧洲饱经战祸的国家进行重建，并帮助即将出现的后殖民主义社会的经济发展——所以经常被称为国际复兴开发银行（the International Bank for Reconstruction and Development，IBRD）。这些目的被认为要通过为基础设施发展项目（如道路、桥梁和大坝等）进行融资来完成。

在 1982 年第三世界的债务危机之后，国际货币基金组织和世界银行的角色都发生了巨大变化。这两个组织通过所谓的结构调整计划（Structural Adjustment Programmes，SAPs）开始对发展中国家施加更强有力的政策影响。相比布雷顿森林机构最初的授权，这些计划涉及更加广泛的政策领域。布雷顿森林机构事实上深深地卷入发展中国家经济政策的所有领域。它们延伸到的领域有政府预算、产业管制、农产品定价、劳动力市场管制、私有化等。20 世纪 90 年代，这种"使命蔓延"更进了一步，它们开始在贷款中附加所谓的治理先决条件，这些条件涉及一些不可思议的领域，比如民主、政府分权、央行独立和公司治理。

这种"使命蔓延"使世界银行和国际货币基金组织面临一个严重的问题。世界银行和国际货币基金组织最初的使命非常有限。32 随后，它们认为必须干预最初使命之外的新领域，因为这些领域会影响到经济绩效，而正是不理想的经济绩效才促使一些国家向它们贷款。可是，基于这个推理，我们生活中就没有哪个领域是布雷顿森林机构所不能干预的。一个国家中的方方面面都会影响到该国的经济绩效。按照这个逻辑，国际货币基金组织和世界银行应该在各个方面都施加条件和规定，涉及生育决策、种族融合、性别平等和文化价值。

不要误会我的意思。我不是一个在原则上反对贷款条件的人。

贷款人附加条件是应该的。但是条件应该限定于与贷款偿还最相关的方面。否则，贷款人会侵扰借款人生活的所有方面。

假设我是一个小业主，想从银行借些钱来扩大我的工厂。对银行经理来说，针对我将来如何还钱设定一些单边条件是非常自然的；甚至针对我扩大工厂时使用何种建筑材料和购买何种机械设定一些条件，也都是合理的。但是，如果他附加的条件是，我应该减少脂肪摄入量，因为（不是完全无关）脂肪含量高的食物会让我不健康从而降低偿还贷款的能力，那我就会认为这是没有道理的侵扰。当然，如果我真的是孤注一掷，我会忍受侮辱而答应这种不合理的条件。但是如果他进一步规定我应该每天在家少待一个小时（认为少把时间浪费在家里会增加可用于工作的时间，因而减少拖欠贷款的机会），我可能会给他一巴掌，然后冲出银行。并不是我的饮食结构和家庭生活对于我经营生意的能力丝毫没有影响，根据银行经理的推理，它们是相关的。但问题是，它们的相关性是间接的和有限的。

起初，国际货币基金组织只施加与借款国国际收支管理紧密相关的条件，比如货币贬值。但之后，它开始对政府预算施加条件，认为预算赤字是造成国际收支失衡的一个重要原因。这导致强加给借款人类似国有企业私有化这样的条件，因为它认为这些企业所造成的损失是发展中国家出现预算赤字的重要来源。这种逻辑的延伸一旦开始，就没有终点。既然万事万物都是相互联系的，任何方面都可以成为一种条件。比如，在 1997 年的韩国，国际货币基金组织对**私营企业**可以拥有的债务数量设定了限制条件，认为这些企业的过分借贷是导致韩国金融危机的主要原因。

雪上加霜的是，作为向国际货币基金组织贷款计划提供金融贡献的条件，伪善的富国常常要求借款国接受与其稳定经济没有关系却能服务于贷款富国利益的政策。比如，一位愤怒的观察家在看到韩国 1997 年与国际货币基金组织所签订的协议时评论道："国际货币基金组织的计划中有许多内容是日本和美国一直希望韩国采纳的政策的复制内容。这包括加快……对特定的日本产品减少贸易壁垒，开放资本市场以使外国投资者可以拥有韩国企业的多数所有权，参与恶意收购……在银行和其他金融服务上扩大直接参与范围。虽然来自进口工业品的更大竞争和更多的外国所有权可以……帮助韩国经济，但是韩国人和其他人认为这是……国际货币基金组织滥用权力，迫使脆弱时期的韩国接受之前拒绝了的贸易和投资政策。"① 说这番话的不是反资本主义的无政府分子，而是马丁·费尔德斯坦（Martin Feldstein），一位保守的哈佛大学经济学家，罗纳德·里根（Ronald Reagan）在 80 年代的主要经济智囊。

　　当布雷顿森林机构的政策导致了发展中国家更缓慢的增长、更加不平等的收入分配和更大的经济波动时，国际货币基金组织与世界银行的"使命蔓延"和伪善国家的滥用条件就变得更加令人无法接受了。

34

　　但是，国际货币基金组织和世界银行为什么在这么长的时间里都坚持实行导致糟糕结果的错误政策？这是因为它们的治理结构使它们严重地偏向富国的利益。它们的决策基本上是根据每个国家所拥有的股本份额而制定的［换句话说，它们是一美元一票的体制（a One-dollar-one-vote System）］。由于富国总共掌握了 60% 的表决份额，这意味着它们对政策制定有绝对的控制权，而美国在 18 个

---

① M. Feldstein（1998），"Refocusing the IMF"，*Foreign Affairs*，March/April 1998，vol. 77，no. 2.

最重要领域的决策上拥有**事实上**的否决权。①

这种治理结构的一种后果是，世界银行和国际货币基金组织向发展中国家强加标准的政策包。这些政策被富国认为是普遍有效的，但并不是根据每个特定的发展中国家精心设计的政策，因此可以预料到这些政策会导致糟糕的结果。另一种后果是，即便它们的政策是适用的，这些政策也经常失效，因为当地人抵制外部强加的政策。

为了回应众多的批评，世界银行和国际货币基金组织在很多方面做出了反应。一方面，它们做了一些装门面（Window-dressing）的工作。国际货币基金组织把结构调整项目改名为减少贫困与促进增长项目(the Poverty Reduction and Growth Facility Programme)，以显示它关心贫困问题，虽然计划的内容与之前没有多大变化。另一方面，它们做出了一些真正的努力以与更广泛的对象展开对话，尤其是世界银行和一些非政府组织（NGO）之间的对话。但这类对话的影响充其量是边缘化的。而且，当发展中国家越来越多的非政府组织是由世界银行提供资助时，这类活动的价值也就变得更加令人怀疑了。

通过邀请当地人参与设计，国际货币基金组织和世界银行也试图加强它们计划中的"本地所有权"。但是，这并没有产生多少成果。许多发展中国家缺乏智力资源来辩驳拥有成群训练有素的经济

---

① 国际货币基金组织的 18 个最重要领域的决策需要 85% 的多数支持。美国恰好拥有 17.35% 的份额。因而，它能单边否决任何不喜欢的提议。为了阻止一项提议，另外四个份额最大的国家中至少需要有三个联合起来（日本有 6.22% 的份额，德国有 6.08% 的份额，英国和法国均有 5.02% 的份额）。另外，还有 21 项事务的决策需要 70% 的多数支持。这意味着如果上述五国联合起来，涉及这些事务的任何提议都会被否决。见 A Buira (2004)，"The Governance of the IMF in a Global Economy"，G24 Research Paper, 2004, http://g24.org/buiragva.pdf.

学家并有众多金融财团支撑的强力国际组织。而且，世界银行和国际货币基金组织采取了我所谓的"亨利·福特式的一对多办法"（Henry Ford Approach to Diversity）。福特的著名说法是，消费者可以拥有一辆"随便什么颜色，只要是黑色"的车。它们认为可接受的政策在不同地方的差异范围非常狭小。而且，随着发展中国家越来越多地选举或任命世界银行或国际货币基金组织的前官员担任重要经济职务，"本地"的方案也越来越像布雷顿森林机构所提供的方案。

根据所谓关贸总协定乌拉圭回合谈判的协议，世界贸易组织在1995年诞生。我将在后面的章节详细讨论世界贸易组织的实质，所以在此先集中讲述它的治理结构。

世界贸易组织在很多方面受到了批评。许多人认为它不过是发达国家打开发展中国家市场的一种工具。还有一些人认为它已经成了增进跨国公司利益的一种工具。我在后面的章节中将会指出，这些批评有符合事实的一面。

但是，虽然有这些批评，世界贸易组织仍然是一个发展中国家在其中有最大话语权的国际组织。与国际货币基金组织和世界银行不同，它是"民主的"——在允许一个国家有一票的意义上（当然，我们可以讨论，给有13亿人口的中国和不到50万人口的卢森堡相同的一票是否体现真正的"民主"）。而且，与联合国安理会的5个常任理事国拥有否决权不同，没有国家在世界贸易组织中享有否决权。既然有这么多优点，发展中国家应该更加重视世界贸易组织。

不幸的是，截至2008年投票实际上从来没有开展过，世界贸易组织基本上是被一个由少数富国所组成的寡头管理着。据报道，在若干次部长级会议中（1998年举办的日内瓦会议、1999年举办的西雅图会议、2001 年举办的多哈会议、2003 年举办的坎昆会议），所有重要的谈判都是基于"凭请柬入场"（By-invitation-only），在所谓的"绿色会议厅"（Green Rooms）中举行。只有它们无法忽视的富国和一些大的发展中国家（例如，印度和巴西）能受到邀请。尤其在 1999 年西雅图会议期间，据报道一些没受到邀请而想进入绿色会议厅的发展中国家代表被强行驱赶了。

即便没有这些极端的措施，这些会议的决策也可能会偏向富国。通过它们的外援预算，或运用对国际货币基金组织、世界银行及"区域"性多边金融机构贷款决策的影响，它们能威胁和收买发展中国家。

而且，富国和穷国的群体间在知识和谈判资源上存在明显的差距。我以前的一位非洲学生——现在已从他祖国的外交岗位上退下来——曾告诉我该国包括他在内只有三个人参加日内瓦世界贸易组织的所有会议。每天通常有十几个会议，所以他和他的同事只能忽略一些会议而把三个人分派到其他会议中去。这意味着他们只能给每个会议分配两到三个小时。有时他们赶得及时，还可以做一些有益的贡献。其他时候，他们就没这么幸运了，往往一无所获。相反，美国——另一个极端——仅在知识产权方面就有几十人。但是我那位学生说他的国家还算是幸福的——超过 20 个发展中国家没有派一个人去日内瓦，另有许多国家是靠一两个人勉强维持。这样的事还有很多，不过所有这些事都说明国际贸易谈判是非常不公平的事情；就像一场战争，一些人用手枪作战，而对手却实施空中轰炸。

伪善者正在取胜吗？

玛格丽特·撒切尔（Margaret Thatcher），这位曾在新自由主义

的反革命中充当先锋的英国前首相，在反击她的批评者时说了一句
名言，"没有其他选择"（There Is No Alternative，TINA）。这种观
点体现的精神——被称为"蒂纳"（TINA）——弥漫于伪善者所
描绘的全球化的方式中。

　　伪善者喜欢把全球化作为通信和交通技术无情发展的一种不可
避免的结果。他们喜欢把他们的批评者描绘为向后看的"现代卢
德主义者"①（Modern-day Luddities），"纠缠于谁拥有橄榄树的问
题"。他们认为，反对这股历史潮流只会制造灾难，世界经济在两
次世界大战期间的崩溃和发展中国家的国家引导式的工业化在19
世纪60～70年代的失败就是例证。他们认为在历史潮流面前唯一
的生存之道就是全球化，也就是套上所有成功国家在通往繁荣之路
上都声称曾穿过的"一码制"的"金色紧身衣"。没有其他选择！

　　在这一章中，我已经揭示了，"蒂纳"理论来自对全球化驱动
力量的根本错误的理解，也是一种歪曲历史以适应理论的产物。自
由贸易通常是被强加给弱国的，而不是它们的选择。大多数能自主
选择的国家只是短暂地选择过自由贸易。事实上所有成功的经济
体，无论是发达的还是发展中的，都是通过有选择性地、战略性地
融入世界经济而取得成功的，而不是通过无条件的全球一体化。相
比完全被剥夺了政策自主权的第一次全球化时期（殖民统治和不
平等条约的年代）和只拥有很少政策自主权的时期（过去的1/4
世纪），当发展中国家在国家引导式工业化的"糟糕的过往岁月"

----

　　① 卢德主义者是指19世纪初英国一些试图通过摧毁机器来逆转工业革命的纺织
　　　　工人。在2003年瑞士达沃斯世界经济论坛上，国际贸易商会主席理查德·麦
　　　　科米克将反全球化的抗议者视为"现代卢德主义者"，认为"现代卢德主义者"，
　　　　想使世界停滞不前……他们对商业的敌视将使他们成为穷人的敌人"。根据英
　　　　国广播公司（BBC）网站在2003年2月12日的报道。

中拥有更大政策自主权时，它们取得的成绩要好得多。

全球化没有什么不可避免的，因为推动它前进的更多的是政治力量（人类意志和决策），而不是伪善者所宣称的技术。如果是技术在决定着全球化的程度，就很难解释为什么20世纪70年代（此时已拥有除互联网以外的所有的现代交通和通信技术）的全球化程度还不如19世纪70年代（那时依靠蒸汽机和有线电报）。技术只限定了全球化的外围边界，真正推动全球化的是我们运用国家政策的所作所为和我们所制定的国际协议。如果这是事实，"蒂纳"理论就是错误的。对于新自由主义全球化，我们不仅有选择，而且有很多选择。本书的余下部分就是去探讨这些选择。

第二章　丹尼尔·笛福的双面人生

——富国是如何变富的？

《鲁滨孙漂流记》的作者丹尼尔·笛福（Daniel Defoe）有过多姿多彩的人生。在写小说之前，他曾是一个商人，进口羊毛产品、袜子及烟酒。他还在皇家奖券部门和玻璃税征收办公室等政府部门工作过，后者负责征收恶名昭彰的"窗户税"——一种根据房屋窗户数量而征收的财产税。他也是颇有影响的政论家，并且是一名有着双重身份的政府间谍。起初，他为下议院的托利党发言人罗伯特·哈雷（Robert Harley）做间谍。之后，他又为哈雷的政治敌手罗伯特·沃波尔（Robert Walpole）的辉格党政府做间谍。这使笛福的生活更为错综复杂。

如果说作为一名商人、小说家、税务员、政治评论家和间谍，笛福的生活还不够刺激的话，笛福还是一名经济学家。相比其间谍工作，他人生中的这一面更不为人所知。与他的小说——包括《鲁滨孙漂流记》和《摩尔·弗兰德斯》——相比，笛福主要的经济学作品《英格兰商业计划》（*A Plan of the English Commerce*，以下简称《计划》）（1728 年），现在几乎被人遗忘了。理查德·韦斯特（Richard West）在一本畅销的笛福传记中根本没有提及这本书，而波拉·巴克希德（Paula Backscheider）

在其获奖的笛福传记中也只是在讲到无关紧要的内容时才提及这本书，比如笛福有关土著美洲人的观点。① 然而，这本书对都铎王朝的产业政策进行了全面且深刻的叙述，对于当下的我们也有很多教益。

在这本书中，笛福描述了都铎王朝的君主们，尤其是亨利七世和伊丽莎白一世，如何运用保护主义、补贴、垄断权的配置、政府资助的产业间谍以及政府干预的其他手段来发展英国的毛纺产业，该产业在当时是欧洲的高技术产业。在都铎王朝之前，英国在经济上相对落后，只能依靠原毛出口来接济进口。毛纺产业当时集聚在低地国家（今天的比利时和荷兰），尤其是位于佛兰德斯的布鲁日、根特和伊普尔等城市。英国还通过出口原毛获得了不菲的收入，但是那些知道如何将羊毛制成衣服的外国人获得了更多的利润。能完成别人无法做到的困难事情的人可以获得更丰厚的利润，这是一个竞争的法则。这就是亨利七世在 15 世纪晚期想改变的境况。②

根据笛福的描述，亨利七世派出了皇家使团去考察适合发展毛

---

① Richard West（1998），*Daniel Defoe – The Life and Strange*，*Surprising Adventures*（Carroll & Graf Publishers，Inc.，New York）and Paula Back-scheider（1990），*Daniel Defoe – His Life*（Johns Hopkins University Press，Baltimore）.

② 然而，他不是第一个尝试者。早先的英国国王，比如亨利三世和爱德华一世，都曾努力招募佛兰德斯的纺织工人。除此之外，爱德华三世对原毛贸易实行了集权化管理，并对羊毛出口实施了严格的控制。他禁止进口羊毛服装，这就为无法与占据主导地位的佛兰德斯生产者相竞争的英国厂商拓宽了市场。他也是一个深谙象征性意义力量的优秀政治宣传家。他和他的朝臣只穿英国产的服装，以此为他"购买英国货"（就像甘地的"抵制英国货"运动）的政策树立了一个榜样。他命令大法官（他领导着上议院）坐在一个羊毛座位上——直到现在英国依然保留着的传统——以强调羊毛贸易对整个国家的重要性。

纺业的地区。① 与之前的爱德华三世一样，他也从低地国家挖来了技术工人。② 为了鼓励原材料更多地在国内进行深加工，他还提高了原毛出口的税收，甚至短暂地禁止过出口。1489 年，他还禁止了半成品服装的出口，使服装的粗件（Coarse Piece）低于一定的市场价格，以此来促进国内深加工的发展。③ 他的儿子亨利八世沿用了该政策，并分别在 1512 年、1513 年和 1536 年对半成品服装的出口实行禁止。

笛福强调，亨利七世对于英国生产者如何快速地赶上低地国家的强大竞争者，丝毫不抱任何幻想。④ 只有在英国工业足以处理要加工的大量原毛之后，国王才提高原毛的出口税。但是当亨利七世发现英国无法加工它所生产的所有原毛时，他很快就取消了原毛出口的禁令。⑤ 实际上，根据《计划》，直到 1578 年，伊丽莎白一世在位（1558 ~ 1603 年）的中期——亨利七世于 1489 年开始采用进

---

① 亨利七世"使毛纺产业在其国家的许多地方发展起来，尤其是约克郡西区的韦克菲尔德、利兹和哈里法克斯。这些地方由于独特的地理位置而被挑选出来发展该产业，因为它们拥有不计其数的温泉、煤坑以及其他适合从事该产业的条件"（《计划》，第 96 页）。

② 亨利七世"秘密地吸引许多在制造业方面颇有造诣的外国人来指导他那些处于起步阶段的臣民"（《计划》，第 96 页）。

③ G. Ramsay (1982)，*The English Woollen Industry*，*1500 – 1750* (Macmillan, London and Basingstoke)，p. 61.

④ 亨利七世认识到"佛兰德斯人在这种产业上具有悠久的历史，富有经验，对生产各种新产品得心应手。英国人现在都不懂这些东西，即便懂，现在也没有技能去模仿，所以必须循序渐进。"他"明白……这是一项伟大的尝试，也应非常谨慎和细致，而不能冒进，所以不能以过度的热情来推进该事业"（《计划》，第 96 页）。

⑤ 亨利七世"没有立即禁止出口羊毛到佛兰德斯，很多年以后才对羊毛出口增加关税"（《计划》，第 96 页）。至于禁止原毛出口，笛福说亨利七世"远没有完成他的设计，因为在其执政时期从未完全禁止羊毛出口"（《计划》，第 96 页）。因而，虽然亨利七世"曾经自以为停止了羊毛出口，后来认识到他的命令被违背了，之后也就完全取消了禁令"（《计划》，第 97 页）。

口替代工业化（Import Substitution Industrialization）政策之后将近100 年——英国已具备足够的加工能力时，才完全禁止原毛出口。[①]然而，出口禁令使低地国家的竞争对手走向了毁灭，因为它们丧失了原材料。

如果没有亨利七世当时所推行并为其后继者所追随的那些政策，英国将很难（如果不是完全不能）从一个原材料出口国转变为当时欧洲的高技术产业中心。毛纺业成为英国最重要的出口产业。它为大规模进口原料和食物提供了最多的出口收入，而这些原料和食物孕育了工业革命。[②]《计划》一书粉碎了资本主义神话的基础，该神话认为英国之所以成功，是因为给其他国家指出了走向繁荣的正确道路——自由市场和自由贸易。

丹尼尔·笛福所虚构的英雄鲁滨孙·克鲁索经常被经济学教师引用为"理性经济人"的典型代表，是新自由主义市场经济学的英雄。他们声称，即便鲁滨孙独自生活，他也必须随时做出"经济的"决策。为了满足物质消费和闲暇的需要，他必须决定做多少工作。作为一个理性人，他能够精确地投入最小量的工作来实现目标。假如鲁滨孙发现另一个人也是独自生活在邻近的岛上，他们将会如何开展贸易呢？自由市场理论认为，引入一个市场（交换）不会在根本上改变鲁滨孙的处境；除了需要另外考虑他的产品与其邻居的产品之间的交换率，生活照常进行。作为一个理性经济人，他将继续做出正确的决策。根据自由市场经济学，正是由于我们都像鲁滨孙，因此自由市场能发挥作用。我们清楚地知晓自己需要什

41

---

① 《计划》，第 97~98 页。

② 服装出口（主要是毛衣）占英国 1700 年出口总额的 70%，到 18 世纪 70 年代占出口总额的比重仍然超过 50%。A. Musson（1978），*The Growth of British Industry*（B. T. Batsford Ltd.，London），p. 85.

么以及如何最恰当地实现它。因而，应该让人们去做其想做的并且让他们知道哪些是有利于自己的东西，以及经济运行的最佳方式。政府只会产生麻烦。

支撑笛福《计划》一书的经济学却正好与鲁滨孙·克鲁索的经济学相对立。在《计划》中，笛福清楚地表明不是自由市场，而是政府的保护和补贴发展了英国的毛纺业。亨利七世丝毫不理会市场发出的信号——该信号认为英国是一个有效率的原毛生产者，而且以后也会是；相反，他制定一系列政策要改变这种毛纺织品不受英国人欢迎的事实。为了做到这一点，他启动了最终使英国转变为一个工业先进国的进程。经济发展需要像亨利七世这样的人物，他会创造新的未来，而不能像鲁滨孙·克鲁索那样，只为今天而活。因而，除了作为间谍有着双面生活外，作为一名经济学家，笛福也有着双面人生——他自己也没意识到这一点。他在其小说作品中虚构了自由市场经济学的关键人物形象，然而在其自身的经济学分析中却清楚地阐明了自由市场和自由贸易的局限性。

英国拥抱全世界

笛福是作为托利党政府的间谍而开始其双面生活的，之后，如前所述，他为罗伯特·沃波尔的辉格党政府做间谍。沃波尔广为人知，因为他是英国第一任首相，尽管人们当时并不这样称呼他。[①]

沃波尔也因其贪婪而臭名昭著——据说他已经"使腐败成为一种正常的现象"。他娴熟地玩弄对贵族头衔、政府职位及薪水的

[①]　然而，实际上沃波尔配得上这样的头衔，因为之前的政府首脑都没能享有他那么广泛的权力。沃波尔也最早进住唐宁街 10 号（1735 年）——著名的英国首相官邸——的政府首脑。

配置以巩固其权力基础，这使他能在首相位置上摇摇晃晃地待了 21 年（1721~1742 年）。他的政治技巧在乔纳森·斯威夫特（Jonathan Swift）的小说《格列佛游记》（*Gulliver's Travels*）中通过佛林奈浦（Flimnap）的形象而获得了不朽的声名。佛林奈浦是小人国的首相，也是绳子舞蹈的冠军，该舞蹈是小人国高级官员所选择的享乐方式。[1]

然而，沃波尔是一个能力很强的经济管理者。其在担任财政大臣期间，通过创立一种用于偿付债务的偿债基金（Sinking Fund）提高了政府的信用。他能在 1721 年成为首相，是因为他是当时唯一被认为有能力管理声名狼藉的南海公司所遗留的财政乱局的人。[2]

刚一上任，沃波尔就启动了对英国产业和贸易政策改弦易辙的政策改革。在沃波尔之前，英国政府的政策一般是基于通过殖民化和《航海法案》（该法案要求所有与英国开展的贸易都应该用英国船只来运输）来获得贸易，并带来政府收入。促进毛纺业的发展是最重要的例外，但即便这个例外也是为了在一定程度上满足获得政府收入的需求。相反，沃波尔在 1721 年之后所制定的政策致力于促进毛纺产业的发展。沃波尔通过国王对议会的发言介绍了新法

43

---

[1]　主要由于其腐败，沃波尔也招来了当时其他文学名人的猛烈批评，比如塞缪尔·约翰逊博士（《英语词典》的编纂者）、亨利·菲尔丁（《汤姆·琼斯》的作者）、约翰·盖伊（《乞丐歌剧》的作者）。乔治时期的文学界不批评沃波尔。他与文学的联系还不止于此。他第四个儿子霍勒斯·沃波尔做过政治家，但主要是一名小说家，被认为是哥特式小说的奠基人。霍勒斯·沃波尔还被认为根据有关翡翠岛（现在的斯里兰卡）的波斯故事创造了"偶然发现珍宝的才能"（Serendipity）这一词汇。

[2]　南海公司（The South See Company）于 1711 年由笛福的首任间谍雇主罗伯特·哈雷创立，该公司被授予西属南美洲的贸易垄断权。尽管实际获益甚为微小，但南海公司用关于其潜在贸易价值的最过分的谣言来吹捧其股份。在 1720 年出现了对其股票的狂热投机，股价在当年 1 月至 8 月的 7 个月里上涨了 10 倍。之后股价又快速下跌，1721 年初回到了 1720 年 1 月的水平。

案，他认为，"显然没有任何措施能像出口制成品并进口外国原料那样极大地改善公共福利了"①。

沃波尔 1721 年的立法旨在保护英国的制造业免受外国竞争的影响，为它们提供补贴并鼓励出口。② 他大幅提高了外国制成品的进口关税，同时降低了用于制成品原料进口的关税，甚至取消了一些关税。对制成品的出口鼓励措施包括出口补贴。③ 最后，他引入了对制成品产品质量的控制，尤其重视纺织产品的质量，使劣质厂商不会损害到英国产品在国外市场的声誉。④

这些措施与东亚"奇迹"经济体在成功过程中所使用的政策非常相似，比如战后的日本、韩国。20 世纪 50 年代日本决策者信赖的

---

① F. List（1841），*The National System of Political Economy*，translated from the original German edition published in 1841 by Sampson Lloyd in 1885（Longmans，Green，and Company，London），p. 40.

② N. Brisco（1907），*The Economic Policy of Robert Walpole*（The Columbia University Press，New York），pp. 131–133，pp. 148–155，pp. 169–171；R. Davis（1966），"The Rise of Protection in England，1689–1786"，*Economic History Review*，vol. 19，no. 2，pp. 313–314；J. McCusker（1996），"British Mercantilist Policies and the American Colonies" in S. Engerman & R，Gallman（eds.），*The Cambridge Economic History of the United States*，*vol. 1：The Colonial Era*（Cambridge University Press，Cambridge），p 358；C. Wilson（1984），*England's Apprenticeship*，*1603–1763*，2nd ed.（Longman，London and New York），p. 267.

③ 出口补贴（当时称为"奖金"）延伸到了新的出口类别，比如丝绸（1722 年）和火药（1731 年），而英国在 1731 年和 1733 年则先后提高了帆布和精糖的补贴。

④ 用 N. 布里斯科（N. Brisco）的话说，"沃波尔明白，要在竞争激烈的市场中成功地销售产品，必要条件就是产品质量好。渴望超过竞争对手的厂商将会有动机廉价出售产品，而这将降低产品质量，当然，这些也会反映到英国制造的商品上。确保产品质量的唯一方法，就是政府对厂商实行监管"〔N. Brisco（1907），*The Economic Policy of Robert Walpole*（The Columbia University Press，New York），p. 185〕。

用于干预的许多政策——比如"出口制成品的退税"① 和由政府强
制实施的出口产品质量标准②——事实上是英国早期政策的翻版。③

沃波尔的保护主义政策延续到了下一个世纪，帮助英国制造业
赶上了并最终远远领先于欧洲大陆的竞争对手。在 19 世纪中期之
前，英国一直是一个具有强烈保护主义色彩的国家。1820 年，英国
在制成品进口上的平均关税税率是 45% ~55%，与此相对照，低地
国家是 6% ~8%，德国和瑞士是 8% ~12%，法国接近 20%。④

然而，关税远不是英国贸易政策武器库中的唯一武器。在殖民
地，英国非常喜欢对它所不希望发展的先进制造业断然施以禁令。
沃波尔禁止在美国建造新的轧钢厂和切分钢厂，迫使美国专注于低
附加值的生铁和条形铁生产，而不能发展高附加值的钢产品。

英国也禁止从殖民地进口会与其自身产品在国内外相竞争的产
品。它禁止从印度进口比英国产品更优异的纺织品（"印度棉布"）。

---

① 这种做法是，当厂商出口一种产品时，用于生产这种产品的进口投入部分可以
退回关税。这是鼓励出口的一种方式。

② 这种做法是，政府不仅设定出口产品的最低质量标准，而且处罚不能达到该标
准的出口商。这是为了防止低于一定标准的产品破坏出口国的形象。当产品缺
乏易于识别的品牌标志、需要依靠原产国来识别的时候，这种做法尤为有效。

③ 布里斯科指出，第一次退税出现于威廉和玛丽时期，应用于浓啤酒、烈性啤
酒、苹果酒和梨子酒等产品的出口上。见 N. Brisco (1907), *The Economic
Policy of Robert Walpole* (The Columbia University Press, New York), p. 153。

④ 德国、瑞士和低地国家（1815 ~1830 年比利时和荷兰尚为一体）的数据出自
P. Bairoch (1993), *Economics and World History – Myths and Paradoxes* (Wheatheaf,
Brighton), p. 40, table 3.3。由于涉及计算的困难，保罗·贝洛赫（Paul Bairoch)
没有提供法国的数据，但是约翰·奈伊（John Nye）基于关税收益估计了法国
总体（而不仅仅是制造业）的关税税率，这一比率在 1821 ~1825 年是 20.3%。
由于相对应的英国数据是 53.1%，与贝洛赫的 45% ~55% 基本吻合，因而有理
由认为法国制造业的平均关税税率是 20% 左右。见 J. Nye (1991), "The Myth
of Free-Trade Britain and Fortress France: Tariffs and Trade in the Nineteenth
Century", *Journal of Economic History*, vol. 51. no. 1。

在 1699 年，它禁止从其殖民地出口毛衣到其他国家（出自《羊毛法案》），摧毁了爱尔兰的羊毛产业，也抑制了美国羊毛工业的兴起。

最后，英国实施了许多政策以鼓励殖民地从事初级产品的生产。沃波尔对美洲殖民地的原料生产（比如大麻、木材）既提供出口补贴（美洲方面），又废除进口税（英国方面）。他希望确保殖民地固守初级商品的生产，永远也不要成为英国制造业的竞争对手。因而，这些殖民地被迫将利润最丰厚的"高技术"产业拱手让给英国，这就保证了英国能享受到世界前沿技术的好处。①

英国经济的双面生活

世界第一位著名的自由市场经济学家亚当·斯密猛烈地抨击沃波尔所谓的"重商主义体系"，该体系的主要设计者就是沃波尔。 45
亚当·斯密的杰作《国富论》出版于 1776 年，其时正是英国重商主义体系的巅峰时期。他认为保护、补贴和特许垄断权对竞争所造成的限制有害于英国经济。②

当时，亚当·斯密认识到，沃波尔的政策正在过时。如果没有这些政策，英国许多产业在有机会赶上国外先进对手之前就已经被毁掉了。但是，一旦英国工业具备了国际竞争力，保护就不再必要了，甚至会破坏生产力。正如斯密所观察到的，保护不再需要保护

① 布里斯科简洁地总结了沃波尔在这方面的政策："通过商业和产业管制，努力将殖民地束缚在英国所需要的原材料生产上，限制任何厂商的任何可能会与母国进行竞争的行为，并且将其市场限定为英国的贸易商和工厂。"［N. Brisco (1907)，*The Economic Policy of Robert Walpole*（The Columbia University Press，New York），p. 165］
② 尽管斯密是一位自由市场经济学家，但他是一个爱国者。他支持自由市场和自由贸易，只是因为他认为这对英国有益，这可从他对《航海法案》——最明显的"市场扭曲型"管制措施——的赞许中看出来，他认为这是"英国所有商业管制措施中最明智的"。

的产业很可能会使其变得自满和低效。因而，采纳自由贸易政策就越来越符合英国的利益。然而，斯密的观点在某种意义上超前了他所处的时代。直到一代人之后，他的观点才真正富有影响。在《国富论》出版 84 年之后，英国才成为真正的自由贸易国家。

1815 年拿破仑战争结束时，也就是《国富论》出版 40 年后，英国制造业牢牢地占据了全世界效率最高的地位，只有在少数领域比利时和瑞士这样的国家拥有技术领先优势。英国厂商精明地认识到，自由贸易现在符合他们的利益，于是开始为此运作（如前述，如果需要，他们自然非常乐意维持对贸易的限制，正如棉纺业认为纺织机器出口会有助于外国竞争者时所做的那样）。具体而言，厂商极力鼓吹废除限制了进口便宜粮食的《谷物法》，便宜食品之所以重要，是因为可以降低工资并提高利润。

反《谷物法》运动得到了经济学家、政客和股票市场操作员大卫·李嘉图（David Ricardo）的鼎力相助。李嘉图凭借比较优势理论而声名鹊起，这一理论至今依然是自由贸易理论的核心。在李嘉图之前，人们认为只有当一个国家的产品比该国的贸易伙伴的产品更廉价时，对外贸易才有意义。李嘉图以一种天才般的逆向思维反驳了这种直觉观察，论证了当一个国家的各种产品的生产成本都比另一个国家的产品低时，这两个国家间的贸易也富有意义。尽管这个国家在各种产品的生产上都更有效率，但通过专注于最具成本优势的生产，它依然能获益。反之，即便一个国家相比它的贸易伙伴在各方面都没有成本优势，如果专注于最小成本劣势的产品，同样也能获益。凭借这个理论，李嘉图给 19 世纪的自由贸易者提供了一种简单却有力的工具来论证自由贸易有利于任何一个国家。

李嘉图的理论在其狭隘的范围内绝对正确。他的理论正确地指出，**在技术水平一定的情况下**，国家专注于有相对优势的领域更为有益。在这个范围内，人们是无法挑战他的理论的。

当一个国家想获得更先进的技术去从事很少国家能做的更困难的事情时，也就是说，当一个国家想发展经济时，他的理论就不灵了。因为学习新技术需要时间和经验，所以技术落后的国家在学习期间需要一段保护期以避免国际竞争。这种保护是有成本的，因为该国放弃了进口更好、更廉价产品的机会。然而，这是发展先进产业必须付出的代价。因而，李嘉图的理论看来只适合安于**现状**者，而不适合试图变革的国家。

随着《谷物法》的废除和众多制成品关税的取消，英国贸易政策在 1846 年发生了巨变。现在的自由贸易经济学家喜欢把《谷物法》的废除描述成亚当·斯密和大卫·李嘉图的智慧对错误的重商主义的最终胜利。[①] 当代自由贸易经济学家中的领军人物、哥伦比亚大学的贾格迪什·巴格沃蒂（Jagdish Bhagwati），将其称之为"历史性的变迁"。[②]

然而，许多熟悉这段时期的历史学家指出，使食品更便宜只是反 47

---

① 20 世纪 80 年代末欧洲对外经济关系委员会的高级代表威利·德克莱尔（W. de Clercq）说："由大卫·李嘉图、约翰·斯图亚特·穆勒和大卫·休谟、亚当·斯密及其他苏格兰启蒙运动的人物在反对广泛的重商主义方面所提供的自由贸易的理论合法性，以及英国在 19 世纪后期作为唯一的和相对仁慈的超级大国或霸主所提供的相对稳定的环境，才第一次使自由贸易兴盛起来。"W. de Clercq（1996），"The End of History for Free Trade？" in J. Bhagwati & M. Hirsch（eds.），*The Uruguay Round and Beyond – Essays in Honour of Arthur Dunkel*（The University of Michigan Press，Ann Arbor），p. 196.

② J. Bhagwati（1985），*Protectionism*（The MIT Press，Cambridge，Massachusetts），p. 18. 巴格沃蒂与其他自由贸易经济学家都对这个事件非常重视，以至于他将政治讽刺杂志《笨拙》（*Dunch*）在 1845 年的一幅卡通画作为其著作的封面，该卡通画描绘了当时的首相罗伯特·皮尔（Robert Peel）作为一名烂醉的男孩，正被反《谷物法》运动的领导者理查德·科布登（Richard Cobden）那坚毅、正直的形象引导上自由贸易的正确道路。

《谷物法》倡导者的目的之一。它也是"自由贸易帝国主义"的一种举措，旨在"通过扩大农产品和初级原料市场来阻止欧洲大陆的工业化进展"[1]。通过加大开放国内农产品市场的力度，英国想诱使其竞争者重新重视农业生产。事实上，反《谷物法》运动的领导者理查德·科布登认为，没有《谷物法》，"工厂体系根本不可能出现在美国和德国。如果不是英国技工在高价食品上的支出给这些国家的廉价食品工厂提供了扶持资助，工厂也肯定不会在这两个国家以及法国、比利时和瑞士得以繁荣"[2]。基于相同的精神，一名反《谷物法》联盟的关键成员、贸易委员会的约翰·包令（John Bowring）在 1840 年就明确地建议德国关税同盟的成员国专注于生产小麦，并将小麦出售给英国来交换工业产品。[3] 而且，直到 1860 年，英国才完全取消关税。换句话说，正如杰出的经济史学家保罗·贝洛赫曾指出的，"通过高额且长时期的关税壁垒"，英国在取得相对于其竞争对手的技术优势之后，才开始发展自由贸易。[4] 难怪弗里德里希·李斯特认为这是"踢开梯子"。

---

① C. Kindleberger（1978），"Germany's Overtaking of England，1806 to 1914"（chapter 7）in *Economic Response：Comparative Studies in Trade，Finance，and Growth*（Harvard University Press，Cambridge，Massachusetts），p. 196.

② William Ridgeway（1868），*The Political Writings of Richard Cobden*（London），vol. 1，p. 150；E. Reinert（1998），"Raw Materials in the History of Economic Policy – or why List（the protectionist）and Cobden（the free trader）both Agreed on Free Trade in Corn" in G. Cook（ed.），*The Economics and Politics of International Trade – Freedom and Trade*，*vol. 2*（Routledge，London），p. 292.

③ D. Landes（1998），*The Wealth and Poverty of Nations*（W. W. Norton & Company，New York），p. 521.

④ D. Bairoch（1993），*Economics and World History – Myths and Paradoxes*（Wheatheaf，Brighton），p. 46. 一个 19 世纪初的法国调查委员会也认为，"英国在实施了长达几个世纪的保护和禁令后，才达到了繁荣的巅峰"。引自 W. Ashworth（2003）*Customs and Excise – Trade，Production，and Consumption in England，1640 – 1845*（Oxford University Press，Oxford）p. 379.

美国参与争鸣

对英国的伪善给出的最佳批判也许是由一位德国人完成的，但在政策领域最能抵制英国"踢开梯子"的国家不是德国，也不是法国——它常被认为是英国自由贸易保护主义的死对头。实际上，提供这种反平衡的是英国以前的殖民地、当今自由贸易的领头羊——美国。

在英国统治下，美国得到了完全的英国殖民地的待遇。它自然不被允许使用关税来保护新兴工业，也被禁止出口会与英国产品相竞争的产品，但其原材料的生产得到了补贴；而且，对于美国能制造什么产品英国也施加了明确的限制。老威廉·皮特（William Pitt the Elder）1770 年的评论很好地总结了这种政策背后的精神。听说美洲殖民地正在出现新兴工业，他说了句很有名的话："（新英格兰）殖民地就是一个马蹄钉也不允许生产。"[1] 实际上，英国的政策比这种评论只多了些仁慈：允准美洲从事一些工业活动，但是依然不允许其制造高技术产品。

并非所有的英国人都像老皮特这样硬心肠。一些人在建议美洲实行自由贸易时认为，这会有助于这些国家。自由市场经济学的鼻祖、苏格兰籍的亚当·斯密在《国富论》中严肃地建议美洲不要发展制造业，他认为任何"阻止欧洲制造品输入"的尝试"不但

48

---

[1] 引自 F. List（1841），*The National System of Political Economy*，translated from the original German edition published in 1841 by Sampson Lloyd in 1885（Longmans, Green, and Company, London），p. 95。老皮特当时是查特翰伯爵。

不能使国家渐臻于富强，恐怕还会加以妨害"。①

许多美国人赞同这种看法，包括第一任国务卿和第三任总统托马斯·杰斐逊。但是还有一些人对此坚决反对，他们认为，这个国家需要发展制造业，需要运用政府保护和补贴来达到这个目的，就像之前的英国一样。这场运动的知识领袖就是带有一半苏格兰血统的暴发户亚历山大·汉密尔顿（Alexander Hamilton）。

汉密尔顿出生于尼维斯（Nevis）的加勒比岛，是一个苏格兰商贩（他宣称有贵族血统，这不太可信）和一位法国籍妇女的私生子。他能爬上权力宝座得益于他的睿智和旺盛的精力。22 岁的时候，他成为乔治·华盛顿（George Washington）在独立战争中的一名副官。1789 年，正值 33 岁时，他成为美国第一任财政部长。

1791 年，汉密尔顿向美国国会递交了《关于制造业的报告》（以下称为《报告》）。在《报告》中，他扩充了国家需要一项庞大的计划来发展工业的观点。他的思想核心是，像美国这样的落后国家应该保护它的"幼稚产业"免受外来的竞争，直到它们能自立之时。在为他的年轻国家推荐此类举措时，这位鲁莽的 35 岁的财长公然不赞同世界上最著名的经济学家亚当·斯密的建议，虽然他只获得过当时还是二流学院的纽约国王学院（现在的哥伦比亚

49

---

① 完整的引述是："假设美洲人联合起来，或用其他激烈手段，阻止欧洲制造品输入，使能够制造同种物品的本地人有独占机会，因而使本地大部分资本，转投到制造业，结果将不但不能增加美洲年产物的价值，恐怕还会降低其价值，不但不能使国家渐臻于富强，恐怕还会加以妨害。"见亚当·斯密《国富论》，兰登书屋，1937，第 347～348 页。斯密的观点后来得到了 19 世纪令人尊敬的法国经济学家让-巴蒂斯特·萨伊（Jean - Baptiste Say）的回应，据说他讲到过，"像波兰一样，美国应该依赖农业而忘记制造业"。引自 F. List（1841），*The National System of Political Economy*, translated from the original German edition published in 1841 by Sampson Lloyd in 1885（Longmans, Green, and Company, London), p. 99。

大学）的本科学位。

如前所述，保护"幼稚产业"的实践以前就有过，但汉密尔顿是第一位将其转变为一种理论并为其命名的人（"幼稚产业"这一词语正是他提出的）。之后推动这种理论发展的是李斯特，他在今天常被错误地当作该理论的创立者。实际上李斯特起初是一名自由贸易者，他是世界上第一个自由贸易协定——《德意志关税同盟》的主要倡导者之一。19 世纪 20 年代，当他在美国政治流放时，学到了幼稚产业理论。汉密尔顿的幼稚产业理论启发了许多国家的经济发展计划，也成为历代自由贸易经济学家的大敌。

在《报告》中，汉密尔顿提出了一系列促成美国工业发展的措施，包括保护性关税和进口禁令、补贴、对工业投入品的出口禁令、工业投入品的进口自由化和关税退让、发明奖励和专利、生产标准的管制、发展金融和交通基础设施。① 尽管汉密尔顿明智地警示这些政策不能走得太远，但它们已经是相当有力而且充满"异端性"的政策指导了。如果他是如今某个发展中国家的财长，国际货币基金组织和世界银行肯定会拒绝向他的国家提供贷款，而且会游说他离职。

国会对于汉密尔顿的《报告》所采取的行动与他的建议差距

---

① 汉密尔顿将这些措施分为 11 大类。它们分别是：（1）"保护性税收"（用现在的词语就是"关税"）；（2）"禁止进口竞争对手的产品或征收等同于禁止的税赋"（进口禁令或禁止性关税）；（3）"禁止出口制造业材料"（对工业投入品的出口禁令）；（4）"金钱奖励"（补贴）；（5）"赏金"（对重要创新的特别补贴）；（6）"制造业材料免税"（工业投入品的进口自由化）；（7）"制造业材料退税"（进口的工业投入品的关税减让）；（8）"在国内鼓励新发明和创造，将外国的发明创造，尤其是与机械相关的那些发明创造引入美国"（发明奖励和专利）；（9）"对制造业产品的检查进行明智的管制"（产品标准管制）；（10）"为汇款创造便利"（金融发展）；（11）"为商品运输创造便利"（交通发展）。Alexander Hamilton（1789），*Report on the Subject of Manufactures*，as reprinted in *Hamilton – Writings*（The Library of the America，New York，2001），pp. 679 – 708.

不小，这主要是由于当时主导美国政治的是对发展美国制造业毫无兴趣的南方种植园主。道理很简单，他们希望能以最低的价格从欧洲进口高质量的工业品，进而利用这些设施出口农产品而获利。依照汉密尔顿的《报告》，美国将对外国工业品的平均关税税率从约5%提高到约12.5%，但平均关税税率还是太低，无法引导人们从购买工业品转向扶持新生的美国工业。

由于一场他与一位有夫之妇的婚外情丑闻，汉密尔顿在1795年辞去了财长职务，从而也失去了进一步推进其计划的机会。他睿智却刻薄的人生在他50岁时于纽约的一场决斗中画上了句号，那时他受到了与他反目成仇、之后成为托马斯·杰斐逊（Thomas Jefferson）的副总统的艾伦·伯尔（Aaron Burr）的挑战。① 如果汉密尔顿能活到下一个世纪，他会看到他的计划被全面采纳。

50

---

① 伯尔和汉密尔顿在青年时期是朋友。然而，伯尔在1789年改换门庭，虽然在为汉密尔顿的候选做工作，却接受了纽约州州长乔治·克林顿给予的总检察长职位。1791年，伯尔击败了汉密尔顿的岳父菲利浦·斯科勒成为国会议员，之后借助该职位反对汉密尔顿的政策。于是，汉密尔顿在1792年反对伯尔作为副总统候选人，并在1794年反对提名他为驻法国大使。最严重的是，汉密尔顿在1800年的大选中从伯尔手中夺走了总统职位，迫使伯尔成为副总统。那次大选有四位候选人——来自联邦党的约翰·亚当斯和查理斯·平克尼，来自对立党派的民主共和党的托马斯·杰斐逊和艾伦·伯尔。在选举团投票时，两位民主共和党候选人领先，伯尔出人意料地与托马斯·杰斐逊打了个平手。当众议院必须在两位候选人之间进行选择之时，汉密尔顿脱离联邦党转而支持杰斐逊。汉密尔顿这样做的原因在于，虽然他同样反对杰斐逊，但他认为伯尔是一位毫无原则的机会主义者，而杰斐逊虽然坚持错误的原则，但至少是有原则的人。结果，伯尔只能担任副总统。之后，在1840年，当伯尔谋求纽约州州长位置时，汉密尔顿为反对伯尔而发起了一场言论攻势，再一次使伯尔无法如愿地获得职位。上述细节见 J. Ellis (2000), *Founding Brothers – The Revolutionary Generation* (Vintage Books, New York), pp. 40 – 41 and J. Garraty & M. Carnes (2000), *The American Nation – A History of the United States*, 10th edition (Addison Wesley Longman, New York), pp. 169 – 170。

当美英战争在 1812 年爆发时，美国国会立刻将平均关税税率从 12.5% 翻番到 25%。由于中断了从英国和欧洲其他国家的工业品进口，战争为新兴工业的出现提供了可能。崛起的工业主义新集团当然希望保护政策能在战后得以延续，并能得到增强。[1] 1816 年，关税进一步提高，平均关税税率增加到 35%。1820 年，平均关税税率上升到 40%，汉密尔顿的计划完全实现了。

汉密尔顿为第二次世界大战结束前的美国经济政策提供了蓝图。他的幼稚产业计划为快速的工业发展创造了条件。他也建立了政府债券市场，并促进了银行系统的发展（又一次反击了托马斯·杰斐逊及其追随者）。[2] 纽约历史协会在一次展览中称他为"塑造了现代美国的人"[3]，这毫不夸张。如果美国拒绝了汉密尔顿的计划，而是采

---

[1]　与此相类似，20 世纪 30 年代的大萧条导致国际贸易的突然中断也为拉美工业发展提供了重要的推动力。

[2]　汉密尔顿建议发行政府债券为公共基础设施投资融资。当时很多人对"借钱投资"的观念持怀疑态度，包括托马斯·杰斐逊。当时的氛围不利于汉密尔顿的原因在于，当时欧洲的政府借贷通常都是为战争或统治者的奢侈生活进行融资。汉密尔顿最终成功地说服了国会，并通过答应将资本投入南方——新成立的华盛顿特区，赢得了杰斐逊的支持。汉密尔顿还想成立一家"国立银行"，即由政府持有部分股份（20%），使其能够作为政府的银行来稳定金融系统。凭借其政府机构的特殊地位，它还可以通过发行银行票据为金融系统提供额外的流动性。另外，政府也希望它能为全国性的重要产业项目提供融资。这种观点在杰斐逊及其支持者看来是很危险的，他们认为银行必定会成为投机和剥削的工具。对于他们而言，一个半政府性质的银行会更加糟糕，因为它基于人为创设的垄断。为了瓦解这些潜在的抵制，汉密尔顿要求成立一家特许有效期为 20 年的银行，他的要求被准许了，因而他在 1791 年创立了美国银行。当其特许权在 1811 年到期时，国会没有再延长其特许权。1816 年，另一家美国银行（所谓的美国第二银行）在另一个 20 年的特许权下得以成立。当其特许权在 1836 年到期时，也没能获准延长（详见第四章）。之后，美国在接近 80 年的时间里连半政府性质的银行都没有，直到 1913 年成立联邦储备委员会（美国的央行）。

[3]　展览名称为"亚历山大·汉密尔顿：塑造了现代美国的人"，展出时间为 2004 年 9 月 10 日到 2005 年 2 月 28 日，见展览的网页：http//www. alexander hamilton exhibition. org。

纳了他的对头托马斯·杰斐逊的建议，美国永远不可能使自己从一个弱小的农业国通过反抗强大的殖民母国发展成世界上最强大的超级大国；因为对杰斐逊而言，理想的社会是一个由自治的自耕农组成的农业经济体（虽然这位奴隶主不得不解散支撑这种生活方式的奴隶）。

亚伯拉罕·林肯和美国寻求最高权威

尽管汉密尔顿的贸易政策在 19 世纪 20 年代就已付诸实施，但在之后的 30 年里关税始终是美国政治紧张的缘由。南方的农业州一直要求降低工业品的关税，而北方的工业州坚称不能降低关税，甚至还要求进一步提高工业品关税。1832 年，倾向自由贸易的南加州拒绝接受一项新的联邦关税法律，导致了一场政治危机。安德鲁·杰克逊总统化解了所谓的"拒绝执行联邦法危机"（Nullification Crisis），他提出了一些关税削减的举措（尽管不是很多，但他俨然成了美国自由市场资本主义的民间英雄），同时对南加州威胁采取武力行动。这只是暂时平息了危机，不断恶化的冲突最终导致亚伯拉罕·林肯在其总统任期内不得不采取武力方式解决危机，也即"美国内战"。

尽管许多人称第 16 任总统（1861～1865 年）亚伯拉罕·林肯为美国奴隶的伟大解放者，但他也应该被称为美国工业的伟大保护者。林肯是幼稚产业保护的强力倡导者。他在辉格党的亨利·克莱身边获得政治经验，克莱倡导建立"美国体系"（American System），该体系内容包括幼稚产业保护（用克莱的话说是"保护国内工业"）和投资于运河等基础设施（"内部改善"）。① 林肯与

① 19 世纪 30 年代到 50 年代初，辉格党是当时处于主导地位的民主党（成立于 1828 年）的主要对手，在 1836～1856 年的 5 次大选中曾产生了两位辉格党总统——威廉·哈里逊（1841～1844 年任总统）和扎卡里·泰勒（1849～1850 年任总统）。

克莱都出生于肯塔基州，1834 年，当林肯 25 岁时，他作为伊利诺依州一名辉格党的州律师开始步入政坛，在政治生涯的早期他是克莱的得力助手。

富有人格魅力的克莱在其事业初期就表现得出类拔萃。1810 年，几乎在刚进入国会时，他就成了众议院的议长（从 1811 年到 1820 年，之后在 1823～1825 年再一次当选）。作为一名来自美国西部的政治家，他看到了美国发展工业的前景，因而希望说服西部各州加入北方州的阵营。由于传统上没有太多工业，西部各州一直倡导自由贸易，因而与倾向自由贸易的南方州结成了同盟。克莱认为西部各州应该转而支持工业发展的保护主义政策，以获得联邦在这些区域发展上的基础设施投资。克莱曾三次竞选总统（1824 年、1832 年和 1844 年），虽然在 1844 年大选中他离胜利很近，但都没有成功。辉格党的总统候选人——威廉·哈里逊和扎卡里·泰勒——都是没有鲜明政治或经济观点的将军。

最后，共和党的成立并将林肯作为其候选人才使保护主义者有赢得总统竞选的可能。现在共和党称自己是"大佬党"（GOP, Grand Old Party），但实际上它比民主党出现得晚，后者在托马斯·杰斐逊时代就以不同的形式出现了（当时被称为民主共和党，现在的观察家会对此感到迷惑）。共和党创立于 19 世纪中期，基于一种新的观念，该党认为有利于美国的是快速向外推进（往西部）和（通过工业化）向前发展，而不是回到日益不可持续的依靠奴隶制的农业经济。

共和党提出的制胜方案是把辉格党的美国体系和公共土地（通常已被非法占有了，也称公地）无偿分配相结合，后者正是西部各州的强烈愿望。对公共土地的无偿分配显然会遭到南方土地主的咒骂，他们将之看作走向全面土地改革的前兆。与这类分配相关的立法经常遭到南方议员的反对。共和党着手促成《公地法案》（the Homestead Act，又名《宅地法》）的通过，该法案承诺将 160 亩土地分配给任何耕作了 5 年的定居者。该法案在内战期间的 1862 年获得通过，此时南方议员已经退出了联邦。

　　奴隶制在当时并不像如今所理解的那样，是造成内战前美国政治不和的问题。虽然废奴主义在北方一些州有很强的影响力，尤其是在马萨诸塞州，但北方的主流观点不是废奴主义。许多反对奴隶制的人认为黑人在种族上更低劣，因而反对给予他们完全的公民权，包括选举权。他们认为激进人士所提出的立即废除奴隶制的建议是非常不切实际的。伟大的解放者自己也持这种观点。在回应一名报纸编辑提出的立即解放奴隶的要求时，林肯写道："如果无须解放一个奴隶就能拯救联邦，我将不会解放一个奴隶；如果必须解放所有奴隶方能拯救联邦，我将会解放所有的奴隶；如果解放一些奴隶而保留另一些奴隶能拯救联邦，我也会选择这样做。"[1] 历史学家都认为，他在 1862 年主张废除奴隶制，与其说是一种道德守望，不如说是一种赢得战争的策略。事实上，贸易政策上的分歧与奴隶制在引发内战的问题上，至少是同等重要的，很有可能前者更为重要。

　　在 1860 年竞选过程中，一些坚持保护主义州的共和党人痛骂民主党是"南方的、英国的、反关税的分裂党"，他们是受克莱"美国体系"思想的影响，认为自由贸易符合英国而不是美国的利益。[2] 然而，林肯在竞选中对关税问题竭力保持沉默，这不仅是为了避免来自民主党的攻击，也是为了维持新党脆弱的团结，因为党

---

[1] J. Garraty & M. Carnes（2000），*The American Nation – A History of the United States*，10th edition（Addison Wesley Longman, New York），p. 405.

[2] R. Luthin（1944），"Abraham Lincoln and the Tariff"，*The American Historical Review*，vol. 49，no. 4，p. 616.

内还有一些自由贸易者（主要是之前反对奴隶制的民主党人士）。

可是，一旦当选，林肯就将工业品的关税提高到美国历史上的最高水平。[①] 内战的开支只是一个借口——就像美英战争期间（1812～1815年）美国关税第一次大幅度提高一样。然而，内战后的关税税率仍然维持在战时水平，甚至还有所提高。在第一次世界大战前，美国工业品的进口关税税率一直保持在 40%～50%，是世界上关税最高的国家。[②]

1913 年，民主党获得选举胜利，通过了《安德伍德关税法案》（Underwood Tariff Act），将工业品的平均关税税率从 44% 降到 25%。[③] 但是由于加入了第一次世界大战，关税很快再一次提高。1921 年共和党重新执政，关税又一次提高，虽然没有达到 1861～1913 年的高度。到 1925 年，工业品的平均关税税率爬升到了 37%。随着大萧条的到来，1930 年出现了将关税提高到更高水平的斯穆特－霍利关税（Smoot-Hawley Tariff）。

在大肆渲染反《谷物法》运动的智慧的同时，斯穆特－霍利

---

① 林肯重要的经济顾问之一就是美国当时优秀的经济学家亨利·凯里，他是美国早期保护主义经济学家的领导者马修·凯里的儿子，他本人也是著名的保护主义经济学家。现在很少有人知道凯里，但在那个时代他被认为是美国经济学家的领导者。卡尔·马克思和弗里德里希·恩格斯在 1852 年 3 月 5 日写给魏德迈的信中称凯里是"美国唯一重要的经济学家"。见 K. Marx & F. Engels（1953），*Letters to Americans, 1848 – 1895: A Selection*（International Publishers, New York），as cited in O. Fraysse（1994），*Lincoln, Land, and Labour*，translated by S. Neely from the original French edition published in 1988 by Paris, Publications de la Sorbonne（University of Illinois Press, Urbana and Chicago），p. 224, note 46。

② 巩固保护主义的贸易政策体系并不是林肯在其总统任期内的唯一经济遗产。1862 年，除了《公地法案》这一人类历史上最大的土地改革计划之一，林肯还督促通过了《莫雷尔法案》。该法案建立了许多"政府赠地"学院，有助于促进国家研发能力的提高，这随后成为美国最重要的竞争武器。虽然美国自 19 世纪 30 年代以后就一直支持农业研究，但《莫雷尔法案》是美国政府支持研发的历史上的一个分水岭。

③ P. Bairoch（1993），*Economics and World History – Myths and Paradoxes*（Wheatheaf, Brighton），pp. 37 – 38.

关税的蠢行也成为自由贸易神话中的一个重要寓言。自由贸易经济学家贾格迪什·巴格沃蒂称之为"反对贸易的蠢事中最明显的也最富有戏剧性的行动"①。但这种观点是有失偏颇的。由于处于光景不佳的时期，尤其是美国在第一次世界大战后新获得了世界上最大的债权国地位，斯穆特-霍利关税可能引发国际上的关税战争。但是它并没有像自由贸易经济学家所宣称的那样，严重背离了美国传统的贸易政策立场。依照该法案，工业品平均关税税率上升到48%。关税税率从 37%（1925 年）上升到 48%（1930 年）不是一个小数目，但也不是一种巨变。而且，虽然接近上限，但 48%的关税税率处于内战以来一直通行的关税税率区间范围内。

尽管从 19 世纪初到 20 世纪 20 年代，美国是全世界实施保护主义最积极的国家，但它也是经济发展最快的国家。睿智的瑞士籍经济史学家保罗·贝洛赫指出，没有证据表明美国经济中唯一一次显著降低保护主义程度（1846～1861 年）对其经济增长有明显的正面效应。② 一些自由贸易经济学家认为，美国在保护主义时期获得快速增长，是因为它有许多其他有利于增长的条件，尤其是丰富的自然资源、巨大的国内市场和很高的识字率。③ 我们将看到的事

---

① J. Bhagwati（1985），*Protectionism*（The MIT Press，Cambridge，Massachusetts），p. 22，f. n. 10.

② P. Bairoch（1993），*Economics and World History – Myths and Paradoxes*（Wheatheaf，Brighton），pp. 51 – 52.

③ 在评论拙作《富国陷阱：发达国家为何踢开梯子？》时，达特茅斯的经济学家道格拉斯·欧文（Douglas Irwin）认为，"美国起步时就是一个非常富裕的国家；它的国民识字率高；它拥有广泛分布的土地所有权，有稳定的政府和竞争性的政治制度保证私有产权的安全；它还拥有庞大的国内市场，商品可进行自由贸易，劳动力也可以在不同区域间自由流动，等等。在这些压倒性的有利条件下，即便非常缺乏效率的贸易政策也不能阻止经济增长的出现"。D. Irwin（2002），review of H-J. Chang，*Kicking Away the Ladder – Development Strategy in Historical Perspective*（Anthem Press，London，2002），http：//eh. net/bookreviews/liberary/0777. shtml.

实使上述论调不那么有说服力，因为许多不具备这些条件的国家
（或地区）也在保护主义壁垒下获得了快速增长。德国、瑞典、法
国、芬兰、奥地利、日本、中国台湾和韩国都是这样。

　　直到第二次世界大战后美国获得了无可挑战的工业优势，它才
实行贸易自由化并开始支持自由贸易的目标。但是美国的自由贸易
实践从来没有达到过英国在其自由贸易期间（1860～1932 年）达
到的程度，也从来没实行过像英国那样的零关税体制。在必要的时
候，美国使用的非关税保护措施也非常富有攻击性。① 而且，即便
转向了更自由的（不是绝对的自由）贸易，美国政府也通过另外
一些手段来推进重要产业的发展，比如对研发的公共资助。20 世
纪 50 年代到 90 年代中期，美国联邦政府的资助占所有研发资助的
50%～70%，这比日本和韩国这样一些"政府引导型"国家还要
高 20% 左右。没有联邦政府对研发的资助，美国不可能在计算机、
半导体、生命科学、互联网和太空等重要产业上保持对其他国家的
技术领先。

其他国家，罪恶的秘密

　　如果保护主义对经济增长有害，历史上两个最成功的经济体如
何通过如此高程度的保护主义获得了成功？一种可能的答案是，尽
管英国和美国实行保护主义，但与其他国家相比，它们的保护主义
程度更轻些，因而在经济上也更为成功。实际上，其他有名的富有

---

　　① 这些包括：对成功的外国出口者实现"自愿"出口限制（比如日本的汽车企
　　　 业）；纺织品和服装进口的配额（通过《多种纤维协定》）；农业补贴（与英国
　　　 取消《谷物法》形成对比）；反倾销关税（"倾销"的定义由美国以歧视外国
　　　 公司的方式给出，这在 WTO 的规定中反复出现）。

保护主义倾向的国家——比如法国、德国和日本——确实看起来比英国和美国有更高的关税壁垒。

其实这是不正确的。如今的富国中没有哪一个国家实施的保护主义程度比英国和美国曾实施的保护主义程度更高，除了 20 世纪 30 年代的西班牙这个短暂的例外。[①] 法国、德国和日本——三个常被认为是保护主义乐园的国家——总是比英国和美国的关税更低（在这两个国家获得经济优势转向自由贸易之前）。

法国通常被当作自由贸易的英国保护主义的死对头。但是，在 1821 ~ 1875 年，尤其在 19 世纪 60 年代初之前，法国的关税比英国的低。[②] 即使转向保护主义——20 世纪 20 年代到 50 年代——法国的工业品平均关税税率也从没超过 30%。而英国和美国的工业品平均关税税率在其巅峰期高达 50% ~ 55%。

德国的关税一直较低。从 19 世纪初到 20 世纪初（直到第一次世界大战），德国的工业品平均关税税率是 5% ~ 15%，远低于美国和英国（19 世纪 60 年代前）的 35% ~ 50%。即便在 20 世纪 20 年代，当德国加大保护其工业的力度时，它的工业品平均关税税率也只停留在 20% 左右。从这种意义上说，把法西斯主义等同于保护主义是非常错误的。

至于日本，在其工业发展的最早期，事实上是实行自由贸易

---

① 关于其他国家的详细讨论见 H – J. Chang (2002), Kicking Away the Ladder – Development Strategy in Historical Perspective (Anthem Press, London), chapter 2, pp. 32 – 51 and H-J. Chang (2005), *Why Developing Countries Need Tariffs – How WTO NAMA Negotiations Could Deny Developing Countries' Right to a Future*, Oxfam, Oxford, and South Centre, Geneva, http://www.southcentre.org/publications/SouthPerspectiveSeries/WhyDev CountriesNeedTariffsNew. pdf.

② 所提供的论据见 J. Nye (1991), "The Myth of Free-Trade Britain and Fortress France: Tariffs and Trade in the Nineteenth Century", *Journal of Economic History*, vol. 51. no. 1。

的。但这不是出于选择的结果，而是由于一系列由西方国家强加的不平等条约使其在 1853 年不得不开放门户。这些条约使日本的关税税率在 1911 年前必须低于 5%。但是在日本获得关税自主权并提高关税之后，工业品的平均关税税率也只有 30% 左右。

只是在第二次世界大战后当美国成为世界第一大国并实行贸易自由化之后，像法国这样的国家才开始被看作保护主义者。但即便这样，差距也不是很大。1962 年，美国的工业品平均关税税率仍然是 13%。荷兰和联邦德国的工业品平均关税税率只有 7%，荷兰和联邦德国的保护主义程度比美国的要轻多了。比利时、日本、意大利、奥地利和芬兰的关税税率只比美国高一点，从 14% 到 20%。法国在 1959 年 30% 的关税税率是个例外。[①] 到 20 世纪 70 年代初，美国再也不能号称自由贸易实践的领头羊了。那时，其他富国在经济上已经赶上了美国，它们发现自己可以降低关税了。1973 年，美国的工业品平均关税税率是 12%，与之相比，芬兰是 13%，奥地利是 11%，日本是 10%。欧洲经济共同体（European Economic Community, EEC）国家的平均关税税率比美国的低多了，只有 8%。[②]

所以，自由贸易的两个倡导者英国和美国非但不是自由贸易经济体，反而是富国中两个保护主义程度最重的国家——在它们各自

---

① 比利时（1959 年）的工业品平均关税税率是 14%，日本（1962 年）和意大利（1959 年）的工业品平均关税税率是 18%，奥地利和芬兰（1962 年）的工业品平均关税税率是 20% 左右，法国（1959）的工业品平均关税税率是 30%。见 H-J. Chang（2005），*Why Developing Countries Need Tariffs – How WTO NAMA Negotiations Could Deny Developing Countries'Right to a Future*，Oxfam, Oxford, and South Centre, Geneva, Table 5。

② 见 H-J. Chang（2005），*Why Developing Countries Need Tariffs – How WTO NAMA Negotiations Could Deny Developing Countries' Right to a Future*，Oxfam, Oxford, and South Centre, Geneva, Table 5。1973 年，欧洲经济共同体包括比利时、丹麦、法国、意大利、卢森堡、荷兰、英国和联邦德国。

57　成为世界上占主导地位的工业国家之前。①

　　当然，关税只是国家用于推动幼稚产业发展的多种手段之一。毕竟，汉密尔顿最初的建议列出了 11 项促进幼稚产业的措施，包括专利、生产质量标准和基础设施的公共投资。英国和美国也许是利用关税手段程度最高的国家，别的国家通常更多地使用其他政策干预的手段，比如，设立国有企业、补贴或出口市场扶持。

　　在工业化的初期，当没有足够的私营企业能承担有风险的、大规模的项目时，大多数如今的富国政府（除了美国和英国）在当时兴建了国有企业。在一些情况下，他们给一些私营企业提供了很多的补贴和帮助（比如从国外挖技工），以至于这些企业事实上成为公私合营的企业。18 世纪，德国工业化的领导者普鲁士运用这些方法推动了亚麻和钢铁产业的发展。日本通过国有制和定向补贴启动了钢铁、造船和铁路行业的发展（详见第五章）。19 世纪末，瑞典政府带头发展铁路。到 1913 年，它拥有 1/3 的铁路里程和 60% 的货物运输量——这个时期，铁路发展的领先者英国和美国完全依赖私营企业。瑞典的公私合营还延伸到电报、电话和水电的发展上。瑞典政府也从一开始就对研发提供补贴。

　　第二次世界大战后，大多数富国更致力于促进产业发展。巨变发生在法国。与流行的印象相反，法国政府并没有一直奉行干预主

---

①　当然，平均关税税率不能说明一切。一个国家的平均关税税率较低，可能是高度保护某些部门而在其他部门只有极低的关税甚至是零关税的结果。比如，19 世纪末和 20 世纪初，在维持相对适度的工业品平均关税税率（5%～15%）的同时，德国对像钢铁这样的战略产业实行了高度的关税保护。与此同时，瑞典也对其新兴工程产业实行了高度保护，虽然它的平均关税税率只有 15%～20%。20 世纪上半叶，比利时在全面保护上保持着适度的水平（工业品平均关税税率为 10% 左右），但对重要的纺织行业（30%～60%）和钢铁行业（85%）实行了高度保护。

义。虽然法国有国家行动主义（State Activism）的传统——代表者有路易十四时代长期担任财政大臣（1865～1883 年）的让 - 巴蒂斯特·科尔贝尔（Jean-Baptiste Colbert），但这在法国大革命之后就被抛弃了。所以，从拿破仑统治结束到第二次世界大战之间，除了拿破仑三世在位期间，法国政府都在经济上采取了极端的**自由放任**（Laissez-faire）的政策。一份关于法国经济政策的重要历史报告指出，在这段时期法国政府的产业促进战略"主要是组织展览、照顾商会、收集经济统计数据并给商人颁发勋章"。① 1945 年之后，当法国政府认识到其保守的、放任的政策应该对经济相对落后，及由此导致的在两次世界大战中的失利负责，它开始在经济中扮演更积极的角色。它出台了"指示性"（Indicative）的计划（以此区别于社会主义的"强制性"计划），通过国有化接管了重要的产业，通过国有银行将投资引导到战略行业中。为了给新兴产业的成长创造一些空间，在 20 世纪 60 年代之前法国一直维持较高水平的工业品关税。这种战略实施得非常好，到 20 世纪 80 年代，法国已在许多领域中成为技术领先者。

在日本，著名的通商产业省（Ministry of International Trade and Industry，MITI）所设计的产业发展计划已成为一个传奇。第二次世界大战后日本的工业品关税不是特别高，但是通过政府对外汇的控制，进口被严格管制。鼓励出口的目的是最大可能地获得外汇以购买更先进的技术（或者购买机器或者支付技术专利费）。这涉及直接和间接的出口补贴，还有来自政府贸易部门日本贸易振兴机构（Japan External Trade Organization，JETRO）的信息和市场帮助。还

---

① R. Kuisel (1981)，*Capitalism and the State in Modern France*（Cambridge Univesity Press，Cambridge），p. 14.

有其他措施来为幼稚产业积累新的生产能力创造机会。日本政府通过直接信贷计划将补贴信贷引导到重要行业。对于跨国公司的外来投资实行严格管制。在很多重要产业中，外国投资是被禁止的。即便允许投资，也存在一个外国所有权的严格上限，通常最高是49%。外国企业被要求转让技术，并在当地采购一定比例的投入品（所谓的本地成分要求）。日本政府还对技术的流入实行管制，以确保完全过时的或价格过高的技术不会被引进。然而，日本政府没有像19世纪那样在重要的制造业采用国有企业制。

像芬兰、挪威、意大利和奥地利这样的国家——第二次世界大战结束后都是相对落后的国家，都需要快速的工业发展——也运用了类似于法国和日本的战略来促进工业发展。在20世纪60年代之前，它们都有比较高的关税，都积极地使用国有企业制度来促进产业升级。芬兰和挪威在这方面尤其成功。在芬兰、挪威和奥地利，政府广泛地引导银行信贷流向战略产业。芬兰还严格控制外来投资。在意大利大部分地区，地方政府向当地的中小企业提供市场和研发支持。

由此可见，如今所有的富国都曾使用过民族主义的政策（比如关税、补贴、限制外来投资）来促进其幼稚产业的发展，尽管所用政策的组合、时期和期限各有不同。当然，也有一些例外，那就是荷兰（自19世纪以来就一直是自由贸易的最佳典范）和瑞士（在第一次世界大战前）一直实行着自由贸易。但是，即便这两个国家也不符合当今的新自由主义思想，因为它们在20世纪初之前一直不保护专利。荷兰在1817年采用了一部专利法，但在1869年时废除了它，在1912年之前就一直没重新采用过。瑞士在1888年采用了第一部专利法，但是它只保护机械发明，1907年，它才采用全面的专利法（详见第六章）。

与我在本章中所展示的历史证据相反，自由贸易经济学认为保护主义和经济发展的简单共存并不能证明前者导致后者。① 这是对的。但我至少尝试解释一个东西（经济发展）和另一个东西（保护主义）是共存的；而自由贸易经济学家却不得不解释自由贸易如何成为如今这些富国经济成功的原因，当这些国家在变富之前没有这样实践时。

60

从历史中吸取正确的教训

罗马政治家和哲学家西塞罗曾说过："一个不懂得自己出生前历史的人，永远是个孩童。如果不懂得利用往昔辛劳的结晶，世界必定永远处于知识的蒙昧状态。"

发展政策的设计与这种对历史的考察最为相关，但这也是最容易被忽视的。虽然有了可资借鉴的丰富历史经验，但我们不愿从中吸取教训，而是毫无异议地接受流行的观点，认为当今的富国是通过自由贸易、自由市场政策而发展起来的。

但是历史告诉我们，在发展的早期，事实上所有成功的国家都使用过某种混合形式的保护、补贴和管制政策来促进经济发展。我在第一章中讨论过的成功的发展中国家的历史表明了这一点，更为重要的是，正如我在这一章中所讨论的，当今富国的历史也证实了这一点。

不幸的是，历史的另一个教训是富国已经"踢开了梯子"，将自由市场、自由贸易政策强加给穷国。即便是富国俱乐部的最新成员——我的出生地韩国，也不是这种模式的例外。尽管过去一直是

---

① D. Irwin（2002），Review of H-J. Chang, *Kicking Away the Ladder – Development Strategy in Historical Perspective*（Anthem Press, London, 2002）.

全世界保护主义程度最高的国家之一，但21世纪初韩国在WTO中倡导大幅削减关税，如果不能实现完全自由贸易的话。尽管过去一直是世界盗版胜地，它也非常反感中国和越南生产韩国流行音乐的盗版CD和韩国电影的盗版DVD。更为糟糕的是，这些韩国的自由市场主义者与在其职业生涯的早期参与制定和执行干预主义、保护主义政策的人通常是同一批人。他们中的大多数可能正是从盗版的美国经济学教科书中学习到自由市场经济学的，闲暇时也听听盗版的摇滚乐，看看盗版的好莱坞电影。

61   然而，比"踢开梯子"更普遍也更重要的是历史遗忘症。在序言中，我解释了根据一个国家现有自我形象而重写历史的渐进而巧妙的过程。于是，许多富国的人民虔诚地相信自由贸易和自由市场政策，认为他们的祖先正是运用了这些政策才使他们的国家变得富裕。当穷国抗议这些政策有害无益时，那些抗议者会受到斥责，批评者认为这些抗议者要么在思想上被人引入歧途，① 要么维护腐败领导者的利益。② 那些伪善者从来没想到他们所推荐的政策与历史所告诫我们的最佳发展政策是相冲突的。他们的政策建议背后的意图可能是诚实的，但是效果并不比出于故意"踢开梯子"的目

---

① 在他们的重要论文中，萨克斯和沃纳讨论了"错误"的理论是怎样影响发展中国家，他们是怎样接受"错误"的政策的。见 J. Sachs & A. Warner（1995），"Economic Reform and the Process of Global Integration"，*Brookings Papers on Economic Activity*，1995，no. 1，pp. 11 – 21。

② 当WTO的坎昆会谈失败时，著名的荷兰经济学家、当时担任欧洲复兴开发银行首席经济学家的威廉·比特（Willem Buiter）说："虽然发展中国家的领导人所管理着的国家一般而言是比较穷的，但这并不意味着这些领导人必定会为他们国家中的穷人和最穷的人说话。一些人会这么做；其他人则只代表腐败和专横的精英，这些人牺牲穷人和大部分无助的百姓的利益，通过设立贸易障碍及其他扭曲措施获得租金。"见 Willem Buiter，"If Anything Is Rescued from Cancún, Politics Must Take Precedence over Economics"，letter to the editor，*Financial Times*，September 16 2003。

的而提供的政策建议更好些。

值得庆幸的是，历史也表明成功国家并不必然要充当伪善者，更为重要的是，不做伪善者符合它们更加开明的自身利益。这类现象离现在最近的也是最重要的发展时期是在1947年马歇尔计划启动与20世纪80年代新自由主义兴起之间的这段时间。

1947年6月，美国抛弃了以往故意削弱德国经济的政策而启动了马歇尔计划，引导庞大数额的资金进入欧洲帮助其进行战后重建。① 虽然该计划所涉及的资金数额不是非常巨大，但该计划发挥了重要作用，通过资助必要的进口和基础设施的重建使饱经战祸的欧洲经济重新启动。更为重要的是，这是一个政治信号，表明美国认识到，即便之前是敌人，一旦走向繁荣也符合它的利益。美国也引导其他富国帮助穷国，或至少是允许穷国通过民族主义的政策发展它们的经济。通过同样成立于1947年的关税及贸易总协定，美国和其他富国允许发展中国家采取比富国更积极的政策来保护和补贴其生产者。这与殖民主义和不平等条约的时代形成了鲜明的对比，那时的发展中国家被迫进行自由贸易。这种现象部分源自像英

62

---

① 马歇尔计划是由美国当时的国务卿乔治·马歇尔（George Marshall）于1947年6月5日在哈佛大学的一次演讲中宣布的。它的细节内容商定于1947年7月12日在巴黎召开的一次会议中。该计划开始于1948年，结束于1951年，引导了大约130亿美元进入饱经战祸的欧洲经济体。马歇尔计划取代了指导战后美国外交政策的摩根索计划。摩根索计划是以当时（1934~1945年）的财长的名字命名的，该计划希望通过使德国农业化来阻止它的扩张野心。如果结合苏联对获得先进德国机械的渴望，摩根索计划将会有效地摧毁德国经济。然而，不久就证明，该计划明显行不通。美国前总统赫伯特·胡佛（Herbert Hoover）在1947年访问德国后，指责摩根索计划是"虚幻"的计划，认为除非德国人口减少2500万人，即从6500万人减少到4000万人，否则该计划无法实施。关于这个主题富有启示的讨论，见 E. Reinert（2003），"Increasing Poverty in a Globalised World：Marshall Plans and Morgenthau Plans as Mechanisms of Polarisation of World Incomes" in H-J. Change（ed.），*Rethinking Development Economics*（Anthem Press，London）。

国和法国这样国家的殖民罪恶感，但更主要的是因为美国这个全球经济的新霸主对穷国的经济发展持更加开明的态度。

这种开明战略的结果是奇迹。富国经历了所谓的"资本主义黄金时代"（1950～1973 年）。[①] 欧洲的人均收入年增长率从自由黄金时代（1870～1913 年）的 1.3% 蹿升到 4.1%，美国的人均收入年增长率从 1.8% 上升到 2.5%，而日本的人均收入年增长率从 1.5% 猛升到 8.1%。与这些奇迹般的增长绩效相伴的是较低程度的收入不均等和稳定的经济。更为重要的是，发展中国家在这段时期的表现也非常好。正如第一章所指出的，20 世纪 60 年代和 70 年代，当它们在"允准型"的国际体系中使用民族主义政策时，它们在人均项目上的增长率是 3%。这远高于"第一次全球化"时期（1870～1913 年）在旧的自由主义政策下所取得的成绩，也是 20 世纪 80 年代以来在新自由主义政策下所取得的增长率的 2 倍。

一些人认为美国在 1947～1979 年的慷慨被夸大了，它对穷国之所以这么仁慈，只是因为冷战格局下与苏联的对立。否认冷战对美国对外政策的重要影响是不明智的，但这不能阻止我们对其给予好评。在 19 世纪末和 20 世纪初的"帝国主义时代"，尽管强权之间有激烈的对立，但同时它们对待弱国也都是非常恶劣的。

前面两章中论述过的历史——最近的和稍远些的——将会预告下面几章的内容，我要解释如今的伪善者在经济政策的重要领域——国际贸易、外来投资管制、私有化、包括专利在内的知识产权保护和宏观经济政策——是如何的错误，以及如果想要促进穷国经济发展的话，应该如何改变富国的行为。

---

① 这一段的增长率出自 A. Maddison（2003），*The World Economy: Historical Statistics*（OECD, Paris），Table 8. b。

第三章　我6岁的儿子应该参加工作

——自由贸易是否总是答案？

我有个 6 岁的儿子，他的名字叫真奎（Jin-Gyu）。虽然他的能力很强，但他的生活还是得依赖我，我得为他支付住宿、饮食、教育和医疗等费用。但是，数以百万计的孩子在他这个年龄已经有了工作。18 世纪的丹尼尔·笛福认为小孩 4 岁就可以谋生了。

而且，工作对真奎的品格培育有好处。他生活在经济幻想中，不了解金钱的价值。他丝毫不感激他母亲和我为他所做的各种努力。他被过度保护了，需要面对竞争，这样才能成为一个更有生产力的人。想想吧，越早面对越多的竞争，对他的未来发展就越有利。这会使他形成努力工作的心态。我应该让他退学，之后去谋一份工作。也许我该去一个虽然不合法，但仍然容忍童工的国家，这样会给他更多的就业选择。

我能听到你说我肯定是个疯子、目光短浅的人和暴君。你会告诫我，我应该保护并抚育孩子。如果我把 6 岁的真奎赶到劳动力市场去，他可能会成为一个精明的擦鞋男童，甚至一个生意兴隆的街头小贩，但他再也不可能成为一名脑外科医生或一名核物理学家——这些都需要我至少提供十多年的保护和资助。你会认为，即便从纯实利主义（Purely Materialistic）的视角看，我也应该投资儿

65　子的教育，而不该贪图不让他上学而省下的小钱。毕竟，如果我是对的，奥利弗·特威斯特（Oliver Twist）就应该为费金（Fagin）去扒窃，而不该让被误导的善人布郎罗先生（Mr. Brownlow）收留，因为他剥夺了孩子在劳动力市场中维持竞争力的机会。

　　然而，自由贸易经济学家正是用这种荒谬的逻辑来证明发展中国家快速和大规模的贸易自由化是正确的。他们认为发展中国家的厂商应该尽早地面对竞争，这样它们才有动机去提高生产力以维持生存。相反，保护只会产生自满和怠惰。这种观点认为，越早面对竞争，对经济发展就越有利。

　　然而，动机只是事情成功的一半，还有一半是能力。即便给真奎 2000 万英镑的奖励，或者威胁用一颗子弹瞄准他的脑袋，如果6 岁时从学校退学，他也无法迎接脑外科医生这个职业的挑战。与此类似，如果发展中国家的产业过早地面对国际竞争，它们也无法存活。它们需要时间去掌握先进的技术并建立有效的组织以提高能力。如前面的章节所述，这就是幼稚产业观点的精髓，由美国第一任财政部长亚历山大·汉密尔顿最早将之理论化，并由他之前和之后的历代决策者使用。

　　当然，我给真奎所提供的保护（就像幼稚产业理论所说的）不应该使他永远免于竞争。让他6 岁参加工作是错误的，但在他40 岁时还提供资助也是不对的。最终他是要走进大千世界，获得一份工作并自食其力。只是在他积累能力以获得一份令人满意和薪水优厚的工作时，他才需要保护。

　　当然，就像父母培养孩子一样，幼稚产业保护也会出错。与一些父母过分溺爱类似，政府也可能过度纵容幼稚产业。一些孩子不愿为其将来做准备，就像一些企业浪费幼稚产业扶持政策一样。一66　些孩子会引导他们的父母在其孩童期结束以后仍然提供资助，一些产业也会通过聪明的游说延长政府的保护期。但是，不健全的家庭的存在很难成为反对抚育的理由。同样，有幼稚产业保护的失败案例也不能成为怀疑战略本身的理由，糟糕的保护主义事例仅仅说明应该明智地运用政策。

自由贸易没有成效

自由贸易是好的——这是新自由主义正统的核心观点。对于一个新自由主义者来说，这是最不证自明的主张。一位在剑桥工作的令人尊敬的同事，也是欧洲复兴开发银行的前首席经济学家——威廉·比特教授曾简洁地表示："记住，单边贸易自由化不是需要获得补偿的一种'让步'或'牺牲'。它是一种明智的自利行为。互惠的贸易自由化能提高收益，但不必然提高目前的收益。经济学是精明的。"[1] 对自由贸易价值的信念在新自由主义理论中是如此重要，以至于它成了界定新自由主义经济学家的有效标杆。一个可能会怀疑（如果不是全面拒绝）新自由主义议程其他内容——开放资本市场、有力的专利措施甚至私有化——的人，仍然属于新自由主义阵营。然而，如果拒绝自由贸易，这个人就会立即被逐出新自由主义阵营。

基于这种信念，伪善者花了最大的精力把发展中国家推向自由贸易——或者至少是更自由的贸易。在过去的 1/4 世纪里，大多数发展中国家在很大程度上使贸易自由化了。第一次是由国际货币基金组织和世界银行在第三世界经历 1982 年债务危机之后所推动的。

---

① Willem Buiter（2003），"If Anything Is Rescued from Cancún, Politics Must Take Precedence over Economics"，letter to the editor，*Financial Times*，September 16 2003.

接下来一个重要的推动力是 1995 年世界贸易组织的成立。过去十多年里，双边和区域自由贸易协定也增多了。不幸的是，正如第一章所讨论的，尽管（或者就我看来是"因为"）实行了大规模的贸易自由化，但发展中国家在这段时期的表现一点也不好。

墨西哥——自由贸易阵营的"明星"——的故事值得讲讲。如果有哪一个发展中国家最能通过自由贸易取得成功，应该就是墨西哥。它与世界上最大的市场（美国）接壤，而且自 1995 年以来就与美国签订了一份自由贸易协定（《北美自由贸易协定》）。另外，有大量墨西哥人生活在美国，这可以提供重要的非正式业务联系。[1] 不像其他更穷的发展中国家，墨西哥有许多技术工人、合格的管理人员以及相对发达的物质基础设施（道路、港口等）。

自由贸易经济学家认为自由贸易通过促进增长使墨西哥颇为受益。事实上，签订《北美自由贸易协定》之后的 1994～2002 年，墨西哥的人均 GDP 年增长率是 1.8%，相比 1985～1995 年只有 0.1% 的人均 GDP 年增长率提高了很多。[2] 但墨西哥是在 20 世纪 80 年代中期开始转向新自由主义的，于是《北美自由贸易协定》之前的年代也是它广泛推行贸易自由化的年代，因而贸易自由化也得为 0.1% 的人均 GDP 年增长率负责。

20 世纪 80～90 年代广泛的贸易自由化摧毁了墨西哥所有的工

---

[1] 大量在美国的墨西哥人是新移民，但也有一些是后来成为美国人的前墨西哥人的后代，这是因为根据美墨战争（1846～1848 年）之后签订的《瓜达卢佩·伊达尔戈条约》（1848 年），许多墨西哥领土被美国吞并——包括现在加利福尼亚、新墨西哥、亚利桑那、内华达、犹他、科罗拉多和怀俄明等州的部分或全部。

[2] 数据出自 M. Weisbrot et al. (2005), "The Scorecard on Development: Years of Diminished Progress", Center for Economic and Policy Research (CEPR), Washington, DC, September, 2005, Figure 1, http://www.cepr.net/publications/development 200509. pdf。

业，这些都是在进口替代工业化时期辛苦建立起来的。可以预料，结果是经济增长的减速、失业和工资下降（因为劳动者失去了收入更高的制造业工作）。墨西哥的农业也受到了美国得到补贴的农产品的沉重打击，尤其是玉米这种大部分墨西哥人的主食。最重要的是，《北美自由贸易协定》的正面效应（增加向美国市场的出口）在过去几年里也被耗尽。2001～2005年，墨西哥的表现很糟糕，人均收入的年增长率只有0.3%（或者说，这五年的总增长只有微不足道的1.7%）。① 相反，在进口替代工业化的"糟糕的过往岁月"时期（1955～1982年），墨西哥的人均收入增长更快——年均3.1%。②

虽然墨西哥是特别突出的提前全面实行贸易自由化导致失败的例子，但也有其他的事例。③ 科特迪瓦在1986年减少40%的关税

① 墨西哥的人均收入在2001年（-1.8%）、2002年（-0.8%）和2003年（-0.1%）都出现了下降，只有在2004年增长了2.9%。但是2004年的增长还不足以将人均收入提高到2001年的水平。2005年人均收入的增长率估计是1.6%。这意味着2005年末墨西哥的人均收入只比2001年高1.7%，即2001～2005年年均增长率只有0.3%左右。2001～2004年的数据出自世界银行的历年报告——《世界发展报告》。2005年的数据出自 J. C. Moreno-Brid & I. Paunovic (2006)，"Old Wine in New Bottles? - Economic Policymaking in Left-of-center Governments in Latin America"，*Revista - Harvard Review of Latin America*，Spring/Summer，2006，p. 47。2005年人口增长率（1.4%）出自 World Bank (2006)，data for 2000 - 2004, found in *World Development Report* (World Bank, Washington, DC)，p. 292, Table 1。

② 1955～1982年，墨西哥的人均收入增长率是6%以上。见莫雷诺-布里德等《北美自由贸易协定和墨西哥经济——10年关系的回顾》，《北卡罗来纳国际法和商务记录》2005年第30卷。由于这一时期墨西哥的人口增长率是2.9%，因此人均收入增长率是3.1%左右。人口数据出自 A. Maddison (2001)，*The World Economy - A Millennial Perspective* (OECD, Paris)，p. 280, Table C_{2-a}。

③ 进一步的讨论，见 H-J. Chang (2005)，*Why Developing Countries Need Tariffs - How WTO NAMA Negotiations Could Deny Developing Countries' Right to a Future*，Oxfam, Oxford, and South Centre, Geneva, http：//www.southcentre.org/publications/SouthPerspectiveSeries/WhyDev CountriesNeedTariffsNew. pdf, pp. 78 - 81。

后，化工、纺织、制鞋和汽车产业实际上都崩溃了，而且失业率飙升。津巴布韦在 1990 年实行贸易自由化后，失业率从 10% 蹿升到 20%。原本希望因贸易自由化而破产的企业所释放的资本和劳动力能被新企业所吸收，但这根本没有出现，经济不增长和失业剧增也就不令人惊奇了。

贸易自由化还带来其他问题。由于关税收入减少了，政府预算增加了，这对更穷的国家而言是个特别严重的问题。由于这些国家缺乏税收征缴能力，而关税是最容易征收的税种，因此它们都严重依赖关税（有时它占到政府总收入的一半以上）。[1] 结果，大规模贸易自由化之后，许多发展中国家必然要对财政进行大幅度的调整。国际货币基金组织的一份研究也显示，在征缴其他税收只具备有限能力的低收入国家，由贸易自由化所导致的收入损失在过去 25 年能由其他税收弥补的还**不到 30%**。[2] 而且，贸易自由化导致的更低层次的企业业务和更高的失业率也减少了所得税收入。当这些国家面对国际货币基金组织要求减少预算赤字的巨大压力时，收入减少意味着只能大幅削减开支，而这又常常在一些致命的领域进行，比如教育、医疗和物质基础设施领域，从而损害长期增长。

循序渐进地实行贸易自由化完全可能（甚至必然）有利于 20 世纪 80 年代的发展中国家——印度和中国就是例证。但在过

---

[1] 关税占政府收入的比重，斯威士兰是 54.7%，马达加斯加是 53.5%，乌干达是 50.3%，塞拉里昂是 49.8%。见 H-J. Chang（2005），*Why Developing Countries Need Tariffs – How WTO NAMA Negotiations Could Deny Developing Countries' Right to a Future*，Oxfam，Oxford，and South Centre，Geneva，pp. 16-17，http://www.southcentre.org/publications/SouthPerspectiveSeries/WhyDevCountriesNeedTariffs New. pdf，pp. 78 – 81。

[2] T. Baunsgaard & M. Keen（2005），"Trade Revenue and（or?）Trade Liberalisation"，IMF Working Paper WP/05/112（The International Monetary Fund，Washington，DC）.

去的 1/4 世纪里出现的是急速的、无计划的以及一揽子的贸易自由化。需要提醒一下各位读者的是，在保护主义的进口替代工业化的"糟糕的过往岁月"里，发展中国家的平均增长率是自由贸易时期的 2 倍。自由贸易对发展中国家没有成效。

贫困的理论，贫穷的结果

自由贸易经济学家认为这一切都令人难以理解。当运用像自由贸易这样理论上非常完备（如比特教授所言，"经济学是精明的"）的政策时，这些国家的表现为什么如此糟糕？但是它们不应该如此惊讶，因为它们的理论本身就有很多缺陷。 69

现代自由贸易思想是基于所谓的"赫克歇尔－俄林－萨缪尔森理论"（Heckscher-Ohlin-Samuelson Theory，简称 HOS 理论）。① HOS 理论源自第二章中讨论过的大卫·李嘉图理论，但是它与李嘉图理论在一个关键方面有差异。它假定比较优势来自相对"生产要素"（资本和劳动）禀赋的国际差异，而不是李嘉图理论中的技术的国际差异。②

① HOS 理论是根据两位瑞典经济学家赫克歇尔和俄林及美国经济学家萨缪尔森的姓名而命名的，前两人在 20 世纪初提出该理论，后者在 20 世纪中期加以完善。在这个版本的自由贸易理论中，每种产品只有一种"实践中最好"（比如效率最高）的技术，如果要生产这种产品，每个国家都会采用这种技术。如果每种产品都有最好的生产技术，一个国家的比较优势就不能像李嘉图理论那样由其技术所决定，而是取决于每种产品的生产技术如何适用于这个国家。在 HOS 理论中，一种特定技术对一个国家的适用性依赖于它如何密集地使用该国相对充裕的生产要素（比如劳动和资本）。

② 在这种意义上，HOS 理论在一个关键方面是非常不现实的——它假定发展中国家可以与发达国家使用相同的技术，但缺乏使用更先进（一般也更难）技术的能力恰恰是这些国家贫穷的原因。实际上，幼稚产业保护正是致力于增强这种能力，即经济学家所熟知的"技术能力"。

　　无论是根据李嘉图版的还是 HOS 版的自由贸易理论，每个国家在一些产品上都会有一种比较优势，即比其他国家能相对更好地生产某些产品。① 在 HOS 理论中，一个国家在这样一些产品上有比较优势，即更密集地使用更充裕的生产要素的产品。所以像德国这样资本比劳动更为充裕的国家，虽然能比危地马拉更便宜地生产汽车和毛绒玩具这两种产品，但是它专注于生产汽车，因为这种产品需要更密集地使用资本。虽然危地马拉在汽车和玩具这两种产品上的生产效率都低于德国，但是它应该专注于生产玩具，因为这种产品在资本和劳动两种要素上需要使用更多的劳动。

70

　　一个国家越接近遵循比较优势的基本模式，这个国家就能消费越多。这可能是出于该国自身产量的增加（它有比较优势的产品），更为重要的是出于与其他国家的贸易，这些国家专注于其他商品的生产。一个国家如何能实现这一点呢？答案是：顺其自然。当企业可以自由选择时，它们会理性地（像鲁滨孙一样）专注于有比较优势的事情，而与其他人开展贸易。从这种主张来看，自由贸易是最好的（即便是单边的），贸易自由化是有益的。

　　但是 HOS 理论严重地依赖于生产资源可以在不同经济活动间自由流动的假设。这个假设意味着，从一种活动中释放的资本和劳动能迅速地而且没有成本地被其他活动所吸纳。在这个假设中——在经济学家中被称为"完全要素流动"——对变迁中的贸易模式进行调整是没有问题的。如果一个钢铁企业由于政府降低关税使得进口产品增加而倒闭，这个行业所使用的资源（工人、建筑、高炉）能够被另一个利润更高的行业（比如说计算机行业）所使用

---

　　① 所以，"比较优势"中的"比较"不是国家间的比较，而是产品间的比较。人们将二者混淆了，以至于一些人相信穷国根本不具有什么比较优势——这在逻辑上是不可能的。

（处于相同或更高的生产力水平，因而报酬更多），那么就没有人在这个过程中遭受损失。

实际上，这不是事实——生产要素无法随时改变形式。它们通常有固定的自然属性，很少有"通用的"机械或具有"通用技能"的工人能供职于不同行业。破产的钢铁厂留下的高炉不能重新改造成生产计算机的机器；钢铁厂工人也不具有计算机产业所需要的技能，他们最多能做一些技术含量低的工作，这种情况下他们现有的技能就完全荒废了。这一点被1997年英国流行的喜剧电影《光猪六壮士》(*The Full Monty*) 深刻地揭示出来，六位来自谢菲尔德的钢铁厂工人在失业后成为脱衣舞男。无论是由于贸易自由化，还是由于新兴的、更具生产力的外国厂商，在变化的贸易模式中，显然会有受益者和失利者。

71

大多数自由贸易经济学家承认贸易自由化的确会产生受益者和失利者，但他们认为这些人的存在不能成为反对贸易自由化的依据。贸易自由化带来了整体上的收益。因为受益者的所得大于失利者的所失，受益者在弥补失利者的损失后，仍然会有一些收益。这就是有名的"补偿原则"——如果经济变迁中的受益者能完全补偿失利者而且还有盈余，这种变迁就是值得的。

这种观点存在的第一个问题是，贸易自由化并不必然带来整体上的收益。即便在变迁中会有受益者，他们的所得也可能小于失利者的所失——比如，贸易自由化降低了经济增长率或甚至使经济萎缩了，就像许多发展中国家在过去20多年里所发生的那样。

而且，即便受益者的所得大于失利者的所失，补偿也不会通过市场的运行自动地进行，这就意味着一些人的生活要比以前更糟。只有当被遣散的工人能迅速地获得更好的（或至少是相当的）工作时，当被拆卸的机器能被重新改造成新的机器时，贸易自由化才会惠及每个人。

这在发展中国家是一个更为严重的问题，因为它们的补偿机制非常脆弱，有些国家根本就没有这种机制。在发达国家，国家福利体系是部分补偿贸易调整过程中的失利者的一种机制，比如失业救济机制、医疗和教育保障机制以及最低收入保障机制。在像瑞典和其他斯堪的纳维亚国家这样的地方，有非常有效的培训项目帮助失业工人获得新的技能。然而，在大多数发展中国家，福利体系非常脆弱，有些甚至根本不存在。结果，这些国家的贸易调整失利者甚至都无法就他们对社会所做出的牺牲获得些微的补偿。

72　　结果，从贸易自由化得来的收益在穷国的分配比在富国更加不均等。尤其是要考虑发展中国家的许多人已经非常贫穷，只是在贫困线上徘徊，在短暂的时间内推行大规模的贸易自由化对这些人而言不亚于遭受灭顶之灾。在发达国家，由于贸易调整而带来的失业可能无关生死，但在发展中国家往往是生死攸关的。这就是我们在更贫穷的经济体推行贸易自由化应该更加谨慎的原因所在。

虽然经济资源的不可流动性和补偿机制的脆弱性所导致的短期贸易调整问题很严重，但还只是自由贸易理论的次要问题。更严重的问题——至少对我这样的经济学家而言——在于短期利用既定资源的效率，而**不是**通过长期的经济发展增加可资利用的资源；与它们的支持者要我们相信的相反，自由贸易理论**没有**告诉我们自由贸易有利于**经济发展**。

问题是发展中国家进入新兴行业的生产者在获得能与先进的外国生产者进行竞争的能力之前，需要一段避免国际竞争（通过保护、补贴和其他措施）的时间。当然，如果幼稚产业生产者"成长起来了"并具备了与先进生产者进行竞争的能力，保护就应该撤销，但也应该逐步撤销。如果幼稚产业生产者过快地面对太多的国际竞争，必定会被摧毁。这就是我在本章开头借助我的儿子真奎的故事所阐述的幼稚产业观点的精髓。

在向发展中国家推荐自由贸易时，伪善者指出所有富国都实行了自由贸易。然而，这就像人们建议一个 6 岁小孩的父母去给孩子找份工作一样，理由是成功人士都不依赖父母生活，而且独立必定是成功的原因。人们没有认识到成人的独立是因为他们是成功的，而不是相反。事实上，大多数成功的人在他们还是孩童时，就得到过他们的父母在物质和情感上的悉心照顾。同样地，我在第二章中讨论过，富国也是在它们的产品具备竞争力以后才实行贸易自由化的，而且即便这样，也是逐步实行的。换句话说，从历史上看，贸易自由化是经济发展的**结果**，而不是它的**原因**。

自由贸易通常是——并不总是——**短期**内最好的贸易政策，因为它能使一国的当前消费实现最大化。但这绝不是一种发展经济的最佳方式。从长期来看，自由贸易是这样一种政策——它使发展中国家只能专注于生产力增长缓慢的行业，并导致其生活水平的低增长。这就是很少有国家能通过自由贸易获得成功的原因，而大多数成功的国家曾在某种程度上实行过幼稚产业保护政策。经济增长缺失所导致的低收入严重限制了穷国决定其未来的自由。具有讽刺意味的是，"自由"贸易政策减少了实施这种政策的发展中国家的"自由"。

国际贸易体系及其局限性

尽管有着糟糕的表现，富国的伪善者丝毫不在意自由贸易在实际中和理论上的无效，自 20 世纪 80 年代以来他们一直在发展中国家强力推进贸易自由化进程。

前面的章节已经讨论过，在 70 年代末之前，富国曾经非常乐意让穷国实行更多的保护政策和补贴。然而，这在 80 年代发生了变化。变化最明显的是美国，它与经济上更弱小国家之间开明的国际贸易迅速让位于一种类似于 19 世纪英国"自由贸易帝国主义"的体系。当关贸总协定乌拉圭回合刚刚起步时，当时的美国总统罗纳德·里根在 1986 年清楚地阐述了这种新的方向，他呼吁："与我们的贸易伙伴（达成）新的且更自由的协定——在这种协定下，它们将完全开放它们的市场，把美国产品当作自己的产品。"① 这种协定通过关贸总协定乌拉圭回合实现了，这个回合谈判 1986 年开始于乌拉圭的埃斯特角城（Punta del Este），1994 年结束于摩洛哥的马拉喀什城（Marrakech）。结果是世界贸易组织体制——一种比关贸总协定体制更歧视发展中国家的新国际贸易体制——形成了。

　　表面上，世界贸易组织只是在其成员中创立了一种"平坦的竞技场"，要求所有国家和地区都根据同样的规则进行竞赛——怎么能反对它呢？这个过程的关键是采纳了"一揽子承诺"（Single Undertaking）的原则，这意味着所有成员必须签署所有的协议。在关贸总协定体制中，国家可以选择它们所要签署的协议，许多发展中国家不签订它们不想要的协议，比如限制使用补贴的协议。而在"一揽子承诺"下，所有成员必须遵循相同的规则。所有国家必须减少关税，放弃进口配额、出口补贴（只允许最贫穷的国家使用）和许多国内补贴。但是，如果仔细观察，我们会发现这个"竞技场"一点都不平坦。

　　首先，即使是富国也有低度的保护，它们倾向于不相称地保护穷国出口的产品，比如成衣和纺织品。这意味着，当向一个富国市

① 对一份题为《有关自由和公平贸易的贸易协会代表》的白宫简报的评论，发布于 1986 年 7 月 17 日。

场出口时，穷国面临比其他富国更高的关税。乐施会（Oxfam）的一份报告指出："美国总的进口关税税率是1.6%。但是，当针对发展中国家时，这个税率就大幅度提高——平均进口税率从对印度和秘鲁的4%左右，到对尼加拉瓜的7%，对孟加拉国、柬埔寨和尼泊尔的平均进口关税税率是14%～15%。"① 结果，2002年印度向美国政府支付的关税多于英国，尽管它的经济规模还不到英国的1/3。更引人注目的是，这一年孟加拉国向美国政府支付的关税与法国相当，尽管它的经济规模只有法国的约3%。②

　　也有一些结构性的原因使得世界贸易组织看起来像"平坦的竞技场"，但实际上该组织更有利于发达国家。关税是个最好的例子。关贸总协定乌拉圭回合谈判导致除最穷的国家外，所有的国家都以相同的比例大幅降低关税。但是，发展中国家在关税的绝对量上削减得更多，因为它们原先的关税更高。比如，在世界贸易组织的协议之前，印度的平均关税税率是71%，它得减少到32%。美国的平均关税税率从7%降到3%。二者削减的比例相当（都在约55%），但绝对量的影响就有差异了。在印度，一件以前171美元的进口商品现在只需132美元——消费者的支出（接近23%）明显地减少了，而且可能会戏剧性地改变消费者的行为。在美国，消费者支付的价格从107美元降到103美元——大部分消费者不会注

---

① Oxfam（2003），"Running into the Sand – Why Failure at Cancun Trade Talks Threatens the World's Poorest People"，Oxfam Briefing Paper，August 2003，p. 24.

② 关税数据出自 Oxfam（2003），"Running into the Sand – Why Failure at Cancun Trade Talks Threatens the World's Poorest People"，Oxfam Briefing Paper，August 2003，pp. 25－27。收入数据出自世界银行的数据库。2002年，英国向美国支付的关税是4.2亿美元，印度向美国支付了约4.4亿美元的关税。而这一年英国和印度的收入分别是15650亿美元和5060亿美元。同年，法国和孟加拉国分别向美国支付的关税是3.2亿美元和3亿美元。该年孟加拉国的总收入是470亿美元，而法国的总收入是14570亿美元。

意到这种价格差异（小于 4%）。换句话说，虽然是以相同比例削减关税，但给那些起初关税税率更高的国家带来的影响更大。

另外，"平坦的竞技场"的一些领域实际上意味着富国的单方受益。最重要的例证是《与贸易有关的知识产权协议》（Trade-related Intellectual Property Rights，TRIPS），它加强了专利和其他知识产权的保护（详见第六章）。与每人都有东西出售的商品和服务贸易不同，这是一个发达国家总是卖家而发展中国家总是买家的领域。因而，增强对知识产权的保护意味着主要由发展中国家背负成本。相同的问题也出现在《与贸易有关的投资措施协议》（Trade-related Investment Measures，TRIMS）上，它限制了 WTO 成员管制外国投资者的能力（详见第四章）。与知识产权一样，大多数穷国只是接受而不是开展外国投资。所以，在减少了它们管制外国企业的能力的同时，它们却未能因为减少对其本国企业在海外运营的管制而获得"补偿"，因为它们很少有这样的企业。

然而，发达国家在所需要的领域设立了许多规则的例外情形。比如，它们在禁止大部分国内补贴的同时，却允许向农业、基础领域（相对于商用）的研发以及缩小区域差距等方面提供补贴。这些补贴正好都是被富国所广泛使用的。富国每年给出大约 1000 亿美元的农业补贴，这包括向种植 2.5 万种花生的美国农民提供的 40 亿美元补贴，以及欧盟允许的芬兰对生产食糖（从甜菜中）提供的补贴。① 所有的富国政府——尤其是美国政府——都大量补贴

---

① 根据乐施会 2002 年的估计，通过补贴和关税，欧洲人每年向牛奶产业提供的扶持达 160 亿欧元之多。这相当于每头奶牛每天有 2 美元多补贴——世界上有一半人的生活水准没能达到这个标准。Oxfam（2002），"Milking the CAP"，Oxfam Briefing no. 34（Oxfam，Oxford），http：//www. oxfam. org. uk/what_ we_ do/issues/trade/downloads/bp34_ cap. pdf.

能增强相关产业竞争力的基础研发。而且，这不是发展中国家所能使用的补贴，即便允许它们补贴，它们也不会做大量的基础研发，所以无从补贴。至于区域补贴，只有欧盟广泛使用了——这也是一个表面上看来公正，实际上却主要服务于富国利益的例子。富国以减少区域不平衡的名义，引导企业去"落后的"区域开展业务，并提供补贴。在一个国家的内部，这样做可能会缩小区域差距。但是，从国际视角看，这种补贴与促进特定产业的补贴没有多大差别。

针对这些只适用于富国的"平坦的竞技场"的指责，富国常常认为它们给予了发展中国家"特殊的和有差别的待遇"（Special and Differential Treatment，SDT）。但是现在这种待遇与过去在关贸总协定体制下的待遇不可同日而语。虽然给发展中国家（尤其是一些最穷的国家，用 WTO 的术语是"最不发达的国家"）留下了一些例外，但其中许多是以"过渡期"（5～10 年）的形式提供，即在这些发展中国家与富国达到相同的最终目标之前这些发展中国家可以享有差别待遇，但这种待遇不是永久的非对称安排。①

所以，打着"平坦的竞技场"的旗号，伪善的富国创立了一种受其青睐的新国际贸易体系。富国阻止穷国使用它们自己过去为了促进经济发展而有效运用的贸易和产业政策工具——不仅仅是关税和补贴，还有外资管制和对外国知识产权的"侵犯"，这将在下面的章节中进行讨论。

77

工业换农业？

由于不满足于乌拉圭回合谈判的结果，富国推动发展中国家

---

① T. Fritz（2005），"Special and Differential Treatment for Developing Countries"，Global Issues Paper no. 18，Heinrich Böll Foundation，Berlin.

的进一步自由化。在这之前曾有过一项动议，它企图加强对控制外资的限制，要达到并超过已接受的 TRIMS。这项动议开始是在 OECD（1998 年）尝试，之后又通过世界贸易组织（2003 年）尝试。① 但是，由于两次尝试都遭受了反对，因此发达国家转变了关注点，聚焦一项大幅削减发展中国家关税的提议。

这项提议被称为"非农产品市场准入"（Non-Agricultural Market Access，NAMA），最早是在 2001 年世界贸易组织的多哈部长级会议上提出的。当美国在 2002 年 12 月大胆地呼吁到 2015 年取消所有工业品关税时，这项提议获得了巨大的推动力。虽然关于这项提议有很多不同的意见和建议，但是如果富国坚持按它们的要求进行 NAMA 谈判，发展中国家的关税上限会从 10% ~70% 下降到 5% ~10%——这个水平是自 19 世纪和 20 世纪初的"不平等条约"时代以来没出现过的，那时弱国都被剥夺了关税自主权，被迫设定一个很低的、统一的关税税率，一般是 3% ~5%。

为了换取发展中国家削减关税，富国承诺它们会降低农产品关税和补贴，以使穷国可以增加出口。这被当作双赢的交易，虽然根据自由贸易理论，单边贸易自由化应该是在奖励富国自己。

---

① 1998 年，OECD 提出一份《多边投资协议》（MIA），要求严格限制政府管制外国投资的能力。表面上，这只是富国之间的一份协议，但最终目的是要包括发展中国家。通过建议允许发展中国家自愿签署该协议，富国希望所有的发展中国家最终会因为害怕受到国际投资界的抵制而被迫签署它。一些发展中国家，比如阿根廷（IMF 和世界银行当时的忠诚代理人），踊跃地自愿签署该协议，给其他发展中国家施加了巨大压力。1998 年，由于富国之间出现了分歧，该协议遭受了挫折，但富国将其带入了 WTO，企图将之纳入国际议程。然而，在 2003 年坎昆部长级会议上，由于遭到发展中国家的抵制，该协议未能被纳入 WTO 议程。相关情况见 H-J. Chang & D. Green（2003），*The Northern WTO Agenda on Investment：Do as we Say，Not as we Did*［CAFOD（Catholic Agency for Overseas Development），London，and South Centre，Geneva］，pp. 1 - 4。

针对该提议的辩论在 2005 年 12 月世界贸易组织香港部长级会议上展开。由于无法达成协议，谈判延续到次年夏天，之后最终不得不暂停。印度商业部长卡迈勒·纳特（Kamal Nath）先生将谈判描述成在"重症护理与火葬场之间"（between Intensive Care and Crematorium）。富国认为发展中国家没有提供足够的工业品关税削减，而发展中国家认为富国只希望看到工业品关税的大幅削减，却没有提供足够的农产品关税和补贴的削减。谈判暂时中止了，但这个"工业品与农产品的交换"基本上被许多人认为是取得进展的，甚至包括一些传统的 WTO 批评者。

从短期来看，富国农产品市场的更加开放对发展中国家是有利的，但利益不是很大。许多发展中国家实际上是农产品的净进口国，因而不可能从中获利。如果它们正好是被富国提供大量补贴的农产品的进口国，它们甚至会受损，取消这些补贴会增加这些发展中国家的进口费用。

总体上，开放富国农产品市场的主要受益者是那些农业发达的富国——美国、加拿大、澳大利亚和新西兰。① 许多从穷国进口的农产品（比如咖啡、茶、可可）没有得到发达国家的保护，因为富国国内没有这样的生产者需要保护。所以，需要降低保护和补贴的主要是"温带"农产品，比如小麦、牛肉和牛奶。只有巴西和阿根

① J. Stiglitz & A. Charlton（2005），*Fair Trade for All – How Trade Can Promote Development*（Oxford University Press，Oxford），pp. 121 – 122 and Appendix 1。富国农产品自由化带来了收益，关于这方面的各种数据的估计，见 F. Ackerman（2005），"The Shrinking Gains from Trade: A Critical Assessment of Doha Round Projections"，Global Development and Environment Institute Working Paper，No. 05 – 01，October，2005，Tufts University。阿克曼（Ackerman）引用了世界银行做出的两个估计，即发达国家在全世界因农产品贸易自由化所带来的全部收益中的份额是约 75%（557 亿美元中的 416 亿美元）和约 70%（1820 亿美元中的 1260 亿美元）。

廷这两个发展中国家是这些产品的主要出口国。而且，富国内部一些（显然不是所有的）在农产品贸易自由化中的"受损者"是它们国家标准意义上的最穷者（比如挪威、日本或瑞士的贫苦农民），而在发展中国家的一些受益者却是国际标准意义上的富人（比如巴西或安哥拉的农业资本家）。从这个意义上说，富国农产品自由化会帮助发展中国家贫苦农民的流行观点是一种误导。①

尤为重要的是，那些认为富国使农产品自由化是帮助穷国发展的一种重要方式的人，常常没有注意到这种帮助不是免费获得的。作为交换，穷国必须做出一些让步。问题是这些让步——减少工业品关税、解除对外资的管制以及放弃"宽容的"知识产权政策——将使它们长期的经济发展变得更加困难。正如本书通篇所揭示的，这些都是经济发展的关键政策工具。

即便这样，有关富国农产品自由化的争论也搞错了先后次序。允许发展中国家进入发达国家的农产品市场也许是有价值的。② 但更为重要的是，我们应该允许发展中国家适当地使用保护、补贴和外资管制政策以促进其经济发展，而不是给予它们更大的海外农产

---

① 富国在农产品自由化中的其他主要受益者是消费者，但他们并不会获益很多。因为他们花费在农产品上的开支已经很低了（食品大约占13%，烟酒大约占4%，其中只有一小部分是农产品生产的成本）。而且，他们所购买的许多农产品（比如咖啡、茶、可可）已经实行贸易自由化了。

② 在发展的早期阶段，大多数人以农业为生，所以发展农业对减少贫困非常关键。更高的农业生产率也能创造一支健康且有生产力的工人队伍，从而有利于今后的工业发展。在早期阶段，农产品在出口中也占到较大比重，因为国家没有太多产品可供出口。由于出口收益对于发展经济非常重要，因此农产品出口越多越好（尽管总量可能不会很大）。所以，在这个阶段，富国加大农产品市场的开放对发展中国家是有好处的。但是提高农业生产率和农产品出口通常都需要实行"幼稚产业保护"政策的国家干预。农业生产者，尤其是小农，需要政府在基础设施（尤其是灌溉工程和用于输出的道路）、国际营销和研发等方面的投资和扶持。

品市场；尤其是当富国农产品市场的自由化只有通过发展中国家放弃使用幼稚产业保护工具才能换得时，这只会得不偿失。发展中国家不应该为了眼前的利益而被迫出卖它们的未来。

多点贸易，少点意识形态

现在很难相信，朝鲜曾比韩国更加富裕。在 1910 ~ 1945 年日本统治期间，朝鲜曾是工业发展的重点区域。日本统治者认为朝鲜半岛的北方区域是实施占领中国的帝国主义计划的理想基地，它不仅靠近中国，而且拥有丰富的矿藏资源，特别是煤炭资源。即使在日本被赶走后，朝鲜的工业实力直到 20 世纪 60 年代都一直领先于韩国。

如今，韩国是世界上的工业重地之一，而朝鲜却徘徊在贫困线上。许多人认为这是因为韩国大胆地与外界开展贸易，并积极吸收外国技术，而朝鲜却固守着自给自足的观念。通过贸易，韩国可以学习到先进技术，并能赚得用于购买这些技术的外汇。实际上朝鲜也以其特有的方式取得了一些技术进步。比如，它曾设计出大规模生产维尼龙（Vinalon）的方法，维尼龙是一名朝鲜科学家在 1939 年发明的用石灰石制成的一种合成纤维。尽管这是继尼龙之后的第二种人造纤维，但由于它没有做出令人满意的织物而落得毫无用处，只是用于生产朝鲜自给自足的服装。这是一种局限性，单个发展中国家能凭一己之力做些发明，但缺乏先进技术的持续引入。因而，朝鲜在 21 世纪初的技术水平依然只相当于 40 年代的日本和 50 年代的苏联的水平，而韩国却已成了世界上技术变迁最快的经济体之一。难道我们还有比这更好的证据来证明贸易有利于经济发展吗？

经济发展最终要靠获取并掌握先进技术来实现。理论上讲，一个国家可以凭一己之力发展技术，就像朝鲜一样，但这种技术上自给自足的战略很快就会面临瓶颈。这就是为什么所有经济发展成功的国家都会高度重视获取并掌握外国先进技术（详见第六章）。但是为了能从发达国家进口技术、服务和设备，发展中国家需要外汇，无论是想直接购买技术许可、技术顾问服务，还是间接获得更先进的机器。这些外汇可能来自富国的捐赠（外国援助），但大部分只能通过出口贸易赚取。因而，没有贸易，就不会有显著的技术进步，也就不会有快速的经济发展。

但是，认为贸易是经济发展的必要因素与伪善者所说的自由贸易是经济发展的最好（或者说，更自由的贸易至少是更好的）途径之间有巨大的差异。可是，自由贸易经济学家正是巧妙地运用这种偷梁换柱的手段来压制其反对者——他们暗示说，如果有人反对自由贸易，就是反对进步。

韩国的例子告诉我们，积极地参与国际贸易不需要自由贸易。事实上，如果韩国实行了自由贸易而没有提升幼稚产业，它就不会成为一个主要的贸易国。它可能仍然在出口原材料（比如钨矿石、鱼和海藻）或技术含量低、廉价的产品（比如纺织品、成衣、假发），这些都是它在 20 世纪 60 年代的主要出口产品。回到第一章的设想，如果韩国从 60 年代就实施自由贸易政策，它也许还纠缠细枝末节。它成功的秘诀在于明智地综合运用保护措施和开放贸易，保护的领域也不断变化，因为需要发展新的幼稚产业，而老的幼稚产业逐渐变得具有国际竞争力了。在某种意义上，这不是什么"秘诀"，因为如前所述，几乎所有当今的富国都是这样取得成功的，一些成功的发展中国家也是如此。保护不能保证发展，但发展离不开保护。

81

因而，如果是真心希望帮助发展中国家通过贸易获得发展，富国需要像 20 世纪 50 年代到 70 年代那样接受非对称的保护主义，它们应该承认发展中国家比它们需要更多的保护。世界贸易体系应该支持发展中国家的努力，允许它们更自由地使用幼稚产业保护的工具，比如关税保护、补贴及外资管制。目前，该体系允许保护和补贴存在于发达国家所需要的领域。但是，它更应该允许把保护和补贴用于发展中国家更为需要的领域。82

在此，矫正我们看待富国农产品自由化的视角显得特别重要。降低这些国家的农产品保护会帮助一些发展中国家，尤其是巴西和阿根廷，但不是太多。最为重要的是，富国农产品市场自由化不应该以进一步限制发展中国家使用幼稚产业保护手段为条件，而这正是富国现在所要求的。

不能过分夸大国际贸易对经济发展的重要性，自由贸易不是经济发展的最好路径。只有当一个国家能综合运用保护措施和开放贸易并能够根据具体情况进行相应调整时，贸易才会有助于经济发展。只有自由贸易经济学家才会片面地强调自由贸易对经济发展的重要性。83

第四章　芬兰人与大象

——我们是否应该管制外来投资？

芬兰人喜欢讲一个与他们自己有关的笑话。如果要求一个德国人、一个法国人、一个美国人和一个芬兰人各自写一本关于大象的书，他们将会怎么做呢？德国人会以他们特有的缜密思维写出两卷厚厚的、配有完整注释的研究报告，名为《关于大象你所知道的一切》。法国人偏爱哲学沉思和对人生痛苦的体验，将会写一本名为《大象的生命与哲学》的书。美国人以其对商业机会的灵敏嗅觉而著称，自然会写一本名为《如何利用一头大象赚钱》的书。那么，芬兰人会写一本名为《大象如何看待芬兰人》的书吗？

芬兰人自嘲他们过分的自我意识。他们专注于自我认同是可以理解的。与邻国瑞典或俄罗斯的语言相比，他们所说的语言更接近韩语和日语。芬兰在将近 600 年里是瑞典的一个殖民地，又是俄国近 100 年的殖民地。我的国家曾被有的邻居（如匈奴人、蒙古人、日本人、美国人和俄罗斯人）摆布了上千年。作为一名韩国人，我懂得那种感受。

所以芬兰在 1918 年从俄国获得独立后，想尽一切办法驱逐外国人就毫不奇怪了。该国在 20 世纪 30 年代制定了一系列法律，将所有外国所有权超过 20% 的企业官方性地归类为——令人震惊——"危险的"。芬兰人可能不是世界上最精明的人，但这

84

对他们而言也是沉重的负担。正如其所料想的，芬兰很少获得外来投资。① "巨蟒"乐队（Monty Python）在 1980 年唱道，"芬兰，芬兰，芬兰……你彻底被人遗忘了，而且常被忽视"（出自《芬兰之歌》），他们也许没有猜到芬兰人正希望被人遗忘和忽视。

芬兰法律于 1987 年才有所松动，企业外国所有权的上限提高到 40%，但是所有的外来投资仍然需要获得贸易和产业部的审批。直到 1993 年芬兰才开始启动外来投资的全面自由化，而且这是作为 1995 年加入欧盟的准备工作之一。

根据新自由主义的正统理论，这类极端反对外国投资的战略，尤其是在它持续了半个多世纪的情况下，必定严重损害了芬兰的经济前景。然而，自 20 世纪 90 年代中期以来，芬兰一直是成功融入世界的典范。尤其是诺基亚这家移动电话企业，它似乎已经进入了全球化的知名企业殿堂。一个不想成为全球经济一部分的国家突然成了全球化的模范。这是如何发生的呢？我们将在后面给出答案，但先让我们审视一下支持和反对外来投资的论证吧。

外资是必要的吗？

许多发展中国家发现难以积累足够的储蓄以满足自身投资的需要。在这种情况下，从其他拥有储蓄盈余的国家得到额外的资金应该是件好事，这一点看来是无可非议的。伪善者认为，发展中国家应该开放它们的资本市场，只有这样资本才能自由流动。

---

① 1971～1985 年，外国直接投资只占芬兰固定资产形成（物质投资）的约 0.6%。除社会主义国家外，只有日本的这一比例（0.1%）比芬兰更低。数据出自联合国贸易和发展会议《世界投资报告》（历年卷），日内瓦，联合国贸易和发展会议。

　　新自由主义经济学家认为，资本在国际上自由流动的好处还不仅仅是填补这类"储蓄缺口"。允许资本流向全球范围内最有利可图的项目，将会提高经济效益。资本自由地跨境流动也被看作政府政策和公司治理方面的"最佳实践"（Best Practice）。这种推理的逻辑是，如果公司和国家运行不佳，外来投资只需抽身而出。[1] 可能引起争论的是，一些人甚至认为这种"附带的利益"比资本有效配置所带来的直接利益更重要。[2]

　　外国资本流入发展中国家包括三种主要方式：赠予、债务和投资。赠予是其他国家赠送的钱（但通常带有附加的条件），称为外国援助或官方发展援助（ODA）。债务包括银行贷款和债券（政府债券和公司债券）。[3] 投资包括组合股权投资（Portfolio Equity Investment）和外国直接投资（FDI），前者是寻求财务回报而不追求管理权力的股权（股份）所有，后者涉及旨在影响企业日常管理的股权收购。[4]

---

[1]　M. Feldstein (2000), "Aspects of Global Economic Integration: Outlook for the Future", NBER Working Paper, no. 7899, National Bureau of Economic Massachusetts.

[2]　A. Kose, E. Prasad, K. Rogeff & S-J. Wei (2006), "Financial Globalisation: A Reappraisal", IMF Working Paper, WP/06/189, International Monetary Fund (IMF), Washington, DC.

[3]　21世纪初，银行贷款一直是发展中国家债务的主要部分，但是债券占据更大的比重。1975~1982年，发展中国家所签订的总的净私人债务中，债券只占约5%。1990~1998年，该比重上升到30%。而在1999~2005年，该比重接近70%。数据出自世界银行《全球发展金融》（Global Development Finance），1999年和2005年卷。

[4]　实践中，组合股权投资和外国直接投资之间的区别是很模糊的。外国直接投资一般定义为投资者在外国的一家企业中购买超过10%的股份，意在参与企业的管理。但没有任何一种经济理论认为10%应该是一个门槛。而且，正在出现的混合形式也使两者的边界变得更加模糊了。传统上，外国直接投资由跨国公司（TNCs）做出，而跨国公司被定义为在一个以上的国家开展运营的生产性企业。但是联合国所称的"集体投资基金"（比如私募基金、共同基金或对冲基金）近年来成为外国直接投资的活跃主体。这些基金所做出的外国直接投资和跨国公司所做出的传统外国直接投资有区别，因为前者不具有跨国（转下页注）

　　一种在新自由主义经济学家中越来越流行的观点是外国援助不起作用，虽然有些人认为"正确"的援助（也就是说援助的初衷不是出于地缘政治考虑）还是会起作用的。[①]债务和组合股权投资由于其波动性而颇受指责。[②]银行贷款的波动性更是恶名昭彰。比如，1998年给发展中国家总的净银行贷款是500亿美元；出现一系列吞噬发展中国家的金融危机（1997年的亚洲危机，1998年的俄罗斯和巴西危机，2002年的阿根廷危机）之后，银行在接下来的四年中都变得很消极（平均每年减少65亿美元）；然而到了2005年，银行贷款数额又比1998年高出了约34%（670亿美元）。虽然债券的波动性没有银行贷款那么大，但是通过债券的资本流入也有很大的波动。[③]组合股权投资比债券波动性更大，尽管赶不上银行贷款的波动性。[④]

　　这些资本流动不仅具有波动性，还倾向于在错误的时候进进出出。当一个发展中国家的经济前景被看好时，巨额外来资本就会涌

（接上页注④）公司潜在的无限承诺。这些基金通常是抱着在5～10年或更短时间内就卖出的心态去买进企业（如果可以的话），它们并不致力于提高企业的生产能力。有关这种现象，见2006年联合国贸易和发展会议发布的《世界投资报告2006》。

① S. Reddy & C. Minoiu（2006），"Development Aid and Economic Growth: A Positive LongRun Relation"，DESA Working Paper，no. 29，September 2006，Department of Economic and Social Affairs（DESA），United Nations，New York.

② 这一段中的资本流动数据出自世界银行于2006年发布的《全球发展金融》中的表A.1。

③ 外国人在1997年购买了价值约380亿美元的发展中国家债券，但在1998～2002年，这一数额下降到每年230亿美元。2003～2005年，这一数额又上升到每年440亿美元。这意味着，与1997年相比，1998～2002年外国人的债券购买力下降了约40%，而2003～2005年的购买力比1998～2002年约翻了一番，并且比1997年约高出15%。

④ 流入发展中国家的组合股权投资，从1997年的310亿美元下降到1998～2002年的每年90亿美元，而2003～2005年是平均每年410亿美元。这意味着，在1998～2002年每年流入发展中国家的组合股权投资比1997年减少了约71%。而在2003～2005年，该数值又比1997年高出约32%，并且是1998～2002年的约4.6倍。

入该国。这会暂时性地把资产价格（比如股价、房地产价格）抬高到超过其真实价值的水平，从而催生资产泡沫。当情况变坏时——通常是因为资产泡沫破裂——外国资本会在同一时间全部撤离，使经济着陆变得更加困难。这类"羊群行为"（Herb Behaviour）在 1997 年的亚洲危机中得到了最鲜明的体现，当外国资本大规模流出时，长期前景非常好的经济体（韩国、中国香港、马来西亚、泰国和印度尼西亚）也不能幸免。①

当然，这类行为——称为"同周期"行为（Pro-Cyclial Behaviour）——也存在于国内投资者中。事实上，当情况变糟时，这些投资者因为有内幕消息往往比外国投资者离开得**更早**。但是外国投资者的"羊群行为"造成的影响更大，因为发展中国家金融市场的资金与在国际金融市场中游走的资金相比是微不足道的。印度证券市场是发展中国家最大的市场，但其规模还不到美国证券市场的1/30。② 尼日利亚证券市场是撒哈拉以南非洲的第二大市场，但其市值还不到美国证券市场的 1/5000，加纳证券市场的市值只有美国市场的 0.006%。③ 富国资产的沧海一粟在发展中国家就能成为冲垮金融市场的洪水。

在这种情况下，发展中国家在伪善者的催促下开放资本市场后，在 20 世纪 80 年代和 90 年代经历了更加频繁的金融危机就不是巧合

---

① 对亚洲金融危机做出很好的记述和分析的著作，见 J. Stiglitz（2002），*Globalization and Its Discontents*（Allen Lane，London）。也见 H-J. Chang，G. Palma and H. Whittaker（eds.）（2001），*Financial Liberalisation and the Asian Crisis*，（Palgrave，Basingstoke and New York）。

② 2005 年，美国股市的市值是 155170 亿美元，印度是 5060 亿美元。见 http：//www.diehardindian.com/overview/stockmkt.htm。

③ 1999 年，尼日利亚股票市场的市值只有 29.4 亿美元，而加纳只有 9.1 亿美元。见 http：//www.un.org/ecosocdev/geninfo/afrec/subjindex/143stock.thm。

了。根据两位优秀的经济史学家的一项研究，1945～1971年，当国际金融没有自由化之时，发展中国家没有遭受银行危机，只有16次货币危机和1次"双重危机"（同时出现货币危机和银行危机）。而1973～1997年，发展中国家出现了17次银行危机、57次货币危机和21次双重危机。① 这还没算上1998年以后出现的几次最严重的金融危机（巴西、俄罗斯和阿根廷是最明显的例子）。

国际金融流动的波动性和同周期性使一些全球化的鼓吹者（比如贾格迪什·巴格沃蒂教授），都反对巴格沃蒂提出的所谓的"雄心勃勃的国际金融资本主义的冒险"。② 即便在20世纪80年代后——尤其是90年代——一直强力推行资本市场开放的IMF也改变了立场，在支持发展中国家开放资本市场的问题上变得更加沉默了。③ 如今它已接受了这样的观点："……贸然开放资本账户会使资金流入的结构变得具有破坏性，使国家面对资金流入突然停滞或逆转的风险，从而妨碍一个国家的经济发展。"④

87

---

① B. Eichengreen & M. Bordo (2002), "Crises Now and Then: What Lessons from the Last Era of Financial Globalisation", NBER Working Paper, no. 8716, National Bureau of Economic Research (NBER), Cambridge, Massachusetts.

② 这是巴格沃蒂一本书中第13章的标题。见 J. Bhagwati (2004), *In Defense of Globalization* (Oxford University Press, New York)。

③ IMF更加微妙的观点表现在由前IMF首席经济学家（2001～2003年）肯尼思·若戈夫及其他三位IMF经济学家所撰写的两篇论文中。E. Prasad, K. Rogoff, S-J. Wei & A. Kose (2003), "Effects of Financial Globalisation on Developing Countries: Some Empirical Evidence", IMF Occasional Paper, no. 220, International Monetary Fund (IMF), Washington, DC, and Kose et al. (2006).

④ A. Kose, E. Prasad, K. Rogeff & S-J. Wei (2006), "Financial Globalisation: A Reappraisal", IMF Working Paper, WP/06/189, International Monetary Fund (IMF), Washington, DC, pp. 34－35. 完整的引述是："在缺乏发展良好和监督完善的金融部门，以及健全的制度和健全的宏观经济政策的情况下，贸然开放资本账户会使资金流入的结构变得具有破坏性，使国家面对资金流入突然停滞或逆转的风险，从而妨碍一个国家的经济发展。"

"外国资本的特蕾莎修女?"

国际资本流动（债务和组合股权投资）的行为与受欢迎的外国直接投资截然不同。1997 年流入发展中国家的净外国直接投资量是 1690 亿美元。[①] 1998 ~ 2002 年，尽管发展中国家出现了金融混乱，但外国直接投资平均每年仍然有 1720 亿美元。[②] 除了稳定性，外国直接投资还被认为会带来除钱以外其他有助于经济发展的东西。英国驻欧盟前大使列昂·布里坦爵士（Sir Leon Brittan）就认为外国直接投资"是新增资本的源泉，促成良好的对外平衡，是提高生产力、增加就业、有效竞争、理性生产、技术转让的基石，也是获得管理技能的来源"[③]。

东道国对外国直接投资的欢迎看来是获得了主导地位。不像外国资本流入的其他形式，外国直接投资很稳定。而且，它不仅带来资金，还带来先进的组织、技能和技术，能提高东道国的生产能力。因而，受欢迎的外国直接投资就好像"外国资本的特蕾莎修女"，这是我以前的老师、现在剑桥的同事、优秀的智利裔经济学家加布里埃尔·帕尔玛（Gabriel Palma）曾给出的讽刺性评论。但是外国直接投资也有其局限性和问题。

首先，外国直接投资可能在 20 世纪 90 年代末和 21 世纪初在发展中国家出现金融混乱时非常稳定，但并不是在所有国家都

---

① World Bank （2003）, *Global Development Finance, 2003* （World Bank, Washington, DC.）, Table 1.1.

② World Bank （2006）, *World Development Report 2006 – Equity and Development* （Oxford University Press, New York）, Table A.1.

③ L. Brittan （1995）, "Investment Liberalisation: The Next Great Boost to the World Economy", *Transnational Corporations*, vol. 4, no. 1. p. 2.

这样。① 当一个国家开放了资本市场，外国直接投资就能变得具有"流动性"并能快速地撤出。IMF 的一份出版物指出：外国的分支 **88** 机构可以利用其资产向国内银行借钱，把借到的钱兑换成外币然后转移出去；或者母公司可以撤销已经借给分支机构的公司间贷款（这计算为外国直接投资）。② 极端的情况是，以这种方式流进的外国直接投资大多数可以通过相同的渠道流出，对东道国的外汇储备头寸不会有任何增量效果。③

　　外国直接投资不仅不必然是外汇的稳定源泉，而且它对东道国的外汇头寸还有负面影响。外国直接投资能带来外汇，但它也能产生对外汇的额外需求（比如进口投入品、收缩外国贷款）。当然，它能（也可能不能）通过出口产生新增的外汇，但是它所赚到的并不一定多于它所耗掉的。这就是一些国家对外国企业投资中的外汇收支要加以控制（比如它们应该出口多少、在当地应该采购多

---

①　比如，一项 IMF 经济学家团队做出的研究表明，在 1985～2004 年 30 个较贫穷的发展中国家样本中，外国直接投资流入的波动性比股权投资流入和债务流入的都更大。见 A. Kose, E. Prasad, K. Rogeff & S-J. Wei（2006），"Financial Globalisation：A Reappraisal"，IMF Working Paper，WP/06/189，International Monetary Fund（IMF），Washington，DC，Table 3。这 30 个国家是阿尔及利亚、孟加拉国、玻利维亚、喀麦隆、哥斯达黎加、多米尼加、厄瓜多尔、萨尔瓦多、斐济、加纳、危地马拉、洪都拉斯、伊朗、牙买加、肯尼亚、马拉维、毛里求斯、尼泊尔、尼日尔、赤道新几内亚、巴拉圭、塞内加尔、斯里兰卡、坦桑尼亚、汤加、特立尼达和多巴哥、突尼斯、乌拉圭、赞比亚和津巴布韦。在"新兴市场"经济体的样本中，外国直接投资流入的波动性要小于股权流入或债务流入。这个样本包括：阿根廷、巴西、智利、中国、哥伦比亚、埃及、印度、印度尼西亚、以色列、韩国、马来西亚、墨西哥、巴基斯坦、秘鲁、菲律宾、新加坡、南非、泰国、土耳其和委内瑞拉。

②　P. Loungani & A. Razin（2001），"How Beneficial is Foreign Direct Investment for Developing Countries？"，*Finance and Development*，vol. 28，no. 2.

③　另外，随着前面讨论过的集体投资基金重要性的提升，外国直接投资的投资期也在缩短，这使得外国直接投资更具"流动性"。

少投入品）的原因所在。①

外国直接投资的另一个缺点是它给跨国公司在不同国家开展"转移定价"创造了机会。这指的是这样一种做法：一个跨国公司的分支机构之间或者定价过高或者定价过低，使得在税率最低的国家开展业务的分支机构利润最高。当我说定价过高或定价过低时，我说的是真实情况。基督救助会（Christian Aid）的一份报告记录了一些定价过低的情况，比如来自中国的电视天线每件是 0.4 美元，玻利维亚的火箭发射器每件是 40 美元，美国的推土机每台是 528 美元；而进口定价过高的情况包括德国的钢锯刀刃每件是 5485 美元，日本的镊子每件是 4896 美元，法国的扳手每件是 1089 美元。② 这是跨国公司的老问题，但这个问题变得更加严重，因为出现了很多不征或只征极少企业所得税的税收天堂。通过将大部分利润转移到注册在税收天堂的皮包公司（Paper Company），企业可以大大降低税收负担。

89　　有人认为东道国不应该抱怨转移定价，因为如果没有这里谈到的外国直接投资，税收首先就无从产生。但这是一种不够诚实的论证。所有企业都要使用政府利用纳税人的钱所提供的生产资源（比如道路、通信网络、接受公费教育和培训的工人）。所以，如果跨国公司的分支机构没有支付分内的税收，它就是在东道国"搭便车"。

而且也没有明确的证据表明，外国直接投资能带来期望的技术、技能和管理知识。IMF 的一份出版物中有这样的说法："尽管在理论假设中，在各种（资本）流入的形式中，外国直接投资是

---

① 这包括本地成分要求（要求跨国公司从本地厂商采购一定比例的投入品）、出口要求（要求它们出口一定比例的产品）和外汇平衡要求（要求它们的出口至少与进口持平）。

② Christian Aid (2005), "The Shirts off Their Backs – How Tax Policies Fleece the Poor", September 2005.

最具益处的，但目前还很难证明这些益处。"① 为什么？因为不同类型的外国直接投资会对生产力产生不同的影响。

当我们说到外国直接投资时，大部分人会想到英特尔公司（Intel）在哥斯达黎加建设一个新的芯片工厂，或者大众公司（Volkswagen）在中国建造一条新的生产线——这是绿地投资（Greenfield Investment）。但很多外国直接投资是外国人购买当地一个已有的企业——或叫跨国并购（Bownfield Investment，也称褐地投资）。② 自20世纪90年代以来，跨国并购已占到全世界总的外国直接投资的一半以上，虽然发展中国家的份额会低些，由于种种原因，发展中国家更少拥有外国人想接手的企业。在2001年的高峰期，跨国并购占全世界总的外国直接投资的80％。③

跨国并购不会增加任何新的生产设施——当通用汽车公司（General Motors）在1997年亚洲金融危机之后收购韩国卡车生产商大宇（Daewoo）时，它仅仅是接管了已有的工厂，以各种名目生产相同的车，设计还是由韩国人做。然而，跨国并购也能提高生产能力，这是因为它能带来新的管理技巧或更高质量的工程师。问题是这些都没有保证。

在一些情况下，并购型的外国直接投资（Brownfield FDI）带着明确的意图，外国直接投资者不会花太大精力去提高所购企业的生产能力，可能是认为市场低估了某企业的价值而购买它（尤其在

---

① A. Kose, E. Prasad, K. Rogeff & S-J. Wei（2006），"Financial Globalisation：A Reappraisal"，IMF Working Paper，WP/06/189，International Monetary Fund（IMF），Washington，DC，p. 29.

② 而且，跨国并购能加大转移定价的负面效应。如果一个跨国公司购买了而不是新建了一个企业，一旦实行转移定价，由于被并购的企业是跨国公司的一个分支机构，与作为一国内企业时相比，它所交的税收就更少。

③ 数据出自联合国贸易和发展会议。

90 金融危机时期），然后再找到合适的买家之前就使它照常运转。①
外国投资者有时甚至会通过"资产剥离"的方式积极地破坏企业
的现有生产能力。比如，西班牙航空公司伊比利亚（Iberia）在 20
世纪 90 年代收购拉美的一些航空公司时，用它的旧飞机置换拉美
航空公司的一些新飞机，最终使后者的一些公司由于糟糕的服务和
高昂的维护成本而不得不破产。

　　当然，外国直接投资对东道国的价值不能局限于它对所投资企业
的所作所为上。获得投资的企业会雇用当地工人（这些人可以学到新
技能），从当地生产者中购买投入品（这些生产者可以在此过程中获得
新技术）并对国内企业产生一些"示范效应"（向它们展示新的管理
技巧或提供有关海外市场的知识）。这些效应被称为"溢出效应"，对
一个国家长期的生产能力而言，这才是真正的附加值，不能低估。

　　不幸的是，溢出效应可能不会出现。在极端的情况下，一个跨
国公司可以创立一种"飞地"环境（Enclave Facility），所有的投
入品都是进口的，当地人所能做的只是简单的组装，这样他们就不
能学到任何新技术。而且，即便出现了溢出效应，在重要性上可能
也不显著。② 这就是政府为什么会竭力通过一些强制执行的绩效规
定来放大这些效应，比如技术转让、本地成分或出口。③

---

① 尤其当外国直接投资是由集体投资基金做出时，这种做法可能是非常明智的，
　因为它们不具备在特定产业提高所购企业生产能力的知识。

② R. Kozul-Wright & P. Rayment（2007），*The Resistible Rise of Market Fundamentalism：Rethinking Development Policy in an Unbalanced World*（Zed Books，London），
chapter 4. A. Kose，E. Prasad，K. Rogeff & S-J. Wei（2006），"Financial
Globalisation：A Reappraisal"，IMF Working Paper，WP/06/189，International
Monetary Fund（IMF），Washington，DC，pp. 27 – 30.

③ 这方面的措施包括：合资规定要求增加技术转让给本地合作伙伴的机会；有关
技术转让的明确条件；本地成分规定要求跨国公司将一些技术转让给供应商；
出口规定要求跨国公司使用最先进的技术以增强国际市场竞争力。

关于外国直接投资，一个非常关键但经常被忽视的问题是其对（现在和未来的）国内竞争者的影响。跨国公司通过外国直接投资方式进入国内市场能摧毁现有的国内企业，而如果不是提前面对竞争，这些企业本可以茁壮地"成长"；跨国公司还有可能实施先发制人策略阻止国内竞争者的出现。在这种情况下，由于取代了（现在和未来的）国内企业的跨国公司的分支机构往往有更高的生产力，因而短期来看生产能力是提高了。**但从长期来看**，这个国家能达到的生产能力水平只会更低。

这是因为，作为一种规则，跨国公司不会把最有价值的业务转移到母国之外，我将在后面详细讨论这一点。结果，长期来看，跨国公司的分支机构在所能达到的技术水平上有一个上限。回到第一章的丰田公司案例，如果日本在 20 世纪 60 年代将汽车产业自由化了，丰田公司肯定不能生产出如今的凌志车（即雷克萨斯）——它要么被摧毁了，要么成为美国汽车制造商一个重要的分支机构（可能性更大）。

因而，一个发展中国家可以合理地决定，在一些产业或禁止外资或对其实行管制，放弃来自外资的短期利益，以此增加国内企业在今后能从事更高水平业务的机会。① 这与我在前面章节中讨论过的幼稚产业保护的逻辑是一样的——一个国家放弃自由贸易的短期利益是为了创造长远的更强的生产能力。这就是历史上大多数经济成功的国家诉诸外资管制的原因，而且正如我将要揭示的，这种管制通常是以一种严厉的方式来进行。

---

① 牛津的经济学家、进行跨国公司研究的领军学者桑加亚·拉尔（Sanjaya Lall）曾指出这一点："就利润而言，更多的外国直接投资通常（并不总是）会给东道国带来净利润，但是在长期发展上，对于外国直接投资的作用仍然面临不同战略的选择问题。" S. Lall（1993），"Introduction", in S. Lall（ed.），*Transnational Corporations and Economic Development*（Routledge, London）.

比军事实力更加危险

"如果任何一只业绩良好的美国股票都不为外国人所拥有，如果美国不再是欧洲银行家和借贷者的盘剥之所，人们将享受幸福时光。"这是美国《银行家杂志》（*Bankers' Magazine*）在1884年所发表的一段话。[①]

读者可能很难相信出版于**美国**的一本**银行家**的杂志会如此敌视外国投资者，但这正是那个时期的事实。美国在与外国投资者的交往过程中有过令人恐怖的经历。[②]

1832年，现在已成了美国自由市场者的民间英雄的安德鲁·杰克逊，拒绝给准中央银行美国第二银行（the Second Bank of the USA）——汉密尔顿时期美国银行（Bank of the USA）的继任者（见第二章）——更新许可证。[③] 这是由于外国人在该银行中所占

① 这段引言出自 *Bankers' Magazine*，no. 38，January 1884，as cited in M. Wilkins (1989)，*The History of Foreign Investment in the United States to 1914*（Harvard University Press，Cambridge，Mass），p. 566。完整的引述是："如果任何一只业绩良好的美国股票都不为外国人所拥有，如果美国不再是欧洲银行家和借贷者的盘剥之所，人们将享受幸福时光。向外国人'进贡'是……可恨的……我们已经不再需要屈辱地跑到伦敦、巴黎或法兰克福去乞求资本，现有的资本已经足够应付国内需求。"

② 外国贷款人也遭受了很差的对待。1842年，当美国11个州政府拖欠外国（主要是英国）贷款时，美国成了国际资本市场的无赖。那年之后，当美国联邦政府打算在伦敦金融城筹集贷款时，《时代》杂志回击说："美国人民可能已经被彻底说服了，一些资金不充裕的证券也能产生回报；而且在这一类别中，他们自己的证券是最好的。"引自 T. Cochran & W. Miller（1942），*The Age of Enterprise：A Social History of Industrial America*（The Macmillan Company，New York），p. 48。

③ 美国第二银行成立于1816年，许可证有效期为20年。政府掌握该银行20%的股份，联邦税收收入存放在该银行，但是它不具有发行票据的垄断权，所以不能被当作一个完全意义上的中央银行。

股份过高——高达 30%（加入欧盟前的芬兰也会欣然赞同这种做法）。宣布这个决策时，杰克逊说："如果银行的主要股份流入外国人手中，如果我们不幸地与该国交战，我们将会有怎样的处境？……控制我们的货币，吸纳我们的公共资金，掌握成千上万依赖它的人民，这比敌人的军舰和军事实力要可怕得多，危险得多。如果我们必须有一个银行……它应该是**完全由美国人控制**的。"[1]如果当今一个发展中国家的总统说出这样的话，他会被认为是一只仇外的"恐龙"，并会遭到国际社会的反对。

　　从经济发展的最早期直到第一次世界大战，美国是世界上外资的最大进口国。[2] 因而，美国自然会相当在乎外国投资者的"缺席管理"（Absentee Management）；[3] 一份有汉密尔顿传统的民族主义杂志《奈尔斯周刊记录》（*Niles' Weekly Register*）在 1835 年宣称，"我们不惧怕外国资本——如果置于**美国的管理**之下"[4]。

　　对这种情况的反应是，美国联邦政府强有力地管制着外资。非

---

[1]　出自 M. Wilkins（1989），*The History of Foreign Investment in the United States to 1914*（Harvard University Press，Cambridge，Mass），p. 84。

[2]　即便迟至 1914 年，当美国已与英国一样富裕时，美国仍然是国际资本市场中最大的净借款者之一。根据美国历史学家米拉·威尔金斯（Mira Wilkins）的权威估计，当时美国的外债总额是 71 亿美元，远远超过俄罗斯（38 亿美元）和加拿大（37 亿美元）。Wilkins（1989），*The History of Foreign Investment in the United States to 1914*（Harvard University Press，Cambridge，Mass）. 当然，在这个时期，美国对外贷款的总额估计也有 35 亿美元，是第四大贷款国，排在英国（180 亿美元）、法国（90 亿美元）和德国（73 亿美元）之后。然而，即便减去贷款，美国仍然有 36 亿美元的净借款头寸，这基本上与俄罗斯和加拿大的数字相等。M. Wilkins（1989），*The History of Foreign Investment in the United States to 1914*（*Harvard University Press*，*Cambridge*，*Mass*）.

[3]　M. Wilkins（1989），*The History of Foreign Investment in the United States to 1914*（Harvard University Press，Cambridge，Mass），p. 563.

[4]　出自 M. Wilkins（1989），*The History of Foreign Investment in the United States to 1914*（Harvard University Press，Cambridge，Mass），p. 85。

居民股份持有者不能投票，只有美国公民才能成为联邦（相对于州层面）银行的董事。这意味着"外国的个人和金融机构可以购买美国联邦银行的股份，如果他们打算聘请美国公司作为他们在董事会中的代理人"，以此来阻碍银行部门的外国投资。① 国会在1817年强行要求美国船只垄断沿海航运，这种情况一直持续到第一次世界大战。② 美国对自然资源产业的外国投资也有严格的管制。许多州政府禁止或限制非居民外国人的土地投资。1887年，联邦的《外国人财产法》（Alien Property Act）禁止外国人或者外国人持有超过20%股份的公司，在"准州"（相对于开发比较成熟的州）拥有土地的所有权，因为在这些州土地投机猖獗。③ 联邦矿业法将采矿权局限于美国公司和在美国组建的公司。1878年实行了一部木材法，只允许美国居民在公共土地上伐木。

一些州（相对于联邦）的法律甚至更加敌视外资。很多州对外国公司征收比美国公司更重的税。1887年一部臭名昭著的印第安纳法撤销了所有对外国公司的司法保护。④ 19世纪末，纽约州政府特别敌视金融行业的外国直接投资，因为该州的金融业是一个正在快速发展成为世界级水平的产业（一个鲜明的幼稚产业保护

---

① M. Wilkins（1989），*The History of Foreign Investment in the United States to 1914*（Harvard University Press，Cambridge，Mass），p. 583.

② M. Wilkins（1989），*The History of Foreign Investment in the United States to 1914*（Harvard University Press，Cambridge，Mass），p. 83 and p. 583.

③ 当时，这些地方包括北达科他、南达科他、爱达荷、蒙大纳、新墨西哥、犹他、华盛顿、怀俄明、俄克拉荷马和阿拉斯加。南北达科他、蒙大纳和华盛顿在1889年、爱达荷和怀俄明在1890年、犹他在1896年先后成为州，因而就不再适用于该法案。M. Wilkins（1989），*The History of Foreign Investment in the United States to 1914*（Harvard University Press，Cambridge，Mass），p. 241.

④ M. Wilkins（1989），*The History of Foreign Investment in the United States to 1914*（Harvard University Press，Cambridge，Mass），p. 579.

案例）。① 它在 19 世纪 80 年代出台了一部法律，禁止外国银行从事"银行业务"（比如吸纳存款、贴现钞票和票据）。1914 年的银行法禁止外国银行设立分行。比如，伦敦城市和米德兰银行（the London City and Midland Bank；按存款量计算，它在当时是世界第三大银行）不能在纽约设分行，虽然它在全世界有 867 家分行，仅在美国就有 45 家代理银行。②

虽然对外资有广泛且严格的控制，美国在整个 19 世纪和 20 世纪初仍然是外资的最大接受国——近些年来中国对跨国公司同样实行严格的管制，也没有阻止大量外资竞相涌入。这就完全背离了伪善者的信念，他们认为外资管制会减少投资的流入，或者反过来说，外资管制的自由化将会增加外资的流入。而且，我得承认或许部分原因是严格管制外资（与此同时工业品关税也是全世界最高的），美国成为整个 19 世纪直到 20 世纪 20 年代经济增长最快的国家。这就颠覆了标准的观点，认为外资管制会损害一个经济体的增长前景。

在管制外资方面，比美国更严厉的是日本。③ 特别是在 1963 年之前，外国企业所有权都限制在 49% 以内，而在许多"关键产业"日本更是完全禁止外资。后来，外国投资逐步自由化，但只有在国内企业已做好准备的行业实行。结果，在除社会主义阵营以 94

① M. Wilkins (1989), *The History of Foreign Investment in the United States to 1914* (Harvard University Press, Cambridge, Mass), p. 580.

② M. Wilkins (1989), *The History of Foreign Investment in the United States to 1914* (Harvard University Press, Cambridge, Mass), p. 456.

③ M. Yoshino (1970), "Japan as Host to the International Corporation" in C. Kindleberger (ed.), *The International Corporation – A Symposium* (The MIT Press, Cambridge, MA).

外的所有国家中，日本的外资占总的国家投资的比重最低。① 即使有这段历史，日本政府在向 WTO 提交的意见中说，"对（外国直接）投资施加限制即便从发展政策的视角来看也不会是适当的决策"，这是典型的选择性历史遗忘症、双重标准和"踢开梯子"。②

韩国和中国台湾地区通常被看作支持外资政策的先锋，这是由于它们早期在出口加工区（Export-processing Zones）的成功，在这些出口加工区内外国企业的投资很少被管制。但是，离开这些区域，它们实际上对外国投资者施加了许多限制性的政策。这些限制使它们可以更快地积累技术能力，这反过来减少了以后对出口加工区所创立的"任何可能"（Anything Goes）模式的需求。这些国家和地区限定外国公司可进入的领域并设定其所有权份额的上限。它们也调查跨国公司所带来的技术并施加了出口规定；设定了非常严格的本地成分要求，但对出口产品不是特别严格（所以较低质量的投入品对出口竞争力不会有太大损害）。结果，在 20 世纪 90 年代末采纳新自由主义政策之前，韩国是世界上对外资依赖程度最低的国家之一。③ 中国台湾地区的政策比韩国更温和，对外资的依赖程度也更高，但它的依赖程度依然低于发展中国家对外资依赖的平均水平。④

---

① 1971~1990 年，日本的外国直接投资在总的固定资产形成（物质投资）中的比重小于 0.1%，全部发达国家的平均水平是 3.4%（1981~1990 年）。数据出自联合国贸易和发展会议《世界投资报告》（历年卷）。

② Government of Japan（2002），"Communication to the Working Group on Trade and nvestment"，27 June 2002，WT/WGTI/W/125.

③ 1971~1995 年，韩国的外国直接投资在总的固定资产形成中的比重小于 1%，而发展中国家在 1981~1995 年（1980 年之前的数据无法获得）的平均值是 4.3%。数据出自联合国贸易和发展会议《世界投资报告》（历年卷）。

④ 1971~1995 年，中国台湾地区的外国直接投资占总的固定资产形成的比重是 2.5%，而发展中国家的平均值（1981~1995 年）是 4.3%。数据出自联合国贸易和发展会议《世界投资报告》（历年卷）。

欧洲的几个大国——英国、法国和德国——在管制外资方面没有像日本、美国和芬兰那样严格。在第二次世界大战前，它们不需要管制——它们主要是输出而不是接受外资。但是在第二次世界大战后，当它们开始大量接受来自美国及日本的投资时，它们也限制外资的流入并制定了强制执行的绩效规定。20 世纪 70 年代前，它们主要是通过外汇控制管制外资。这些控制被废除后，使用了非正式的绩效规定。即使表面上对外国投资者很友好的英国政府也在有关本地采购零配件、生产量和出口等方面运用了许多"保证"和"自愿限制"。[①] 1981 年日产汽车公司（Nissan Motor Co. , Ltd. ）在英国建立一个工厂时，英国政府要求其产品附加值的 60% 在英国本地采购，一段时间之后这个标准提高到 80% 。有报道说英国政府也"给（福特公司和通用汽车公司）施加了压力以实现更好的贸易平衡"。[②]

即便像新加坡和爱尔兰这样高度依赖外资而成功的国家，也不是东道国政府任跨国公司随心所欲的例证。在欢迎外国公司的同时，这些政府运用选择性的政策吸引外国投资进入对其未来经济发展具有战略意义的领域。这不像中国香港，它的确实行自由的外资政策；而新加坡总是有非常清楚的导向。爱尔兰真正走向成功，是在从不加选择地吸纳外资（越多越好）转变为将外资集中于某些战略行业之后，吸引外资的战略行业有电子、制药、软件和金融服务业。它还非常广泛地运用了各种绩效要求的规定。[③]

95

---

① S. Young, N. Hood, and J. Hamill（1988），*Foreign Multinationals and the British Economy – Impact and Policy*（Croom Helm, London），p. 223.

② S. Young, N. Hood, and J. Hamill（1988），*Foreign Multinationals and the British Economy – Impact and Policy*（Croom Helm, London），p. 225.

③ 根据美国商务部 1981 年的调查报告《外国政府所使用的投资激励和绩效要求》，20% 的美国跨国公司在爱尔兰的分支机构报告有绩效要求，与之相对照的是其他发达国家的这一比例只有 2%～8%——奥地利和日本是 8%，（转下页注）

总之，历史是站在管制者一边的。大多数如今的富国在作为外资接受方的时候，都曾实行过管制。有时这种管制是很严厉的——芬兰、日本、韩国和美国（一些行业）是最好的例子。虽然有像新加坡和爱尔兰这样靠积极吸引外资而成功的国家，但即便是它们，也没有采取伪善者如今向发展中国家建议的对外资实行**自由放任**的政策。

无边界的世界？

经济理论、历史及当时的经验都告诉我们，要想从外资中真正获得利益，政府需要对它进行很好的管制。尽管这样，伪善者在过去一段时间里竭力使所有对外资的管制失去合法性。通过 WTO，它们已经引入了《与贸易相关的投资措施协议》，禁止本地成分要求、出口规定或外汇平衡要求。《服务贸易总协定》（General Agreement on Trade in Services，GATS）的谈判和在 WTO 提出的投资协定使自由化更向前了一步。富国与穷国之间的双边和区域自由贸易协议（Bilateral and Regional Free Trade Agreements）以及双边投资协定（Bilateral Investment Treaties，BITs）都限制了发展中国

96

（接上页注③）比利时、加拿大、法国和瑞士是 7%，意大利是 6%，英国是 3%，德国和荷兰是 2%。见 S. Young，N. Hood，and J. Hamill（1988），*Foreign Multinationals and the British Economy – Impact and Policy*（Croom Helm，London），pp. 199 - 200。有关爱尔兰外国直接投资战略的进一步讨论，见 H-J. Chang & D. Green（2003），*The Northern WTO Agenda on Investment：Do as We Say，Not as We Did*［CAFOD（Catholic Agency for Overseas Development），London，and South Centre，Geneva］，pp. 19 - 23。

家管制外资的能力。①

伪善者在为这些举动辩护时说：忘记历史。他们认为，即使管制外资在过去有其价值，由于全球化正在创造一个新的"无边界的世界"，它变得不仅没有必要而且没有效果了。他们认为通信和交通技术的发展使"距离消失了"，企业越来越具有流动性且缺少国家性——它们不再从属于它们的母国。他们认为，如果企业不再具有国籍，就没有理由歧视外国企业。而且，任何管制外国企业的努力都会是无效的，因为企业"不受拘束"，它们可以转移到没有其他管制措施的国家。

这种论证当然有其正确之处，但也夸大了事实。的确有像雀巢公司这样在母国（瑞士）的产出低于5%的企业，但它们是例外。大多数跨国企业在海外的产出低于1/3，日本企业的比例更是低于10%。② 的确有将"核心"业务（如研发）重新配置到海外的情况，但通常是前往其他发达国家，而且带有严重的"区域"偏见（这里的区域指北美、欧洲和日本这样一个自成一体的区域）。③

在大多数公司，高层决策者仍然主要是母国人。当然，也有像卡洛斯·戈恩（Carlos Ghosn）这样的黎巴嫩裔巴西人管理着一家法国企业（雷诺汽车公司）和一家日本企业（日产汽车公司）。但

① 在这方面尤为臭名昭著的是《北美自由贸易协定》中所谓的第11章，美国在几乎所有的双边自由贸易协定中都包括了这一内容（除了与澳大利亚签订的协定）。第11章赋予外国投资者将东道国诉诸世界银行和联合国的国际仲裁机构的权利——如果它们认为其投资价值由于政府行为而减少的话。这些行为包括从国有化到环境管制的众多类别。尽管涉及政府，这些机构的仲裁程序不对公

他也只是一个例外。经常讲到的案例是德国汽车制造商戴姆勒－奔驰和美国汽车制造商克莱斯勒在 1998 年的合并。这实际上是奔驰对克莱斯勒的接管。但在并购时，它被说成两个平等者之间的"联姻"；而且，在新公司戴姆勒－克莱斯勒的管理委员会中有相同数量的德国人和美国人。但这仅仅是头几年的事。不久，德国人的数量开始远远超过美国人——通常是 10 或 12 比 1 或比 2，不同年份有所差异。当被接管时，即便是美国企业最终也要由外国人来管理（但这正是接管的含义所在）。

因而，企业的国籍仍然很重要。拥有企业的人可以决定不同的分支机构能在多大程度上进入更高层面的业务。根据资本不再具有国籍的假设来制定经济政策是非常幼稚的，对于发展中国家尤其如此。

但无论必要还是不必要，那些认为实际上对外资实行管制已不再可能的观点又是怎么回事呢？这种观点认为，既然跨国公司已多少"不受拘束"，它们可以通过"用脚投票"的方式惩罚实施外资管制的国家。

人们立刻会提出的一个问题是：如果企业已如此具有流动性而使得国家管制毫无效果，为什么富国的伪善者还如此热衷于使发展中国家签署限制它们管制外资能力的国际协议？根据新自由主义正统最青睐的市场逻辑，为什么不让各国择其所好，然后让外国投资者通过选择只投资在对其友善的国家来惩罚或奖励它们？富国希望借助国际协定给发展中国家施加限制的事实说明，管制外资还没有到失去效果的时候，这与伪善者的所言正好相反。

无论在什么情况下，不是所有的跨国企业都有同等的流动性。当然，一些行业——比如成衣、鞋和毛绒玩具制造业——可以有无数的潜在生产基地，因为生产设备容易移动，技术要求较低，工人也很容易培训。然而，在其他很多产业中，出于各种原因企业很难

流动——存在无法移动的投入品（比如矿石资源、拥有特定技能 98
的本地劳动力），国内市场的吸引力（中国就是一个很好的例子），
或者历经多年建设起来的供应网络（比如日本企业制造商在泰国
或马来西亚的分包网络）。

最后但并非最不重要的一点是，认为跨国公司必然会回避管制
外资的国家的看法相当错误。与正统观点相反，管制在决定外资流
入的水平方面并不特别重要。如果这种观点正确，像中国这样的国
家就不会获得如此多的外资。但是中国获得了世界外资总额的
10%左右，这是因为它有庞大而且快速发展的市场，有高素质的劳
动力队伍以及优良的基础设施（道路、港口）。相同的逻辑也适用
于19世纪的美国。

有调查表明，企业最感兴趣的是东道国的市场潜力（市场规
模和增长潜力），之后是劳动力和基础设施的质量，管制只是其稍
微感兴趣的对象。即便世界银行这个外资自由化的著名支持者，也
曾承认"与总的经济政治环境及其金融和汇率政策相比，对直接
投资的特殊激励和管制在一个国家吸引外资方面的作用更小"①。

在论证国际贸易和经济发展之间的关系时，伪善者把因果关系
搞错了。他们认为，如果对外资管制实行自由化，更多的投资会流
入，因而会有助于经济增长。但实际上外资流入是在经济增长之
后，它并非增长。残酷的事实是，除非一国的经济提供了有吸引力
的市场和高质量的生产资源（劳动力和基础设施），否则再怎么把
管制体制进行自由化，外国企业也不会进入。这就是为什么许多发
展中国家尽管给了外国企业最大限度的自由，仍然没有吸引到多少

① World Bank (1985), *World Development Report*, *1985* (Oxford University Press, New York), p. 130.

外资。国家必须在跨国公司对其感兴趣之前获得经济增长。如果组建一个政党，仅仅告诉人们可以加入而且可以随心所欲是不够的，人们只会参加出现了他所感兴趣之事的政党，无论你给他们多少自由，他们通常不会来为你做有趣的事情。

"唯一比受资本剥削更糟糕的事情"

琼·罗宾逊（Joan Robinson）曾是剑桥经济学教授，也无疑是历史上最著名的女经济学家。我和她一样相信唯一比受资本剥削（Being Exploited by Capital）更糟糕的事情就是不受资本的剥削（Not Being Exploited by Capital）。外国投资，尤其是外国直接投资，是非常有用的经济发展手段。但是，它如何有用取决于投资的类型和东道国如何进行管制。

外国金融投资带来的危险大于利益，即便新自由主义者现在也承认这一点。但外国直接投资也不会是"特蕾莎修女"，它通常只**在短期内**给东道国带来利益。无条件地吸纳外资事实上会使长期的经济发展变得更加困难。"无边界的世界"有些夸张，跨国公司尽管有国际运营活动但仍然是有国籍的企业，因而不可能允许其分支机构从事更高层面的业务；与此同时，它们的出现在长期看来会阻碍东道国国内企业的涌现。这种情况可能会损害东道国长期的发展潜力。而且，外资带来的长远利益部分地依赖于跨国公司所创造的溢出效应的大小和质量，这种利益的最大化需要适当的政策干预。不幸的是，这类干预的许多手段已被伪善者给废除了（比如本地成分要求）。

因而，外国直接投资就像一种浮士德式的交易（a Faustian Bargain）。在短期内，它能带来利益：但是从长期看，它对经济发

展有害。一旦理解了这一点，芬兰的成功就不令人惊奇了。该国的
战略正是基于这样一种认识，如果过早地对外国投资实行自由化 100
（芬兰是 20 世纪初欧洲最穷的国家之一），国内企业就不会有发展
独立技术和管理能力的空间。诺基亚整整等了 17 年才从其电子分
公司获得利润，但它成了世界上最大的移动电话企业之一。① 如果
芬兰从一开始就对外资实行自由化，诺基亚肯定无法进一步发展。
购买了诺基亚的外国金融投资者极有可能停止补贴看不到希望的电
子分公司，于是就扼杀了这项业务。最好的情况也不过是，某个跨
国公司收购了电子部门，使其成为从事二级工作的一个分支机构。

　　这种论证的反面是，对外资实行管制从长期来看可能反而会有
助于外国公司。如果一个国家不让外国公司进入或者对它们的业务
实行严格管制，短期来看肯定不利于这些公司发展。但是，如果对
外资的明智管制使一个国家更快速地积累生产能力并达到更高的生

---

① 诺基亚在 1865 年成立时是一家伐木企业。当芬兰橡胶有限公司（成立于 1898
年）先后在 1918 年和 1922 年分别购买诺基亚、芬兰电缆公司（成立于 1912
年）的大部分股份时，现代诺基亚集团才开始出现。最后，三家公司在 1967
年合并形成诺基亚公司。一些芬兰学者这样总结这起合并的实质：新公司的名
称（诺基亚）来自伐木中的工厂，管理来自电缆厂，资金来自橡胶行业。诺基
亚的电子业务——其中移动电话业务是诺基亚在 21 世纪初的核心业务——开
始于 1960 年。直到 1967 年，当三家公司合并时，电子业务也只占诺基亚集团
净销售额的 3%。电子分公司在头 17 年里一直亏损，直到 1977 年才第一次实
现赢利。世界上第一条蜂窝式移动电话网络——北欧移动电话网络（NMT）于
1981 年被引入斯堪的纳维亚，诺基亚就为该网络提供了第一部车载电话。1987
年，诺基亚生产出了原创性的手持电话。之后，诺基亚通过并购芬兰、德国、
瑞典和法国的一系列电子和通信企业而在 20 世纪 80 年代得到了快速的扩张。
自 20 世纪 90 年代以来，诺基亚的主导业务就一直是移动电话生产，它也一直
是移动通信革命的领导者。详见 H-J. Chang （2006）, *Public Investment
Management*, National Development Strategy Policy Guidance Note, United Nations
DESA （Department of Economic and Social Affairs） and UNDP （United Nations
Development Program）, Box 15.

产水平，从长期来看将会对外国投资者有利，因为可以提供更加适宜的投资场所，也拥有更优良的生产投入（比如高技术的工人、良好的基础设施）。芬兰和韩国都是这方面的极佳案例。目前这些国家变得更富有，有更高的教育水平，技术上也更先进，至少有部分原因是它们明智地实行外资管制；因而相比没有实行这些管制的国家，芬兰和韩国是更具吸引力的投资场所。

外国直接投资能促进经济发展，但必须被纳入长期发展战略之中。应该设计一些政策使外资不会扼杀国内生产者，同时保证外国公司所拥有的先进技术和管理技能可以最大限度地转移到国内企业中。有些国家也像新加坡和爱尔兰一样积极地吸引外资，尤其是外国直接投资，在这些国家中有些能获得成功，有些已经获得成功。但是，当它们更积极地管制包括外国直接投资在内的外来投资时，会有更多的国家取得成功。伪善者努力使这些管制措施在发展中国家成为不可能，很可能会阻碍它们的经济发展，这根本不是在帮助它们。

第五章　人剥削人

——私营企业好,公共企业坏?

20 世纪思想最深刻的经济学家之一约翰·肯尼斯·加尔布雷思(John Kenneth Galbraith)曾说过一句很有名的话:"在资本主义制度下,人剥削人;在苏联的社会主义制度下,情况则正好相反。"他并不是认为资本主义与社会主义没有区别,相反,他也许是最后一个持这种想法的人——加尔布雷思是非左派(Non-leftist)批评现代资本主义的领军人物之一。他表达的意思是,对于社会主义没能建立起所承诺的平等社会,许多人感到极度失望。

社会主义运动兴起于 19 世纪,其重要目标就是废除"生产资料"(工厂和机器)的私人所有制。很容易理解为什么社会主义者将私人所有制看作资本主义分配不公的最终根源。同时,他们也看到了私人所有制导致经济效率低下,相信这也造成了市场无政府状态下的"浪费"。太多的资本家重复投资相同产品的生产,他们认为这是因为资本家不知道竞争对手的投资计划,才最终导致了生产过剩、企业破产、机器成为废铁以及工人无所事事。他们认为,如果通过合理的、集中的计划提前协调不同资本家的决策,就能消除这个过程中的浪费——毕竟,就像卡尔·马克思曾指出的,资本家企业就是被无政府的市场海洋所包围的计划孤岛。因而他们相信，如果废除私人产权，经济将会像单个企业那样运行，管理也就更加有效。

不幸的是，基于国有企业的中央计划经济表现得很糟糕。的确，不受约束的竞争会导致社会浪费，但是通过全面的中央计划和单一的国家所有而抑制一切竞争也会由于消除了经济活力而产生巨大的成本。在苏联的社会主义制度下，竞争的缺乏以及过分的垂直控制也滋生了盲从主义、官僚主义的繁文缛节和腐败。

几乎没有人不认为苏联的社会主义制度作为一种经济体制已经失败了。但是，如果从这个结论推导出国有企业（State-Owned Enterprises，SOEs）或公共企业（Public Enterprises）都不灵了，那是逻辑上的一个巨大跳跃。自玛格丽特·撒切尔于20世纪80年代初在英国率先推行私有化计划以来，这种判断变得很普遍，并在90年代前社会主义经济体的"转轨"过程中获得了伪宗教信条的地位。很快，整个苏东社会主义世界似乎都被一句话所迷倒——"私有好，公有坏"（Private Good，Public Bad），这使人想起乔治·奥威尔在《动物农场》中的反人类口号——"四条腿好，两条腿坏"（Four Legs Good，Two Legs Bad）。国有企业的私有化也是伪善者在过去1/4世纪里向发展中国家强加的新自由主义议程中的重要部分。

被告席上的国有制

为什么伪善者认为国有企业需要私有化呢？反对国有企业的深层主张是一种简单却强有力的观念，这种观念认为人们不会精心呵护不属于他们自己的东西。我们在日常生活中可以看到这种主张的证据。如果你家的水管工人在上午 11 点开始第三次茶歇，你肯定会疑惑，如果是维修自己家的热水器，他是否也会这么做。你很清楚，大多数在公园里不乱扔垃圾的人，在自家园子里就更不会这么做。人们竭力照看好自己的东西而对其他人的东西疏于顾及，这似乎是人的天性。因而，反对国有企业的人主张，如果希望人们最有效率地使用各种东西（包括企业），必须给他们所有权或产权。①

针对其财产，所有权赋予所有者两种重要的权利。第一种是处置权，第二种是受益权。既然根据定义，利润是支付了所有者为了更有效地使用其财产而购买的所有投入品（比如原材料、劳动以及工厂中所使用的其他投入品）后，留给所有者的财产，受益权也就是剩余索取权（the Residual Claim）。问题是，如果所有者拥有剩余索取权，利润的数额就不会与获得固定报酬的投入品供应者有关。

根据定义，国有企业是归所有公民集体拥有的财产，他们以固定薪酬雇用专业的管理人员管理企业。如果作为企业的所有者，公民整体拥有剩余索取权，受雇的管理人员不会在意企业的利润状况。当然，作为“委托人”的公民通过将利润与管理人员的报酬挂钩，可以使“代理人”或受雇的管理人员关心国有企业的利润状况。但是，这种激励体制非常难设计。这是因为委托人和代理

---

① 产权并不必然就是私人所有权，但许多强调产权主体的人恰恰含蓄地假定两者完全等同。有许多种运行非常好的集体产权。世界上很多农村社区的集体产权有效地规范了集体资源（比如森林、鱼类）的使用，而防止了过度利用。更富现代意义的事例是开源计算机软件，比如 Linux，它鼓励使用者不断改进技术，但禁止出于私人利益而使用改进了的产品。

人之间在信息获取上存在一个根本的差距。比如，如果受雇的管理人员说她尽力了，而业绩糟糕是由于她无法掌控的其他因素，委托人就很难证明她是在撒谎。委托人控制代理人行为的难题就是所谓的委托－代理问题（Principal-agent Problem），而产生的成本（由于疏于管理而造成的利润减少）就是"代理成本"。这个委托－代理问题在新自由主义反对国有企业的论证中处于中心位置。

　　但这不是国有企业效率低的唯一原因。即便个体的公民在理论上拥有国有企业，也没有任何动机通过适当方式去监督受雇用的管理者照看他们的财产（此处谈到的企业）。问题在于一些公民额外督促国有企业管理者所产生的利润将由所有公民参与分享，而成本（比如花费在审查企业账目或向相关政府部门反映问题上的时间和精力）却由做出督促努力的那些公民承担。结果，每个人所偏好的行为将是根本不去监督国有企业的管理者，而只去搭其他人的"便车"。但是，如果所有人都"搭便车"，而没人去监督管理者，企业绩效就肯定会很差。如果读者试着想想自己是否经常去监督国有企业的绩效——几乎从来没有过——很快就会明白"搭便车"问题（Free-rider Problem）了。

　　下面是反对国有企业的另一种论证，即软预算约束（Soft Budget Constraint）问题。这种观点认为，作为政府的一部分，如果国有企业产生亏损或面临破产，它们常常能从政府中获得额外的经费。它们认为，企业通过这种方式使其预算约束具有延展性，或呈现"软性的"特征，企业的行为和管理也就较松散。这种软预算约束的理论最早是由著名的匈牙利经济学家雅诺什·科尔奈（Janos Kornai）提出的，以解释社会主义中央计划下国有企业的行为，但它也能被应用到资本主义的类似企业中去。印度那些从来不会破产的"患病企业"（Sick Enterprise）经常被作为与国有企业类似的软预算约束问题的例证。①

国家对私人

所以，反对国有企业或公共企业的例证看来都有很强的说服力。虽然公民是公共企业在法律意义上的所有者，但他们既没有能力也没有动机去监督他们的代理人，即那些受雇管理企业的人。代理人（管理者）不会使企业的利润最大化，而委托人（公民）不可能让他们这么做，因为他们在掌握代理人行为信息方面有其固有的缺陷，而且委托人自身还存在"搭便车"问题。

但是，所有反对国有企业的三种论证实际上都可以被应用到大型私营企业中去。委托－代理问题和"搭便车"问题影响了许多大型的私营企业。虽然一些大企业仍然由它们的（大）股东管理（比如宝马、标致），但大部分企业是由雇用的管理者进行管理，因为它们的股权非常分散。如果一个私营企业是由雇用的管理者经营而且众多股东只拥有企业的小部分，它就会与国有企业面临同样的问题。受雇用的管理者（与国有企业的管理者一样）也没有动

106

---

① 严格地讲，软预算约束不是所有权导致的问题。将预算约束进行"硬化"所需要做的就是惩罚懒散的管理者，而这在国有制下更容易做到。而且，单独软预算约束这一条件并不会导致企业管理者懒散。为什么？如果职业经理人（无论是管理国有企业还是私营企业）知道他们将会由于糟糕的管理而遭受严厉的惩罚（比如说削减薪水甚至丢掉工作），他们将不会把企业搞砸（当然，仍然会有一般意义上的委托－代理问题）。如果他们由于糟糕的管理而受到惩罚，企业由于有政府托底而不至于倒闭，但那些管理者就无处落脚了。因而，虽然由于所有权性质，软预算约束更容易出现在国有企业，但问题的关键原因在于国有企业管理者的激励问题，而不是软预算约束。如果这是事实，私有化就不可能改变企业的业绩。进一步的讨论，见 H-J. Chang（2000），"The Hazard of Moral Hazard – Untangling the Asian Crisis"，*World Development*，vol. 28，no. 4。

机去做出超过次优水平的努力（委托－代理问题），同时个别股东也没有足够动机去监督受雇用的管理者（"搭便车"问题）。

政治上产生的软预算约束问题也不限于国有企业。如果企业在政治上很重要（比如政治敏感行业中的大雇主或企业，比如武器行业、医疗行业等），私营企业也能得到补贴甚至政府的援助。第二次世界大战后不久，许多欧洲国家将一大批大型的私营企业实行国有化，因为它们业绩不佳。20 世纪 60～70 年代，英国工业的衰落使工党和保守党两党的政府都将一些重要企业国有化（劳斯莱斯汽车有限公司于 1971 年在保守党政府期间国有化；英国钢铁公司于 1967 年、英国利兰汽车公司于 1977 年、英国航空于 1977 年国有化，它们都是在工党执政期间国有化的）。或者，举另外一个例子，当希腊经济在 1983～1987 年出现困境时，43家事实上破产的私营企业被国有化了。[①] 相反，国有企业并不是都不受市场力量的影响。由于糟糕的业绩，全世界许多公共企业被关闭，它们的管理者被解雇——这类似于私营部门的公司破产和公司接管。

私营企业知道，只要企业足够重要，并且充分利用一切机会，它们也能利用软预算约束的优势。一位外国银行家在 20 世纪 80 年代中期第三世界债务危机时公然告诉《华尔街日报》："当我们出去赚钱时，我们的外国银行家支持自由市场；当我们要亏钱时，我们相信国家。"[②]

---

① T. Georgakopolous, K. Prodromidis, & J. Loizides (1987), "Public Enterprises in Greece", *Annals of Public and Cooperative Economics*, vol. 58, no. 4.

② *The Wall Street Journal*, May 24 1985, as quoted in J. Roddick (1988), *The Dance of the Millions: Latin America and the Debt Crisis* (Latin America Bureau, London), p. 109.

实际上，许多公开宣称有自由市场政府的国家曾援助过大型私营企业。20 世纪 70 年代末，破产的瑞典造船业被 44 年中的首届右翼政府通过国有化拯救了，尽管该政府在即将上台时承诺要减小政府规模。80 年代初，美国处在困境中的汽车制造商克莱斯勒被罗纳德·里根领导的共和党政府解救，里根正是当时新自由主义市场改革的领袖。智利在极不成熟的、疏于设计的金融自由化之后，面对 1982 年的金融危机，政府用公共资金解救了整个银行部门。这是皮诺切特将军的政府，他曾以捍卫自由市场和私人所有权的名义在一场血腥政变中夺取了政权。

现实生活中存在许多运行良好的国有企业的事实也进一步驳斥了新自由主义反对国有企业的论证。许多国有企业事实上是世界一流的企业。

国有的成功故事

新加坡航空（Singapore Airlines）是世界上最负盛名的航空公司，经常当选为世界上最受喜爱的航空公司。不像其他公司，它在 35 年历史中从来没出现过财务亏损。

该公司是一家国有企业，57% 的股份由淡马锡控股公司（Temasek Holdings）控制。后者是一家控股公司，其唯一股东是新加坡财政部。该公司控股①（通常是多数股份）了许多高效率、高利润的企业，这些企业被称为政府关联企业（Government-Linked Companies，GLCs）。政府关联企业不仅运营于通常的公用行业，比

108

---

①　企业中的控股没有一致认可的定义，这取决于股权结构，只掌握 15% 的股份也可能使该股东有效地控制企业。但是，一般而言，持有 30% 左右的股份被认为是控股。

如电信业、电力行业和交通业，它们也出现于在很多国家是由私营企业经营的行业，比如半导体行业、造船业、工程业、船舶运输和银行业。① 新加坡政府还管理着提供重要产品和服务的所谓法定机构（Statutory Boards）。实际上，所有土地都是公有的，接近 85% 的住宅是由建屋发展局（the Housing and Development Board）提供的。经济发展局（The Economic Development Board）开发工业用地、孵化新企业并提供商业咨询服务。

用国有企业对国家产值的贡献来衡量，新加坡的国有企业是韩国的 2 倍；如果用对国家总投资的贡献来衡量，则接近 3 倍。② 但是，根据国有企业的产值在国民收入中占的比重，韩国的国有企业

---

① 淡马锡控股公司掌握了下列企业的多数股份：新加坡能源公司（属于电力和天然气业）和新加坡国际港务集团公司（港口）的 100% 股份，东方海皇轮船公司（属于航运业）的 67% 的股份，新加坡特许半导体制造公司（属于半导体行业）的 60% 的股份，新加坡电信公司（属于通信业）的 56% 的股份，新加坡公交公司（属于地铁、巴士和出租车服务业）的 55% 的股份，新加坡技术工程公司（属于工程业）的 55% 的股份，胜科工业公司（属于工程业）的 51% 的股份。它还拥有下列企业的控股权：胜科海事公司（属于造船业）的 32% 的股份，新加坡发展银行（新加坡最大的银行）的 28% 的股份。见 H-J. Chang（2006），*Public Investment Management*，National Development Strategy Policy Guidance Note，United Nations DESA（Department of Economic and Social Affairs）and UNDP（United Nations Development Program），Box 1。

② 根据世界银行一份有关国有企业的著名报告，1978～1991 年世界银行研究的 40 个发展中国家中，国有部门占 GDP 的平均比重是 10.7%。韩国的相应数据是 9.9%。见 World Bank（1995），*Bureaucrats in Business*（Oxford University Press，New York），Table A.1。不幸的是，世界银行的报告中没有提供新加坡的数据。然而，新加坡政府的统计部估计，1998 年政府关联企业的产值占其 GDP 的 12.9%，非政府关联企业的公共部门（比如法定机构）的产值占其 GDP 的 8.9%，总计为 21.8%。统计部对政府关联企业的定义是，政府掌握 20% 及以上的股份的企业。见 H-J. Chang（2006），*Public Investment Management*，National Development Strategy Policy Guidance Note，United Nations DESA（Department of Economic and Social Affairs）and UNDP（United Nations Development Program），Box 1。

的产值是阿根廷的 2 倍，是菲律宾的 5 倍。① 然而，阿根廷和菲律宾都被认为是国家干预过多导致发展失灵的例子，韩国和新加坡却被认为是通过私营企业推动经济发展的成功典范。

韩国也提供了一个公共企业成功的戏剧性的例子，即钢铁制造商浦项制铁公司（Pohang Iron and Steel Company，POSCO）。② 韩国政府在 20 世纪 60 年代初向世界银行申请贷款建立第一家钢铁厂时，世界银行拒绝了，认为该计划不可行。这并不是不可理喻的决定，当时韩国最大的出口产品是鱼、便宜的服装、假发和夹板。韩国并不拥有两种重要原材料（铁矿石和炼焦煤）的储藏。而且，冷战意味着它不能从邻近的中国进口这两种原材料，因而只能从澳大利亚进口。更有甚者，韩国政府还提出要建立一个国有企业来开展这项业务。还有比这更糟糕的决定吗？然而，从 1973 年开始投产（该项目由日本银团提供资金）的十年时间内，该公司成了世界上效率最高的钢铁企业之一，而且现在是世界上第三大的钢铁企业。

中国台湾地区利用国有企业发展经济的经历更引人注目。根据孙中山（促成中国台湾地区经济奇迹的国民党的创始人）提出的三民主义（民族、民权和民生），关键行业应该由当局控制。中国台湾地区就相应的有一个公有性质的企业部门。20 世纪 60~70 年代，国有企业创造的产值占国民产值的 16% 以上。1996 年之前，这

109

---

① 根据世界银行于 2006 年发布的《世界发展报告 2006——公平与发展》中的表 A.1，1978~1991 年，阿根廷国有部门占 GDP 的比重是 4.7%，菲律宾国有部门占 GDP 的比重是 1.9%。

② 有关浦项制铁公司更多的细节，见 H-J. Chang（2006），*Public Investment Management*，National Development Strategy Policy Guidance Note，United Nations DESA（Department of Economic and Social Affairs）and UNDP（United Nations Development Program），Box 2。

些企业很少私有化。即便是在 1996 年实施了私有化的 18 家国有企业，台湾当局依然在其中占有控股地位（平均持有 35.5% 的股份），董事会中有 60% 的董事由当局任命。那个时期台湾当局的经济政策是通过创造良好的经济发展环境（包括由公共企业供应非常重要的、便宜的和高质量的投入品），让私有企业成长，同时不急于私有化。

在过去几十年的经济高速发展时期，中国积极发展国有企业，基于所有权的混合形式，还创造了独特的企业形态——乡镇企业。在过去的经济改革中，一些小型国有企业在"抓大放小"的战略下实行了私有化。国有企业所占份额的下降主要是由于私有企业的快速发展。

不仅仅东亚有优秀的公共企业。第二次世界大战后的奥地利、芬兰、法国、挪威和意大利等欧洲经济体的经济成功至少在 20 世纪 80 年代前是靠大规模的国有企业取得的。尤其在芬兰和法国，国有企业始终处于技术现代化的前沿。在芬兰，公共企业在林业、矿业、钢铁、交通设备、造纸机械和化工业等行业都引领了技术现代化的过程。[1] 即便在私有化之后，芬兰政府也只在很少企业中放弃了控股权。读者可能会奇怪地获知，法国许多家喻户晓的品牌过去是国有企业，比如雷诺汽车公司、阿尔卡特公司（一家电信设备公司）、圣戈班（一家玻璃及其他建筑材料生产企业）、尤西诺集团（一家钢铁生产企业，并入阿塞诺，后为阿塞诺－米塔尔的一部分，是世界上最大的钢铁生产企业）、泰雷兹集团（一家国防电子企业）、埃尔夫－阿奎坦（一家石油和天然气企业）、罗纳－普朗克（一家制药企业，与德国公司赫斯特合并成安万特，后为

---

① J. Willner (2003), "Privatisation and State Onwership in Finland", CESifo Working Paper, no. 1012, August 2003, Ifo Institute for Economic Research, Munich.

塞诺菲安万特的一部分)。① 1986~2004 年不同时期的私有化之前,
这些企业在国有的背景下领导了法国的技术现代化和工业发展。②

拉美也有业绩良好的国有企业。巴西国有的石油企业巴西国家
石油公司(Petrobras)是有着领先技术的世界一流企业。21 世纪初
巴西区域喷气机(Regional Jet)制造商巴西航空公司(Empresa
Brasileira de Aeronautica, EMBRAER)也是一家国家持股的世界一
流企业。巴西航空公司是世界上最大的区域喷气机生产商,也是继
空中巴士和波音之后的第三大飞机制造企业。虽然巴西航空公司在
1994 年实行了私有化,但巴西政府仍然拥有"黄金股"(1% 的资
本),这允许它在有关军用飞机销售和向外国转让技术的交易上拥
有否决权。③

①　M. Berne & G Pogorel (2003),"Privatisation Experiences in France", paper
　　presented at the CESifo Conference on Privatisation Experiences in the EU,
　　Cadenabbia, Italy, November 2003.
②　雷诺私有化的事例在法国私有化过程中富有典型意义。雷诺最初是一家私有企
　　业,创立于 1898 年。由于成为"敌人的工具"——其所有者路易斯·雷诺是一
　　名纳粹合作者——它于 1945 年被国有化。1994 年,法国政府开始出售雷诺汽车
　　公司的部分股份,但仍保留 53% 的份额。1996 年,法国政府放弃了多数股权,
　　减持股份到 46%。然而,11% 的股份是出售给公司网页称为"大股东的坚定核
　　心"的一些企业,这些企业的金融机构由法国政府控制。之后,法国政府逐渐
　　地减持股份到 15.3%(2005 年),但仍然是雷诺汽车公司的最大股东。而且,
　　法国政府减持股份的一种重要解释是,日产在 2002 年获得了雷诺汽车公司
　　15% 的股份。由于自 1999 年以来,雷诺汽车公司已经控股了日产(起初是
　　35%,现在是 44%),因而法国政府实际上有效地控制着雷诺汽车公司 30% 的
　　股份,成为该公司的主导力量。见 H-J. Chang (2006), *Public Investment
　　Management*, National Development Strategy Policy Guidance Note, United Nations
　　DESA (Department of Economic and Social Affairs) and UNDP (United Nations
　　Development Program), Box 2。
③　H-J. Chang (2006), *Public Investment Management*, National Development Strategy
　　Policy Guidance Note, United Nations DESA (Department of Economic and Social
　　Affairs) and UNDP (United Nations Development Program), Box 2.

　　既然有这么多成功的国有企业，我们为什么很少听说？这在一定程度上是由新闻报道和专业报告造成的。报纸倾向于报道不好的事情，比如战争、自然灾害、流行病、饥荒、犯罪、破产。报纸聚焦这些事件是非常自然也非常必要的，因为新闻记者的天性倾向于向公众揭露世界的黑暗面。对于国有企业，只有当它变得糟糕时——效率低下、腐败或者存在工作疏漏——新闻记者和专业人员才会进行调查。业绩良好的国有企业很少引起媒体注意，因为这很难在和平与发展的年代成为"模范市民"生活中的头条新闻。

　　国有企业正面新闻较少的另一个也许是更为重要的原因是，新自由主义在过去20多年的兴起使国有企业在公众心目中非常不受欢迎，以至于国有企业自身都希望掩饰它们与国家的联系。新加坡航空公司不会宣传它归国家所有的事实。法国雷诺汽车公司、韩国浦项制铁公司和巴西航空公司——现在私有化了——竭力掩饰它们是在国家所有权背景下成为世界一流企业的事实。被国家部分持股的企业实际上是秘而不宣的。比如，很少有人知道下萨克森（Niedersachsen）的州政府是德国汽车制造商大众的最大股东，持有18.6%的股份。

　　然而，国有制不受欢迎不能完全（甚至不能主要地）归罪于新自由主义意识形态的势力。许多国有企业的确业绩不佳。我举业绩优良的国有企业的例子**不是**要把读者的注意力从业绩不佳的国有企业中转移出来，而只是揭示国有企业不是必定就业绩不佳，而私有化也不是必然会改善它们的业绩。

国有制的事实

　　我前面已提到，所有国有企业绩效不佳的原因也同样适用于

（程度上可能有所不同）股权分散的大型私营企业。我也举了很多业绩优良的公共企业的例子。但这还不是故事的全部。经济理论认为，在某些情况下，公共企业优于私营企业。

其中一种情况是，由于考虑到风险太大，私人投资者拒绝为长期可行的事业融资。由于资金可以快速地流动，资本市场对短期收益有一种天生的偏好，而不会投资于高风险、大规模且成熟期长的项目。如果资本市场过于谨慎而不愿投资于一项可行的工程（这在经济学中被称为"资本市场失灵"），国家可以通过创建国有企业来完成该工程。

资本市场失灵在资本市场发展的早期阶段更加明显，因为资本市场越不发达，它们就越保守。所以，历史上，国家在其发展的早期阶段就更频繁地借助国有企业，这一点我在第二章中已经提到过。在 18 世纪的腓特烈大帝时期（1740～1786 年），普鲁士在一些行业建立了许多"模范工厂"，比如在纺织（首先是亚麻）、冶炼、军工、瓷器、丝绸和炼糖等行业。① 日本在 19 世纪末明治时期将普鲁士作为模仿的对象，也在一些产业建立了国有的模范工厂，包括造船、钢铁、采矿、纺织（棉、毛和丝绸）以及军工企业。② 这些企业在建立后不久，日本政府就实行了私有化，但有些企业即便在私有化之后也继续获得大量补贴，尤其是造船企业。由于资本市场失灵而建立国有企业，韩国钢铁制造商浦项制铁公司是更现代也更具戏剧性的例子。普遍的经验清楚地表明：建立公共企业

112

① W. Henderson (1963), *Studies in the Economic Policy of Frederick the Great* (Frank Cass, London), pp. 136 - 152.

② T. Smith (1955), *Political Change and Industrial Development in Japan: Government Enterprise, 1868 - 1880* (Stanford University Press, Stanford) and G. C. Allen (1981), *A Short Economic History of Modern Japan*, 4th edition (Macmillan, London and Basingstoke).

是为了启动资本主义，而不是像通常所认为的那样去取代资本主义。

　　当存在自然垄断（Natural Monopoly）时，国有企业也是理想的选择。这里指的是这样一种情形，即技术条件要求只有一个供应者是服务市场的最有效方式。电力、自来水、天然气、铁路等行业都是自然垄断的例子。在这些行业，生产的主要成本是建设分配网络，因而如果使用这种网络服务的消费者数量增加，服务提供的单位成本就会下降。相反，如果出现各自拥有网络的多个供应者，供应每户家庭的单位成本就会增加。历史上，发达国家的此类行业通常起步于许多小型的竞争的供应者，之后合并成大型区域的或全国的垄断供应者（之后通常也就国有化了）。

　　当出现自然垄断时，生产者可以随心所欲地定价，因为消费者没有其他选择。但这不仅仅是生产者"剥削"消费者的问题。即便生产者不擅用权力，这种情形也会产生社会损失——用专业术语说是"分配的无谓损失"（Allocative Deadweight Loss）。① 在这种情况下，政府接管该业务并自己经营，可能在经济上更为有效，可以生产出社会最优的产量。

　　政府创建国有企业还为实现公民间的平等。比如，如果让私营企业提供服务，一些生活在偏远地区的人可能就无法享受一些重要的服务，比如邮政服务、自来水供应或交通设施——将一封信邮递

---

　　① 完整的论证需要有些技术性，但要点如下：在一个竞争性的市场中，厂商没有定价的自由，因为对手总是能将价格降低到进一步降低就会产生损失的边际点。但是垄断厂商可以通过改变产量来决定价格，所以它只生产能实现利润最大化的产量。通常情况下，这个产出量低于社会最优产量，而社会最优产量既是消费者愿意支付的最高价格时的产量，也是厂商在不亏损情况下的最低价格时的产量。当实际产量低于社会最优产量时，一些消费者不能享受相关服务，这些消费者愿意支付高于厂商所需要的最低价格但又不愿支付垄断厂商实现利润最大化时的价格。这种被忽视了的消费者的、未满足的需求就是垄断的社会成本。

到瑞士一个偏远山村的成本远远大于邮递到日内瓦的某个地区。如果邮递信件的企业只关心利润，就会提高邮寄信件到偏远山区的价格，从而迫使这些地区的居民减少使用邮政服务，或者甚至会取消这种服务。如果这里所讨论的服务是所有公民都应该享受的重要服务，政府可以考虑通过一家公共企业来从事这些业务，即便是会赔钱的业务。

上述所有建立国有企业的理由，都可以（并已经）由这样一些做法来实现，即私营企业在政府管制和（或）相应的税收与补贴设计下提供这些服务。比如，如果私营企业承担了风险大、周期长且对国家经济发展非常有益的项目，而资本市场又不愿提供资金，政府可以向私营企业提供资金（比如通过国有银行）或补贴（通过税收）。政府也可以在自然垄断行业向私营企业发放许可证，但是管制它们的收费和产量。只要私营企业能提供"全民享用"（Universal Access）的服务，政府也可以许可它们提供一些关键的服务（如邮政、铁路运输、自来水供应）。因而，看来国有企业不再是必然的选择。

但是对管制和（或）补贴的管理比管理国有企业更难，对发展中国家的政府而言尤其如此。补贴首先需要税收，但征税看起来简单，实则不易。它需要政府具备各种能力，如征集和处理信息、计算税收拖欠、调查并处罚逃税者的能力。历史表明，即便如今的富国也是花了很长时间才具备这些能力的。① 发展中国家只具备很有限的征税能力，因而在运用补贴手段解决市场局限方面的能力也非常有限。第三章谈到过，这种困难遇到贸易自由化之后关税收入

114

---

① H-J. Chang（2002），*Kicking Away the Ladder – Development Strategy in Historical Perspective*（Anthem Press，London），p. 101.

减少的情况，特别是在一些政府预算高度依赖关税收入的最穷国。即便富国也很难实现良好的管制，它需要拥有丰富资源的、手段高超的管制者。英国铁路私有化在 1993 年出现的混乱结局，导致 2002 年英国政府对铁路线进行**事实上**的重新国有化，以及美国加州电力管制失灵造成 2001 年影响恶劣的停电事故，都是最明显的事例。

　　发展中国家更加欠缺设计完善的管制规则及处理法律纠纷和政治游说方面的能力，而且被管制的企业往往是来自富国的规模庞大、资源丰富的企业的分支机构或合伙企业。一家法国与菲律宾的合资企业的事例在这方面很有启示意义。迈尼拉德水务公司（Maynilad Water Services）在 1997 年接管了马尼拉市近半数的自来水供应业务，也曾被世界银行作为私有化成功的典范而大加宣传。虽然该公司通过富有技巧的游说获得了原始合同所不允许的一系列价格上调，但当管制者在 2002 年拒绝再一次上调价格时，迈尼拉德水务公司却轻易撕毁了合同。①

　　与给私营企业提供补贴和（或）管制的体系相比，国有企业通常更为实用，对缺乏征税和管制能力的发展中国家尤其如此。在一定条件下，国有企业可以比私营企业做得更好，而在很多案例中，它们已经做到了这一点。

私有化的陷阱

　　我已经指出，所有被认为是导致国有企业效率低下的主要原

---

① T. Kessler & N. Alexander（2003），"Assessing the Risks in the Private Provision of Essential Services"，Discussion Paper for G-24 Technical Group，Geneva，Switzerland，September 15 – 16，2003，http：//www. unctad. org/en/docs/gdsmdpbg 2420047_ en. pdf.

因——委托－代理问题、"搭便车"问题和软预算约束问题——实际上都不是国有企业所特有的。股权分散的大型私营企业同样面临委托－代理问题和"搭便车"问题。所以，在这两个方面，产权形式不起作用，关键的区别不在于国有还是私营，而是股权集中还是股权分散。在软预算约束方面，国有与私营的区别更大些，但这一点也不是绝对的。因为政治上非常重要的私营企业也能从政府获得资金帮助，而国有企业也经常要面对硬预算约束，包括管理层调整和最终的清算约束。

如果国有产权本身不是国有企业所面临问题的全部或主要原因，改变它们的产权状况——也就是私有化——不可能解决问题。而且，私有化存在很多陷阱。

第一种挑战是要确定**哪些企业**可以卖掉。出售自然垄断的公共企业或提供关键服务的企业是一个糟糕的想法，尤其当国家管制能力很弱时。但是即便政府出售公有产权并非必要的企业，也将面临困境。政府通常希望出售业绩最差的企业——也就是潜在的收购者最不感兴趣的企业。因而，为了使私营企业对业绩不佳的国有企业产生兴趣，政府通常会进行大量投资和（或）对其进行重组。但是如果国有企业在国有产权下能提高业绩，为什么还要私有化呢？① 因而，除非因缺乏政府授权使重组公共企业在**政治上**是不可行的，公共企业的许多问题是无须私有化就能解决的。

而且，私有化的企业应该以**适当的价格**出售。以适当的价格出

116

---

① 事实上，有证据表明被私有化的企业在生产力上的改善往往出现在私有化之前，通过预期的重组而实现，这说明重组比私有化更为重要。见 H-J. Chang（2006），*Public Investment Management*，National Development Strategy Policy Guidance Note，United Nations DESA（Department of Economic and Social Affairs）and UNDP（United Nations Development Program）。

售是政府的义务，因为政府是公有资产的托管者。如果政府以过低的价格出售企业，就会将公共财富转移给收购者，这会引发严重的分配问题。另外，如果财富被转移到国外，国民财富就会损失。当收购者来自海外，这种情况很可能出现，但是如果有一个开放的资本市场，国内的一些人也能把钱藏起来，就像俄罗斯"寡头"在苏联解体后的私有化过程中的所作所为一样。

为了获得适当的价格，私有化计划还必须以**适当的规模**在**适当的时期**进行。比如，如果政府想在相对短的时期内大规模出售企业，就会对价格产生负面影响。这种"清仓大甩卖"（Fire Sale）会削弱政府的议价能力，因而减少可获得的收入——这在 1997 年亚洲金融危机之后的一些亚洲国家出现过。而且，由于股市始终处于波动之中，只在股市状况良好时进行私有化就显得很重要。从这种意义上说，给私有化设定一个严格的截止日期是一个糟糕的主意。但国际货币基金组织经常坚持要有一个明确的截止日期，很多国家的政府也自愿接受这种做法，此类日期会迫使政府不顾市场状况而进行企业的私有化。

更为重要的是，如何将公共企业出售给**合适的收购者**。如果私有化是要有助于某国的经济发展，该政府应该把公共企业出售给有能力提高长期生产力的人。道理很明白，做起来却很难。除非政府要求收购者在行业内有经过验证的可靠记录（就像一些国家所做的那样），否则企业很可能被出售给善于融资而不是善于管理企业的人。

尤为重要的是，国有企业经常以腐败的方式售卖给根本没有能力管理好企业的人——苏联解体后大量国有资产被以一种腐败的方式转移给俄罗斯的新"寡头"。在有些发展中国家，私有化的过程中也充斥着腐败，大量潜在的收入最终落入少数内部人的私人口袋，而不是进入国库。腐败式的转让有时通过贿赂非法实现，但也能通过合法的渠道实现，比如政府内部的人在私有化过程中充当顾问从而获得高额的顾问费。

这非常具有讽刺性，因为经常用来反对国有企业的一个观点就是认为它们充斥着腐败。然而，一个悲惨的事实是，一个不能在其国有企业中控制或消除腐败的政府也无法在私有化过程中突然发展出预防腐败发生的能力。事实上，腐败的官员有一种不惜一切代价推进私有化的动机，因为这意味着他们不再需要与他们的继任者分享贿赂，能立即"兑现"未来所有的贿赂流（Bribery Stream，比如国有企业管理者从投入品供应商所获得的贿赂）。另外，私有化并不必然会减少腐败，因为私有企业也能腐败（见第八章）。

如果没有被纳入适当的管制体系中，自然垄断或提供关键业务的企业的私有化将失败。如果国有企业属于自然垄断行业，政府部门**不具备适当管制能力**的私有化可能会以效率低下且不受约束的私有垄断者代替效率低下但（政治上）受到约束的公有垄断者。比如，玻利维亚的科恰班巴（Cochabamba）自来水系统在 1999 年被出售给美国伯克德公司（Bechtel），导致水费立即增长了 3 倍，从而引发骚乱，最终不得不重新国有化。① 阿根廷政府在 1999 年对公路实行部分私有化时，作为公路养护的回报允许承包商收取过路费，"承包商对公路的控制引发了一个旅游胜地游客的广泛抗议，因为承包商在另一条道路上设置了路障使过境车辆只能经过他们的收费站。在游客们投诉高速公路上有诈骗以后，承包商在收费站停

① D. Green (2003), *Silent Revolution – The Rise and Crisis of Market Economics in Latin America* (Monthly Review Press, New York, and Latin American Bureau, London), p. 109.

放了一队队的巡逻车以显示有警方的支持"[①]。在评论墨西哥国有电话公司特美斯（Telmex）1989 年的私有化时，连世界银行的一份研究都认为"特美斯以及相关的价格－税收管制体制的私有化，导致对消费者——一个非常分散、缺乏组织的群体——'征税'，然后收益被分配给组织更加完善的群体——（外国）股东、雇员和政府"[②]。

管制缺失的问题在地方政府层面更加严重。打着政治分权和"让服务提供者更贴近群众"的旗号，世界银行和援助国政府要求依据地域把国有企业分成更小的单位，从而把管制职责交给地方。这在理论上看起来非常好，但实际上常常导致管制的真空。[③]

"黑猫""白猫"

关于国有企业管理的图景是很复杂的，因为既有表现好的国有企业，也有表现糟糕的国有企业。即便对于相同的问题，国有企业解决问题的方式在一种环境下是正确的，而在另一种环境下却不然。国有企业的许多问题也影响着股权分散的大型私营企业。私有化有时很好，但也可能只会引发灾难，尤其是在缺乏必要的管制能

---

① *Miami Herald*, 3 March 1991, 引自 D. Green（2003）, *Silent Revolution – The Rise and Crisis of Market Economics in Latin America*（Monthly Review Press, New York, and Latin American Bureau, London）, p. 107。

② P. Tandon（1992）, *World Bank Conference on the Welfare Consequences of Selling Public Enterprises: Case Studies from Chile, Malaysia, Mexico and the U. K.*, vol. 1: Mexico, Background, TELMEX, World Bank Country Economics Department, June 7 1992, p. 6。

③ T. Kessler & N. Alexander（2003）, "Assessing the Risks in the Private Provision of Essential Services", Discussion Paper for G-24 Technical Group, Geneva, Switzerland, September 15 – 16, 2003。

力的发展中国家。即便私有化是可取的办法，在实践中也很难操作得当。

当然，说这种图景复杂不意味着"怎么样都行"。我们可以从经济理论和现实生活的事例中总结出一些一般性的教训。

除非政府具备了非常强的税收征缴和（或）管制能力，在自然垄断行业、涉及大规模投资和高风险的行业以及提供基本服务的行业中的企业应该是国有制形式。其他条件相同的情况下，发展中国家比发达国家更需要国有企业，因为它们的资本市场更不发达，而且管制和征税能力更弱。按照分散股权出售的方式对政治上重要的企业进行私有化不可能解决国有企业业绩不佳的深层问题，因为新的私有化了的企业所面临的问题与其在国有背景下是一样的。实施私有化时，注意必须以合适的价格将合适的企业出售给合适的收购者，并将企业置于适当的监管体制下——如果这一点做不到，即便在不必然需要国有产权的行业，私有化也不会有效。

国有企业的业绩通常不必通过私有化也能提高。政府要做的重要工作之一是严格地审查企业的目标并设立清晰的先后顺序。通常，公共企业承担了太多了的目标，例如，社会目标（如对妇女和少数民族的照顾）、创造就业岗位以及工业化等。公共企业肩负众多目标没有错，但应该搞清楚真正的目标是什么以及实现这些目标的先后次序。

监管体系也应得到改善。在许多国家，国有企业被多重机构所监管，这意味着没有哪个特定的机构在进行有意义的监管，或者没有一个能对企业日常管理产生决定性影响的监管机构，比如，国有的韩国电力公司仅在1981年就得接受8个政府部门长达108天的调查。这种情况下，将监管责任统一到单个机构可能是有益的（就像韩国1984年一样）。

119

　　增加竞争对于国有企业提高业绩也很重要。更多的竞争并**不总**是好事，但竞争通常是改善企业绩效的最好方式。① 非自然垄断的公共企业应该与国内外的私营企业竞争，这已是很多国有企业的生存常态了。比如，法国的雷诺汽车公司（1996 年之前是完全的国有企业，之后国家仍然掌握 30% 的股份）既面对私营企业标致－雪铁龙的直接竞争，又受到外国制造商的挑战。即便国有企业在国内市场是事实上的垄断者，像巴西航空公司和韩国浦项制铁公司这样的企业，由于需要出口，因此也要参与国际竞争。而且，如果可能的话，通过创立另一个国有企业也能促进竞争。② 比如，韩国在 1991 年创立了一个新的国有企业得意通（Dacom），专门从事国际电话业务，它与国有垄断商韩国电信（Korea Telecom）之间的竞争在整个 20 世纪 90 年代对提高效率和服务质量做出了重要贡献。当然，国有企业常常是在自然垄断行业，这种情况下在行业内增加竞争或者是不可能，或者是不利于社会生产力的。但是，即便在这些行业，通过推进一些"邻近"行业（比如，航空与铁路）的发

---

① 许多学术研究表明，在国有企业业绩的决定因素中，竞争通常比所有权性质更为重要。关于这些研究的评论，见 H-J. Chang & A. Singh（1993），"Public Enterprise in Developing Countries and Economic Efficiency"，*UNCTAD Review*，1993，no. 4。

② 一些经济学家认为，政府可以通过将企业人为地划分为更小的单元（比如区域单元），然后根据其相对业绩进行奖惩，在自然垄断行业也可以"模拟"竞争。不幸的是，这种被称为"锦标式竞争"的方法即使对于资源充足的发达国家的管制者也很难管理，因为它涉及运用非常复杂的绩效计算公式。对于发展中国家的管制者而言，这更是难以胜任的。而且，在网络式的行业（比如铁路运输业）中，由于网络分裂而增加的协调失灵的成本会抵消区域之间模拟竞争而产生的潜在收益。1993 年英国实行的铁路私有化产生了很少展开竞争的数十个区域运营分部（由于是基于地域而赋予特许权），与此同时，不同分部之间的联系却很糟糕。

展也能在一定程度上促进竞争。①

　　总之，使国有企业取得成功没有固定的捷径。因而，对于国有企业的管理，中国杰出领导人邓小平曾说："不管黑猫白猫，能捉老鼠的就是好猫。"

121

---

① 　比如，20世纪80年代，英国的国有铁路公司在一些市场上面临来自私有的巴士企业的强力竞争。

第六章　1997年的 Windows 98

——"借用"创意是错误的？

1997 年夏天，我正在香港参加一个研讨会。这个城市无穷的活力和商业忙碌景象居然震撼了我这个对此司空见惯的韩国人。走在繁忙的街道上，我注意到许多街头商贩在兜售盗版的计算机软件和音乐光盘。最吸引我注意的是 Windows 98 操作系统。

我知道韩国人善于盗版，但盗版品怎么会先于真品出现呢？有人发明了一部时间机器？即便在中国香港，这也不可能。一定是有人把微软实验室里正在进行最后一道工序的原版 Windows 98 偷出来然后迅速刻录了一份盗版软件。

计算机软件非常容易被复制。一件凝聚了数百人若干年心血的新产品能在几秒钟内被复制。所以，虽然比尔·盖茨先生在慈善工作上非常慷慨，但对于盗版其软件的人，他的态度也是非常强硬的。娱乐产业和制药产业也面临同样的问题。这就是非常激进地推动严格保护专利、版权和商标等知识产权的原因。

不幸的是，这些产业在过去 20 年里一直驱动着整个有关知识产权的国际议程。它们在世界贸易组织中发起了引入所谓的《与贸易有关的知识产权协议》的运动。这份协议扩大了范围，延长了期限，把知识产权保护提升到一个史无前例的高度，使发展中国家更难获得经济发展所需的新知识。

"在天才的火焰上添加利益的燃料"

许多非洲国家正在遭受艾滋病之苦。[①] 不幸的是，治疗艾滋病的药物非常昂贵，每人每年需要花费 1 万 ~ 1.2 万美元。这是非洲最富有国家人均年收入的 3 ~ 4 倍，比如南非和博茨瓦纳，这两个国家也正好是世界上艾滋病疫情最严重的国家；是坦桑尼亚和乌干达这样的国家人均年收入的 30 ~ 40 倍，艾滋病在这两个国家也有很高的发病率。[②] 因而，可以理解为什么一些非洲国家一直从印度和泰国进口"仿制"药，"仿制"药只需 300 ~ 500 美元，价格只是"真"药的2% ~ 5% 。

非洲国家政府并没有做什么革命性的事。当知识产权持有者的权利与公共利益发生冲突时，所有的专利法，包括最倾向于专利者的美国法律，都有限制知识产权持有者权利的条款。在这种情况下，政府可以取消专利，施加强制性的许可（迫使专利持有者以

---

①　据估计，在 2005 年，撒哈拉非洲 6.1% 的成年人（15 ~ 49 岁）携带艾滋病病毒，而全世界的这一比例是 1% 。该疾病在博茨瓦纳、莱索托和南非都非常猖獗，在乌干达、坦桑尼亚和喀麦隆也非常严重。根据联合国的估计，艾滋病在博茨瓦纳最为严重，2005 年该国 24.1% 的成人携带艾滋病病毒。莱索托有 23.2% 的人感染艾滋病，南非有 18.8% 的人感染艾滋病。乌干达有 6.7% 的人感染艾滋病、坦桑尼亚有 6.5% 的人感染艾滋病、喀麦隆有 5.4% 的人感染艾滋病。所有的统计数据出自联合国艾滋病规划署（UNAIDS）的《2006年全球艾滋病疫情报告》，2006, http://data.unaids.org/pub/GlobalReport/2006/2006_ GR_ CH02_ en.pdf。

②　2004 年，博茨瓦纳的人均收入是 4340 美元，南非的人均收入是 3630 美元，喀麦隆的人均收入是 800 美元，莱索托的人均收入是 740 美元，坦桑尼亚的人均收入是 330 美元，乌干达的人均收入是 270 美元。数据出自世界银行发布的《世界发展报告 2006》中的表 1 和表 5 。

一个合理的价格向第三方许可专利的使用）或允许平行进口（从该专利不受保护的国家进口仿制产品）。事实上，在 2001 年出现炭疽恐怖活动后，美国政府最大限度地运用了公共利益条款——利用强制许可的威胁获得 Cipro 的 80% 的折扣，Cipro 是德国制药企业拜尔（Bayer）一种受专利保护的炭疽病毒抗生素。①

虽然非洲国家有关艾滋病药物的行为是合法的，但 41 家制药企业还是联合起来，决定把南非政府作为一个靶子，在 2001 年将其告到法院。它们认为该国允许平行进口和强制许可药物的法律违反了 TRIPS。上诉行为所激起的社会抗议和公众骚动使这些企业发觉处境不妙，它们最终决定撤销诉讼，其中一些企业甚至以较大的折扣向非洲国家提供它们的艾滋病药物以弥补这件事情在公众中所造成的负面印象。

在有关艾滋病药物的争论中，制药公司认为没有专利就不会有更多的新药——如果每个人都可以"剽窃"到它们的发明，它们就没有理由去投资研发新药。亚伯拉罕·林肯——唯一注册过专利的美国总统②——曾这样说："专利是在天才的火焰上添加利益的燃料。"国际制药厂协会联盟（the International Federation of Pharmaceutical

---

① 当美国政府宣布有意囤积炭疽病毒抗生素 Cipro 时，拜尔公司主动地向美国政府提供了较大的折扣（以每盒 1.89 美元的价格取代 4.5 美元的药店价）。但是美国政府认为这个折扣还不够大，因为产自印度的"仿制药"的成本低于 20 美分。通过威胁实行强制许可，美国政府得到了额外 50% 的折扣。见 A. Jaffe & J. Lerner（2004），*Innovation and Its Discontents – How Our Broken Patent System Is Endangering Innovation and Progress, and What to do about It*（Princeton University Press, Princeton），p. 17。

② 林肯在 1849 年 5 月 22 日获得了美国第 6469 号专利，专利名为"一个使器皿在浅滩上漂浮的装置"。这项发明由拴在一艘船低于水平线的船壳部分的一些风箱组成。一旦到达浅滩处，装满空气和器皿的风箱就会浮起来。这项发明从来没有进入市场，可能因为额外的重量会增加更加频繁地冲进沙洲的可能性。

Manufacturers Associations）的总干事哈维·巴尔（Harvey Bale）也认为"没有（知识产权），私营企业将不会把数以亿计的美元投资在艾滋病及其他传染性和非传染性疾病的疫苗研发上"[1]。因而制药企业认为，那些批评专利制度（及其他知识产权）的人威胁到今后新创意（不仅仅是药物）的产生，破坏资本主义制度的生产力。

这种论证好像很有道理，但只是半真半假的说法。我们似乎并没有经常要"贿赂"聪明人去发明新东西。尽管重要，但物质激励不是驱使人们产生新创意的唯一手段。在有关艾滋病药物的争论最激烈的时候，英国最高的科学学会皇家学会（Royal Society）的13 位会员在给《金融时报》的一封信中强有力地指出："专利只是促进发现和发明的一种手段。对科学的好奇以及服务人类的愿望，在整个历史发展中起着更为重要的作用。"[2] 即便不能直接从中获得利润，全世界每时每刻都有无数研究在产生出新的创意。政府研究所或大学通常明确地拒绝为它们的发明申请专利。所有这些都表明，大量研究不是由专利垄断所带来的利润驱动的。

这并不是个别现象。大量研究是由非营利组织完成的，即便在美国也是这样。比如，2000 年，美国只有 43% 的药物研究资金来自制药企业自身，29% 来自政府，余下的 28% 来自私人慈善机构和大学。[3] 所以，即便美国未来取消药物专利，全国所有的制药企业关闭其实验室（这可能不会发生），美国仍然保留超过半数的药物研究。稍微削弱专利权——比如要求对穷人或穷国收取更低

---

[1] H. Bale, "Access to Essential Drugs in Poor Countries-Key Issues", http：//ifpma. org/News/SpeechDetail. aspx？nID = 4.

[2] "Strong Global Patent Rules Increase the Cost of Medicines", *The Financial Times*, February 14 2001.

[3] 见美国制药行业协会的网站，http：//www. phrma. org/publications/profileoo/ chap2. phtmJHJgrowth。

的费用，或者在发展中国家实行时效更短的专利保护——不大可能像专利游说者经常说的那样会导致新创意的消失。

而且我们不要忘了只有在一些产业中专利才是重要的——比如制药及化工业、软件、娱乐业等行业，这些行业中的产品复制比较容易。[①] 在其他行业，复制一种新技术并不容易，即使没有专利法律，一项发明也会自动地给发明者带来暂时的技术垄断。这种垄断源于属于发明者的自然优势，比如模仿滞后（吸收新技术需要一段时间）、声誉优势（创新者有时也会是最知名的生产者）、在"向下的学习曲线"上的领先优势（通过经验获得生产力方面的自然提高）。[②] 这种暂时的垄断利润在大多数产业中足以回报创新活动。这在 19 世纪实际上是反对专利的流行观点。[③] 这也是为什么在奥地利出生的美国经济学家约瑟夫·熊彼特（Joseph Schumpeter）在其最著名的创新理论中根本没有突出专利——他相

---

① 比如，在 20 世纪 80 年代中期开展的一项大型调研中有一个问题是向美国公司的首席研发官提出的：如果缺乏专利保护，已研究出来的发明会有多大比例不会出现。在调研的 12 个行业群体中，只有 3 个行业给出的答案是"高"（制药行业是 60%，化工业是 38%，石油业是 25%）；其中有 6 个行业的回答是基本上"没有影响"（办公设备、汽车、橡胶产品和纺织业是 0%，原生金属和设备行业是 1%）；剩下 3 个行业的回答是"低"（机械业是 17%，金属制品行业是 12%，电力设备行业是 11%）。见 E. Mansfield（1986），"Patents and Innovation: An Empirical Study"，*Management Science*，vol. 32，February。在英国和德国开展的很多其他研究证实了这项研究结果，引自 F. Scherer & D. Ross（1990），*Industrial Market Structure and Economic Performance*（Houghton Mifflin Company, Boston），p. 629，note 46。

② 一项基于美国上市公司 650 位高级研发经理的调查研究表明，在维持创新者的优势方面，与"自然优势"相比，专利显得更不重要。见 R. Levin, A., Klevorick, R., Nelson, S. & Winter（1987），"Appropriating the Returns form Industrial Research and Development"，*Brookings Papers on Economic Activity*，1987，no. 3。

③ F. Machlup & E. Penrose（1950），"The Patent Controversy in the Nineteenth Century"，*Journal of Economic History*，vol. 10，no. 1，p. 18。

信技术创新者通过上述机制所能享受到的垄断租金（或者是他所谓的企业家利润）足以作为投资新知识生产的激励。[1] 大多数产业在新知识生产上的确不需要专利和其他知识产权——当然，如果给予这些权利它们会更加开心地利用。认为没有专利就不会有技术进步的观点是胡说八道。

即便在那些很容易复制因而需要专利（以及其他知识产权）的产业，我们也应该在专利持有人（以及版权和商标的持有人）的利益与社会其他人的利益之间取得适当的平衡。一个显然的问题是，根据定义，专利创造了垄断，这将会把成本强加到社会其他人身上。比如，专利持有人可以利用技术垄断去剥削消费者，就像一些人认为微软做的事一样。但这不仅仅是专利持有人与消费者之间的收入分配问题，专利还带来了净社会损失，它允许生产者以低于社会最优的产量获得利润最大化（详见第五章）。而且，由于它是"赢者通吃"的制度，有批评者指出专利制度经常导致竞争者之间的重复研究——这从社会角度看是一种浪费。

倾向于支持专利的论证隐含这样的假设，更多的创新（也就是更高的生产力）所带来的收益可以抵消成本，但是这并不能获得保证。事实上，在 19 世纪的欧洲，由英国青睐自由市场的杂志《经济学家》所领导的富有影响的反专利运动，就认为专利的成本高于收益。[2]

当然，19 世纪反专利的自由主义经济学家是错误的。他们没有认识到，包括专利在内的一些垄断形式可以创造大于成本的收

---

[1]　J. Schumpeter（1987），*Capitalism*，*Socialism and Democracy*，6th edition（Unwin Paperbacks，London）. 根据权威的英国经济思想史专家马克·布劳格（Mark Blaug）所述，熊彼特在其浩瀚的论著中只有少数几次提到过专利。

[2]　有关反专利运动的细节，见 F. Machlup & E. Penrose（1950），"The Patent Controversy in the Nineteenth Century"，*Journal of Economic History*，vol. 10，no. 1.

益。虽然自由市场经济学家经常很乐意提到，幼稚产业保护通过人为地为国内企业创设垄断权而产生低效率。但是，正如我在前面的章节中反复提到的，如果这类保护能提高长期的生产力并能抵消垄断所产生的损失，那么这种保护就是值得的。同样，虽然可能会造成低效和浪费，但由于我们相信通过产生能提高生产力的新创意，专利和其他知识产权的保护所带来的收益会超过成本，因此我们宣传这种保护。但是，承认专利制度会有潜在收益并不等于说没有成本。如果我们设计错误并且给专利持有人过多的保护，这个制度所产生的成本就会大于收益，就像过度的幼稚产业保护一样。

垄断所产生的低效和"赢者通吃"式的竞争既不是专利体系唯一的也不是最重要的问题。最有害的影响是它会阻碍知识流向技术落后的国家，而这些国家需要更好的技术来发展经济。经济发展完全依靠吸收先进的外国技术，任何使其更加困难的事——无论是专利制度还是先进技术出口的禁令——都对经济发展不利。道理就是这么简单。过去，伪善的富国非常清楚这一点，因而它们现在全力阻止穷国获取先进技术。

约翰·劳与第一次技术"军备竞赛"

就像水从高处流向低处，知识也总是从丰裕之处流向稀缺地。一方面，那些更好地吸收流入知识的国家在追赶经济更先进国家的道路上总是更成功。另一方面，那些更好地控制核心知识外流的国家在维持技术领先上总会更长久些。试图获得外国先进知识的落后国家与试图阻止技术外流的先进国家之间的技术"军备竞赛"总是经济发展博弈的核心问题。

18 世纪，现代工业技术的出现使技术"军备竞赛"出现了新形式，这是因为现代工业技术能比传统技术带来更高的生产率增长。
这次新技术竞赛的领先者是英国。英国迅速地成为欧洲乃至世界一 127
流的工业强国，至少有部分原因是都铎王朝和乔治国王所采取的经
济政策（在第二章讨论过）。自然，它不愿放弃先进的技术，为此甚
至设立了一些阻止技术外流的法律壁垒。为了获得先进的英国技术，
当时正在经历工业化的其他欧洲国家和美国只能违反这些法律。

这一次新的技术"军备竞赛"由约翰·劳（John Law，1671—
1729）全面发动。他是传奇的苏格兰财政家和经济学家，他甚至
担任过一年的法国财政部长。劳被其流行传记的作者珍尼特·葛里
森（Janet Gleeson）称为赚钱者（Moneymaker）。[①] 他在很多种意义
上是一个赚钱者。他是一个非常成功的财政家，扼杀了很多货币投
机，建立并合并了大银行和贸易公司，为它们取得皇家特许垄断
权，并以很高的利润出售它们的股份。他的财政计划过于成功，导
致了密西西比泡沫（the Mississippi Bubble）——这次经济泡沫在
规模上是第二章中讨论过的同时期的南海泡沫的 3 倍——摧毁了法 128
国的财政体系。[②] 他也以一名具有不可思议的计算赔率能力的大赌

---

① Janet Gleeson（2000），*The Moneymaker*（Bantam，London）. 关于劳的经济理论
更为学术性也更为系统的讨论，见 A. Murphy（1997），*John Law – Economic
Theorist and Policy-maker*（Clarendon Press，Oxford）。

② 劳出生于苏格兰一个银行世家。1694 年，由于在一场决斗中杀了人，他不得不
逃到欧洲大陆。1716 年，经过多年的游说，他终于获得法国政府的许可去建立
一家发钞银行——通用银行（Banque Générale）。他的主要支持者是路易十四
的外甥杜克·德·奥良公爵（Duc d'Orléans）——当时是路易十四的大孙子、
小国王路易十五的摄政王。1718 年，通用银行变成皇家银行（Banque Royale），
其钞票由国王做担保。同时，劳在 1717 年购买了密西西比公司（the Mississippi
Company）并将其转变为一家联合股份公司。该公司在 1719 年吸收了其他与之
竞争的贸易公司，成为印度永久公司（Compagnie Perpetuelle des Indes），尽管
通常情况下仍称它为密西西比公司。公司在所有的海外贸易上拥有皇家垄断
权。由于劳推出了高调的路易斯安那（法属北美区）安置计划并 （转下页注）

徒而著称。作为一名经济学家，他倡导使用中央银行所支持的纸
币。[①] 通过政府命令把纸变成钱的想法在今天看来是稀松平常的，
但在当时是一个非常激进的主张。那时，大多数人认为只有具有真
正价值的东西才可以充当货币，比如金银。

约翰·劳现在主要被看作在金融上投机取巧制造了密西西比泡
沫的人，实际上他对经济学的理解远远超出了金融业务。他认识到
技术对建立强大经济的重要性。当他在扩张银行业务并制造密西西
比泡沫时，他也从英国招募了数百名技术工人以提升法国
的技术。[②]

（接上页注②）制造了一些夸大其前景的谣言，1719 年夏天开始出现公司股票的投
　　机狂潮。1719 年初到 1720 年初，股价上涨了 30 倍以上。很多人在短时间内赚
　　了非常多的钱——后来大部分人亏了——以至于"百万富翁"的词被创造出来
　　用以描述这些新的巨富。1720 年 1 月，劳甚至当上了法国财政部长。但是经济
　　泡沫很快就破灭了，从而摧毁了法国的财政体系。杜克·德·奥良公爵在 1720
　　年 12 月解雇了劳。他离开了法国，1729 年在威尼斯去世时身无分文。

① 根据杰出的经济史学家查尔斯·金德尔伯格（Charles Kindleberger）所述，劳
　　认为"如果为了生产性贷款而增发银行票据，就业和产出会相应的增加，货币
　　的价值维持不变"。见 Charles Kindleberger（1984），*A Financial History of Western
　　Europe*（George Allen & Unwin，London）。更多细节，见 A. Murphy（1997），
　　John Law – Economic Theorist and Policy-maker（Clarendon Press，Oxford）。

② 根据当时的描述，劳的哥哥威廉姆招募了大约 900 名英国工人——钟表工、纺
　　织工、金属制造业工人及其他工人——安置在凡尔赛 [J. Gleeson（2000），*The
　　Moneymaker*（Bantam，London），p. 121]。历史学家约翰·哈里斯（John Harris）
　　给出了更小的估计："威廉姆大约招募了 70 名钟表工并安置在凡尔赛和巴黎，
　　至少 14 名玻璃工和超过 30 名金属制造业工人移民了。最后一个群体包括锁匠
　　和锉匠、链子工、制梁工以及很重要的铸造工，这些工人都被安置在巴黎的夏
　　悠。其他金属制造业工人和玻璃工被安置在诺曼底、阿夫勒尔和翁弗勒尔。一
　　群毛纺业工人被安置在沙勒瓦勒和劳新近获得的诺曼地产唐卡维尔。上面提到
　　的人肯定没有包括所有的技术工人……通过劳的计划移民引进的工人总数可能
　　超过 150 人……" J. Harris（1991），"Movement of Technology between Britain and
　　Europe in the Eighteenth Century" in D. Jeremy（ed.），*International Technology
　　Transfer – Europe*，*Japan*，*and the USA*，*1700 – 1914*（Edward Elgar，Aldershot）.

那时，招募有技术的工人是获得先进技术的重要途径。即便在今天，也不会有人说工人只是没有脑子的机器人——像查理·卓别林（Charlie Chaplin）在其经典电影《摩登时代》（*Modern Times*）中喧闹却深刻地描绘的那样——重复着相同的工作。工人的所知所能对于企业的生产力意义重大。而且，他们的重要性在早期更加突出，因为他们自己就体现了许多技术。那时的机器还非常原始，所以生产力极度依赖操作机器的技术工人。那时人们对工业运行的科学原理了解甚少，所以技术细则和操作方法无法以通用的方式记录下来。总之，只有技术工人才能使生产平稳进行。

由于被劳及随后普鲁士吸引技术工人的尝试所震惊，英国决定采用一项关于禁止技术工人移民的法律。这项 1719 年引入的法律使得招募技术工人到海外去工作成为非法的——被称为"买通罪"（Suborning）。移居海外的技术工人都被警告要在 6 个月内回国，不遵守者将会失去在英国的土地和财产，而且会被剥夺公民权。该法律中特别提到的行业是毛纺、钢铁、黄铜及其他金属和钟表制造业，但是实际上该法律覆盖了所有行业。①

随着时间的推移，机器变得更加复杂，而且技术含量更高。这意味着获得关键的机械与招募技术工人一样重要，甚至更为重要。英国在 1750 年引入了一项新的法案，禁止出口毛纺业和丝绸业的"工具和用具"（Tools and Utensils）。这项禁令随后扩大和强化到包括棉纺业和亚麻业。1785 年所引入的《工具法案》（Tools Act）

①　更多有关英国禁止技术工人移民的细节，见 D. Jeremy（1977），"Damming the Flood: British Government Efforts to Check the Outflow of Technicians and Machinery, 1780 – 1843", *Business History Review*, vol. LI, no. 1, and J. Harris（1998）, *Industrial Espionage and Technology Transfer – Britain and France in the Eighteenth Century*（Ashgate, Aldershot）, Chapter 18。

禁止许多类机械的出口。[①]

其他想追赶英国的国家明白，它们必须获得这些先进的技术，所采取的方式既包括"合法"的也包括"非法"的（从英国的角度看）。"合法"的手段包括学徒和工厂参观，[②] "非法"的手段则是指欧洲大陆和美国的政府违犯英国法律吸引技术工人。这些政府还经常雇用工业间谍。18世纪50年代，法国政府任命曼彻斯特前纺织技术员和雅各比特的官员约翰·荷尔克（John Holker）作为外国制造业的总督察（Inspector-Genenral of Foreign Manufactures）。除了在纺织技术上指导法国生产者，荷尔克的主要工作就是管理工业间谍并从英国招募技术工人。[③] 那时也有很多机器走私的活动。走私很难侦察，因为那时的机器都很简单，没有多少部件，很快就能把它们拆卸并偷运出去。

通过招募计划、机器走私和工业间谍等手段，技术"军备竞赛"在整个18世纪都在激烈地进行着。但是到了该世纪末，随着"非实体"（Disembodied）知识——也就是说，知识可以从工人和机器中分离出来——变得愈加重要，竞赛的本质发生了根本性的改变。科学的发展意味着许多——尽管不是所有的——知识可以用（科学的）语言记录下来，从而使接受过适当培训的人都可以理

---

① D. Jeremy (1977), "Damming the Flood: British Government Efforts to Check the Outflow of Technicians and Machinery, 1780 – 1843", *Business History Review*, vol. LI, no. 1, and J. Harris (1998), *Industrial Espionage and Technology Transfer – Britain and France in the Eighteenth Century* (Ashgate, Aldershot).

② 当时的技术相对而言还比较简单，因而有一定技术背景的人通过参观工厂可以学到很多知识。

③ J. Harris (1998), D. Landes (1969), *The Unbound Prometheus – Technological Change and Industrial Development in Western Europe from 1750 to the Present* (Cambridge University Press, Cambridge) and K. Bruland (ed.) (1991), *Technology Transfer and Scandinavian Industrialisation* (Berg, New York).

解。一个懂得物理学和机械学原理的工程师对着技术图可以很轻松地复制一台机器。同样，如果可以获得一个化学方程，受过训练的化学家也能轻松地复制一种药物。

130

　　与体现在技术工人或真实机器上的知识相比，非实体知识更难保护。一旦一个创意用通用的科学和工程语言写下来了，要复制它就非常简单。当你招募一个有技术的外国工人时，要面临各种个人的和文化的问题。当你进口一部机器时，可能会因为你对机器的操作了解不多而无法获得最大化的产出。随着非实体知识变得日益重要，保护创意本身比保护工人或机器更为重要。结果，英国有关禁止技术工人移民的法律在 1825 年被废除，而有关机器出口的禁令也在 1842 年被终止。相应地，专利法成为管理创意流动的重要手段。

　　第一个专利制度出现于 1474 年的威尼斯，它授予"新艺术和机器"的发明者 10 年特权。专利制度也被 16 世纪德国的一些州和 17 世纪的英国偶尔使用。[①] 自那以后，随着非实体知识越来越重要，专利制度在 18 世纪末被许多国家采用，法国在 1791 年、美国在 1793 年、奥地利在 1794 年分别开始制定各自的专利法。在法国专利法出台后的半个世纪内，大多数现在的富国制定了各自的专利法。[②] 19 世纪的后半叶，大多数现在的富国使用了其他知识产权法律，比如版权法（最早是英国于 1709 年引入）和商标法（最早是

---

① 英国专利法以《垄断法》的方式形成于 1623 年，虽然一些人认为直到 1852 年的改革，它才真正称得上是一部"专利法"。见 C. McLeod（1988），*Inventing the Industrial Revolution：the English Patent System，1660 - 1800*（Cambridge University Press，Cambridge）。

② 俄罗斯（1812 年）、普鲁士（1815 年）、比利时和荷兰（1817 年）、西班牙（1820 年）、巴伐利亚（1825 年）、撒丁岛（1826 年）、梵蒂冈（1833 年）、瑞典（1834 年）、乌腾堡（1836 年）、葡萄牙（1837 年）、萨克森（1843 年）制定了各自的专利法。见 E. Penrose（1951），*The Economics of the International Patent System*（The Johns Hopkins Press，Baltimore），p. 13。

英国于 1862 年引入）。不久，出现了有关知识产权的国际协议，如关于专利和商标的《巴黎公约》（1883 年）① 和关于版权的《伯尔尼公约》（1886 年）。但是，这些国际协议并没有终结"非法"手段在技术"军备竞赛"中的使用。

律师介入

1905 年被称为现代物理学的"奇迹年"。在这一年，阿尔伯特·爱因斯坦发表了三篇改变物理学进程的论文。② 很有趣的是，当时爱因斯坦并不是一名物理学教授，而是瑞士专利事务所一名小小的专利办事员，这也是他得到的第一份工作。③

如果爱因斯坦是一名化学家而不是物理学家，他的第一份工作就不可能是在瑞士专利事务所。因为，在 1907 年之前瑞士还没有对化学上的发明授予专利。④ 事实上，在 1888 年之前瑞士一直没有任何专利法，它在 1888 年设立的专利法也只保护"能以机械模型展示的发明"。这种条款自然排除了化学上的发明——那时，瑞士正从当时的世界领先者德国那里"借用"大量的化学和制药技

---

① 《巴黎公约》最初的签字国有 11 个：比利时、巴西、法国、危地马拉、意大利、荷兰、葡萄牙、萨尔瓦多、塞尔维亚、西班牙和瑞士。该公约将商标包括在内使无专利的瑞士和荷兰同意签署。《巴黎公约》在 1884 年生效之前，英国、厄瓜多尔和突尼斯宣布加入，使创始国增加到 14 个。随后，厄瓜多尔、萨尔瓦多和危地马拉退出了公约，直到 20 世纪 90 年代才重新加入。信息来自世界知识产权组织（WIPO）网页，http://www.wipo.int/about-ip/en/iprm/pdf/ch5.pdfJHJparis。

② 这三篇论文是关于布朗运动、光电效应和最为重要的狭义相对论的。

③ 直到他获得博士学位 6 年后，即 1911 年，他才成为苏黎世大学的一名物理学教授。

④ 有关瑞士专利体系的细节，见 Schiff（1971），*Industrialisation without National Patents – the Netherlands，1869 – 1912 and Switzerland，1850 – 1907*（Princeton University Press，Princeton）。

术，因而授予化学方面的专利不符合瑞士当时的利益。

直到 1907 年德国威胁实施贸易制裁时，瑞士才决定将专利保护延伸到化学方面的发明。然而，即便这项新的专利法对化学技术的保护也没有达到如今 TRIPS 的程度。像当时很多国家一样，瑞士拒绝给化学物质（相对于化学过程）授予专利。理由是这些物质不像机械发明，它们已经存在于自然界，"发明者"只是找到了一种分解的方法，而没有发明该物质本身。1978 年之前，瑞士一直没有对化学物质实行专利保护。

瑞士并不是当时没有专利法的唯一国家。荷兰在 1869 年事实上废除了它在 1817 年发布的专利法，之后直到 1912 年才重新引入专利法。荷兰废除专利法并没有受到前面提到过的反专利运动的影响——它只是认识到专利人为地创造了垄断，因而与其自由贸易原则相违背。① 利用专利法的缺失，如今家喻户晓的荷兰电子企业飞利浦（Philips）在 1891 年就是基于从美国发明者托马斯·爱迪生那里"借用"的专利开始生产灯泡。②

瑞士和荷兰可能是比较极端的例子。但是在整个 19 世纪，当今富国的知识产权制度不利于保护外国的知识产权。其中部分原因在于早期的专利法在确认专利原产地时一般都不严谨。比如，美国在 1836 年彻底修改其专利法之前，专利授予根本无须任何原产地证明；这鼓励了一些人把已在使用的发明申请专利（"假专利"），

132

---

① 而且，即使以当时的标准，荷兰 1817 年的专利法也是有很大缺陷的。荷兰不要求公开专利的细节，允许对进口的发明授予专利，使获得外国专利的发明在国内无效，也不惩罚使用未许可的专利产品的行为，只要是为了自己的业务。见 Schiff（1971），*Industrialisation without National Patents – the Netherlands，1869 – 1912 and Switzerland，1850 – 1907*（Princeton University Press，Princeton），pp. 19 – 20。

② 虽然爱迪生做出了重要贡献，但一般认为，钨丝灯泡不是他一个人发明的。然而，他拥有全部的专利。

然后以控告侵害专利权相威胁向它们的使用者索要费用。① 但是，缺乏对外国知识产权的保护通常也是故意的。包括英国、荷兰、奥地利、法国和美国在内的大多数国家明确允许对**进口的发明**申请专利。当皮特·杜兰特（Peter Durand）于 1810 年利用法国人尼古拉斯·阿培尔（Nicolas Appert）的发明在英国获得一项罐头技术的专利时，申请书上清楚地写着这是"某个外国人传授给我的发明"，这之后成了根据外国人的发明获得专利所使用的通用条款。②

　　"借用"创意还不仅限于可以获得专利的发明创造。19 世纪还有很多的冒牌商标——就像之后的日本、韩国、中国台湾地区等所出现的一样。1862 年英国修改了它的《商标法》（Merchandise Mark Act），其目的就是阻止外国人，尤其是德国人，制造假冒的英国产品。修改后的法律要求制造商将生产产品的地方或国家的标识作为必要的"商品说明"的一部分。③

　　然而，该法律低估了德国人的聪明才智——德国企业用一些迁

① 根据高家龙（Cochran）和米勒（Miller）的描述，事实上，1820～1830 年，美国每年产生 535 件专利，而英国只有 145 件，其中主要原因就是在"斟酌"上的区别。见 T. Cochran & W. Miller（1942），*The Age of Enterprise：A Social History of Industrial America*（New York，The Macmillan Company）。与之相反，索科罗夫（Sokoloff）和卡汉（Khan）认为，应该感谢有一个"好的"专利体系，使美国直到 1810 年在人均专利量上都远远超出英国。见 K. Sokoloff & Z. Khan（2000），"Intellectual Property Institutions in the United States：Early Development and Comparative Perspective"，prepared for World Bank Summer Research Workshop on Market Institutions，July 17－19，Washington，DC。事实可能介于两者之间。
② 杜兰特在其 1811 年的油灯专利上也做了相同的陈述。见 S. Shephard（2000），*Pickled，Potted & Canned － How the Preservation of Food Changed Civilization*（Headline，London），p. 228。
③ 根据该法案，"出售海外制造的产品，如果缺乏指明真实原产地的词语，以任何词语或标志使购买者以为它是英国产的，都属于刑事犯罪"。见 E. Williams（1896），*Made in Germany*（William Henenamm，London），p. 137。使用的版本是由奥斯滕·阿尔布（Austen Albu）作序的 1973 年版。

回的策略解决了问题。① 比如，它们把说明原产国的标识放在包裹上而不是单件商品上，一旦除去包裹，消费者就不能识别产品的原产国了。这种技巧据说在进口手表和钢锉中使用尤为普遍。另外，德国厂商也会把一些商品（如钢琴和自行车等）的部件运输到英国，然后在英国组装，再到他国出售。或者它们会把说明原产国的标识放在实际上看不到的地方。19 世纪英国的记者恩斯特·威廉姆斯（Ernest Williams）写了一本反映德国假货的书——《德国制造》（*Made in Germany*），书中记录了"一家向英国出口大量缝纫机的德国企业，在其产品上引人注目地标上'胜家'（Singer）和'北不列颠缝纫机厂'（North-British Sewing Machines），把'德国制造'的标识用小写的方式置于缝纫机踏板之下。没有几个缝纫师会把机器翻过来然后读到这个说明"②。

版权也经常被侵犯。虽然美国现在非常热衷于版权保护，但在 1790 年的版权法中拒绝保护外国人的版权。它在 1891 年才签署国际版权协议（1886 年的《伯尔尼公约》）。当时，美国是版权材料的净进口国，因而享受到了保护美国读者的利益。20 世纪（直到 1988 年），美国也没有认可在外国印刷的材料的版权。

历史事实很清楚地表明，冒牌商品不是现代亚洲的发明。当富国在知识方面处于落后地位时，这些国家乐意侵犯其他人的专利、商标和版权。瑞士"借用"德国的化学发明，同时德国"借用"英国的商标，美国"借用"英国的版权材料，这些国家都没有支付现在所说的"公正的"补偿。

尽管有这样一段历史，伪善的富国通过 TRIPS 和一系列双边

---

① E. Williams（1896），*Made in Germany*（William Henemann, London），p. 138.

② E. Williams（1896），*Made in Germany*（William Henemann, London），p. 138.

自由贸易协定强迫发展中国家以史无前例的强度加强知识产权保护。它们认为越强的知识产权保护，将会鼓励越多的新知识生产，并会惠及每个人，包括发展中国家。但这是真的吗？

使米老鼠更长寿

1998 年，美国《版权保护期延长法》（Copyright Term Extension Act）将版权的保护期从"作者的寿命加 50 年，或者法人作者的作品为 75 年"（1976 年的规定）延长到"作者的寿命加 70 年，或法人作者的作品为 95 年"。从历史上说，这是自 1790 年版权法颁布以来，版权保护期限最不可思议的一次延长；版权法（1790 年）最初规定的保护期限仅为 14 年（可延长另一个 14 年）。

1998 年的这部法律被贬称为"米老鼠保护法"，因为那年迪士尼正期待着米老鼠的 75 周岁生日，米老鼠这一动画人物产生于 1928 年的动画片《蒸汽船威利》（*Steamboat Willie*），迪士尼为此带头游说并争取延长它的保护期。尤为引人注目的是它能**溯及既往**（Retrospectively）。大家都能明白，延长现有作品的保护期绝不会创造新知识。①

保护期的延长还不仅限于版权。借口需要弥补食品药品管理局（Food and Drugs Administration，FDA）药品审批过程的拖延或需要保护数据，美国制药行业已经成功地游说将药品的已有专利再延长 8 年。由于美国像版权这样的专利过去只有 14 年保护期，制药企业的举动意味着它们成功地将其发明专利期限延长了 1 倍。

---

① 著名的商务经济学家约翰·凯（John Kay）在一篇讽刺弗吉尼亚·伍尔夫及其游记文学代理商的特别报道中机智地指出了这一点。见 J. Kay（2002），"Copyright Law's Duty to Creativity"，*The Financial Times*，October 23 2002。

　　事实上不仅是美国延长了知识产权保护的期限。19 世纪中后期（1850～1875 年），60 个国家的专利的平均期限是 13 年左右。到 1900～1975 年，这个期限已延长到 16～17 年。美国又带头进一步加大和巩固了这种延长的趋势。通过世界贸易组织的 TRIPS，20 年已经成为专利保护的"世界标准"——60 个国家的专利的平均期限在 2004 年是 19 年。① 除了 TRIPS，美国政府通过双边自由贸易协定扩大知识产权保护期限延长的适用范围。我知道，没有哪一种经济理论认为从社会角度来看，20 年的专利保护期优于 13 年或 16 年；但是，显然期限越长，对专利持有人就越有利。

　　由于知识产权保护涉及垄断（以及社会成本），延长保护期限肯定会增加这些成本。延长期限——与其他强化知识产权保护的措施一样——意味着社会要为新知识付出更多资金。当然，如果延长保护期限会产生更多的新知识（通过强化对创新的激励），那么这些成本的增加也是可以理解的，但是没有证据表明这种情况会出现——至少，产生的新知识不足以弥补延长保护期限所增加的成本。因而，我们需要仔细审视现在的知识产权保护期限是否合理，如果必要是否需要缩短。

135

密封的无皮三明治和姜黄

　　知识产权保护法律背后的基本假设是，允许保护的新创意是值得保护的。这就是为什么所有类似的法律都要求创意具有原创性

---

① A. Jaffe & J. Lerner（2004），*Innovation and Its Discontents – How Our Broken Patent System Is Endangering Innovation and Progress, and What to do about It*（Princeton University Press, Princeton），p. 94. 当时专利的平均期限不是 20 年，是因为还有许多穷国没有完全遵守 TRIPS。

（技术术语是"新颖性"和"非显而易见性"）。在抽象含义上这是无可置疑的，但在实践中很困难，至少可能因为投资者的游说而降低原创性的标准。

比如，在讨论瑞士专利法历史时我已提到过，许多人认为化学物质（相对于化学方法）是不值得专利保护的，因为那些提取出的化学物质并没有什么真正的原创性。出于这个原因，大多数富国（如德国、法国、瑞士、日本和北欧国家）在 20 世纪 60 ~ 70 年代之前不会为化学和（或）医药的物质授予专利。直到 20 世纪 90 年代初，医药产品在西班牙和加拿大都没有专利。[①] 在 TRIPS 之前，大多数发展中国家也不给医药产品授予专利。[②] 大多数国家是从来就没授予过这类专利；另外，像巴西和印度这样的国家是废除了以前实行过的医药产品专利（在巴西还包括化学方法的专利）。[③]

即使对于一些没有异议领域的专利，也缺乏明显的方法判断它们是否的确是一项发明。比如，当托马斯·杰斐逊担任美国专利专员时——这非常具有讽刺性，因为他反对专利（之后更加反对），

---

① 化学（包括医药）物质不受专利保护，这种做法在西德直到 1967 年才废止，北欧国家在 1968 年废止这种做法，日本在 1976 年废止这种做法，瑞士在 1978 年废止这种做法，西班牙在 1992 年废止这种做法。医药产品不受专利保护的做法在法国直到 1959 年才废止，意大利是 1979 年，西班牙是 1992 年。信息出自 S. Patel (1989), "Intellectual Property Rights in the Uruguay Round – A Disaster for the South?", *Economic and Political Weekly*, 6 May 1989, p. 980, and G. Dutfield & U. Suthersanen (2004), " Harmonisation or Differentiation in Intellectual Property Protection? – The Lessons of History", Occasional Paper 15 (Quaker United Nations Office, Geneva), pp. 5 – 6。

② 由于 TRIPS，发展中国家被迫引入医药产品的专利，最穷的国家最迟在 2013 年引入。当 TRIPS 在 1995 年生效时，要求发展中国家在 2001 年开始遵守它。起初要求最穷的国家（the Least Developed Countries）在 2006 年实行，后来延长到 2013 年。

③ G. Dutfield & U. Suthersanen (2004), " Harmonisation or Differentiation in Intellectual Property Protection? – The Lessons of History", Occasional Paper 15 (Quaker United Nations Office, Geneva), p. 6.

但担任专利专员是出于国务卿的职责——他在以最微不足道的借口拒绝专利申请方面做得非常好。在他辞去国务卿职位因而不再担任专利专员之后，据说每年授予的专利数量增长了 3 倍。这当然不是因为美国在发明能力上突然提高了 3 倍。

　　自 20 世纪 80 年代以来，专利的原创性标准在美国已显著降低。在一本关于美国专利制度现状的书中，亚当·贾夫（Adam Jaffe）和乔希·勒纳（Josh Lerner）两位教授指出，已有太多专利被授予一些非常显而易见的东西。比如，亚马逊公司（Amazon. com）的网上购物"点击"（one click）、司马克食品公司（Smuckers）的"密封的无皮三明治"（sealed crustless sandwiches），以及甚至像"面包变新鲜的方法"（实质上是烤旧的面包）或"在一个秋千上摇摆的方法"（显然是由一位 5 岁小孩"发明"的）这样的专利。[1] 在前两个例子中，专利持有人甚至利用他们的权利将将竞争对手告上法院——前者是针对 barnesandnoble. com，而后者是针对一家叫阿尔比食品（Albie's Food）的密歇根小餐饮公司。[2] 虽然这些事例比较荒诞，但它们反映了一种普遍的趋势，"对新颖性和非显而易见性的检验已经很难操作，而这两个标准本来是用于确定授予垄断权的专利是否真正具有原创性"[3]。这导致贾夫和勒纳所说的"专利爆炸"。他们记录了专利制度的变化：1930～1982 年美国专利授予数量年增长率是 1%，之后美国专利制度开始放宽，1983～2002 年美国专利

① A. Jaffe & J. Lerner（2004），*Innovation and Its Discontents – How Our Broken Patent System Is Endangering Innovation and Progress, and What to do about It*（Princeton University Press, Princeton），pp. 25 – 26, 34, 74 – 75.

② 两件案件最后都是庭外和解。

③ A. Jaffe & J. Lerner（2004），*Innovation and Its Discontents – How Our Broken Patent System Is Endangering Innovation and Progress, and What to do about It*（Princeton University Press, Princeton），pp. 34 – 35.

授予数量的年增长率是 5.7% ，此时专利授予更加自由了。① 这种增长肯定不是由于美国人创造性的突然爆发！②

但其他国家为什么要关心美国是否许可愚蠢的专利呢？它们的确应该关心，因为新的美国体系已经鼓励了"偷窃"其他国家尤其是发展中国家一些已熟知却没有合法保护的知识，因为这些国家在很长时间里对这些知识太熟悉了以至于疏于保护。这就是对"传统知识"的盗窃。最好的事例是 1995 年将姜黄（turmeric）的医药使用专利授予两位密西西比大学的印度裔研究人员。姜黄具有使伤口愈合的功能，这在印度是数千年来一直为人知晓的。由于来自新德里的农业研究委员会（Council for Agriculture Research）向美国法院提出了严重抗议，该专利才被取消。如果是一个又小又穷的发展中国家，缺乏印度赢得抗争所具有的人力和财力资源，这项专利也许仍然会存在。

尽管这些事例富有震撼性，但降低原创性标准所造成的后果还不是知识产权制度失衡的最大问题。最严苛的是知识产权制度已经成为技术创新的障碍，而不是激励手段。

连锁专利的暴政

艾萨克·牛顿爵士曾说过这样一句名言："如果说我看得比别

---

① A. Jaffe & J. Lerner (2004), *Innovation and Its Discontents — How Our Broken Patent System Is Endangering Innovation and Progress, and What to do about It* (Princeton University Press, Princeton), p. 12.

② 两位教授也列出了美国专利诉讼的数量，到 20 世纪 80 年代中期为止每年大约 1000 件，但是现在每年超过 2500 件。见 A. Jaffe & J. Lerner (2004), *Innovation and Its Discontents — How Our Broken Patent System Is Endangering Innovation and Progress, and What to do about It* (Princeton University Press, Princeton), p. 14, figure 1.2。由于专利诉讼费都很高，因而这意味着资源正从产生新创意转向捍卫已有的创意上。

人更远些，那是因为我站在巨人的肩膀上。"① 他意指创意是以累积的方式发展的。在早期有关专利的争论中，一些人用这句话作为反对专利的论点——当新的创意来自许多人的智识贡献时，怎么能说推动了"最后一步"产生出发明的人应该获得所有荣耀以及利润呢？托马斯·杰斐逊正是在这种意义上反对专利的。他认为创意就"像空气"，因而不能被拥有（虽然他不认为拥有"人"存在什么问题——他自己就拥有许多奴隶）。②

问题来自专利制度的本质。创意是产生新创意的最重要投入品。但是如果其他人拥有了你发展自己的新创意所需要的创意，如果没有付费你就不能使用它们，这就使新创意的产生变得昂贵。而且更糟糕的是，你还可能冒着被竞争对手起诉的风险——说你侵犯了他们的专利，因为他们拥有与你的创意密切相关的专利。这类诉讼不仅浪费你的时间，还会使你无法进一步发展争论中的技术。在这种意义上，专利制度成为技术发展的障碍，而不是激励手段。

事实上，在美国的缝纫机（出现于 19 世纪中期）、飞机（出现于 20 世纪初）和半导体（出现于 20 世纪中期）等产业领域，专利侵权诉讼一直是技术进步的主要障碍。缝纫机产业（胜家及其他几家企业）用一种非常明智的方式解决了这个问题——采用"专利库"（a Patent Pool），涉及交叉专利的公司相互许可所有相关的专利。在飞机产业（怀特兄弟公司对格伦·寇蒂斯公司）和半导体产业（德州仪器公司对仙童公司）中，相关企业

138

---

① 写给罗伯特·胡克的一封信，时间是 1676 年 2 月 5 日。

② 因而，杰斐逊对应该和不应该拥有什么的观点正好与现在相反——他认为拥有其他"人"没有什么问题，但是他认为通过所谓的专利，由政府人为地设立垄断权而拥有"创意"是很荒谬的。

就未能达成妥协，所以美国政府介入，强制性地设立了"专利库"。没有政府强制设立的"专利库"，这些产业无法取得今天的技术进步。

不幸的是，连锁专利（Interlocking Patents）的问题越来越严重。越来越多细分领域的知识都已获得了专利，细到人们的基因层面，因而不断增加的专利风险成为技术进步的障碍。有关"金大米"的争论很好地揭示了这一点。

2000 年，由英格·包崔克斯（Ingo Potrykus，来自瑞士）和彼特·贝尔（Peter Beyer，来自德国）所领导的一个科学家团队宣布了一项用额外的 β 胡萝卜素（消化后变成维生素 A）生产转基因大米的新技术。由于 β 胡萝卜素的自然色是金色，这种大米也就有了金色，因而得到"金大米"的名称。它被称为"金大米"的另一个原因是，这种大米能给以大米为主食的穷国的人提供重要的营养价值。① 大米在营养上利用价值非常高，因为同样的土地，生产的大米能比小麦养活更多人。但是大米缺乏一种重要的营养——维生素 A。以大米为主食的国家中的穷人，除了大米，很少吃其他食物，因而容易得维生素 A 缺乏症（Vitamin A Deficiency，VAD）。21 世纪初，估计有 118 个非洲和亚洲国家的 1.24 亿人受维生素 A 缺乏症影响。由于这种病症，每年有一两百万人死亡，50 万人左右永久失明，数以百万计的人患有微弱眼科疾病和干眼症。②

2001 年，由于将技术出售给跨国医药和生物技术企业先正达[Syngenta，当时还是阿斯利康（AstraZeneca）]，包崔克斯和贝尔

---

① 尤其，由拥有了技术的先正达在 2005 年开发的"金大米 2"所带来的利润更大。"金大米 2"所产生的 β 胡萝卜素是最初的"金大米"的 23 倍。

② http：//en. wikipedia. org/wiki/Golden_ rice. Xerophthalmia 是希腊语中的"干眼"，它是一种眼结膜的炎症，出现不正常的干涩和皱纹（《牛津英语词典》）。

的做法引发了一场争论。① 因为之前通过欧盟对研究提供了间接资助，先正达对该项技术已拥有了部分权利。考虑到信誉，两位科学家与先正达进行了艰苦的谈判，以允许每年从"金大米"中赚钱少于 1 万美元的农民可以免费地使用该项技术。即便如此，一些人还是认为将如此有价值的"公共产品"出售给一个营利性的企业，是不可接受的。

在回应这些批评时，包崔克斯和贝尔说他们必须把技术出售给先正达，因为要运用他们的技术必须通过谈判获得其他专利技术的许可，而这非常困难。作为科学家，他们认为自己不具有必要的资源和技巧去谈判获得属于 32 家不同企业和大学的 70 项相关专利。批评者反驳说他们夸大了困难。这些批评者指出在"金大米"能带来最大收益的国家，真正相关的专利只有十几种。

但问题依然存在。由个别科学家在实验室里推进某项技术的时代已经过去了。现在你需要许多律师去磋商解决连锁专利的危险问题。除非我们找到一种解决连锁专利问题的办法，否则专利制度就真的成了技术进步的主要障碍，而不是激励手段。

苛刻的规则与发展中国家

知识产权制度的变化是增加了成本，减少了收益。降低原创性标准以及延长专利（和其他知识产权）的保护期限，意味着我们事实上得为每项专利支付更多的钱，而它们的质量却比以往更低。富国政府和企业在态度上的改变，也使为了公共利益而限制专利持

---

① 关于金大米的争论，见国际农业促进基金会（RAFI）《RAFI 公报》，2000 年 9/10 月，第 66 号。也见包崔克斯自己写的《"金大米"的故事》，http: // www. biotech - info. net/GR_ tale. html + golden + rice&hl = ko&gl = kr&ct = clnk&cd =4。

有人的商业利益更加困难，这在艾滋病的例子中可以看到。越来越多的细微知识获得专利恶化了连锁专利问题，阻碍了技术进步。

这些负面影响在发展中国家更加严重。富国（尤其是美国）降低原创性标准使从发展中国家盗窃已有的传统知识更加容易。很多必需的药品变得更加昂贵，因为发展中国家不再准许制造（进口）复制药，而它们相对于富国医药企业的政治软弱性又限制了它们使用公共利益条款的能力。

但是坦率地说，最大的问题在于新的知识产权制度已经使经济发展变得更加困难。当富国掌握了 97% 的专利和绝大多数版权及商标时，强化知识产权持有者的权利意味着，发展中国家获得知识的成本变得越来越高。世界银行估计，随着 TRIPS 的通过，仅仅技术许可费用一项的增加就要发展中国家每年额外付出 450 亿美元，这接近富国总的外国援助支出的一半（2004 年和 2005 年每年的援助是 930 亿美元）。① 虽然很难量化这些影响，但强化版权将大幅增加教育成本，尤其是增加使用专业和先进的外国书本的高等教育的成本。

这还不是全部。如果遵循 TRIPS，每个发展中国家需要耗费巨资来建立并执行一种新的知识产权体系。该体系自身无法运行，执行版权和商标的有关规定都需要很多检查员，专利事务所需要科学家和工程师来处理专利申请，而法院需要律师协助处理纠纷。培养和雇用这些人员都需要耗费金钱。在一个只有有限资源的世界里，培养更多的专利律师或雇用更多的检查员以减少盗版光碟的数量，意味着培养更少的医生和教师，雇用更少的护士或警察。显然，这

---

① 关于知识产权费用的数据出自 M. Wolf（2004），*Why Globalisation Works*（Yale University Press, New Haven），p. 127。对外援助数据出自 OECD。

些专业人才是发展中国家更加需要的。

可怜的是，虽然要付出更多的技术许可费用并承担落实新的知识产权体系的额外开支，发展中国家却得不到任何回报。当富国强化它们的知识产权保护时，即便它的收益不足以弥补强化保护所带来的成本增加额，它们也至少还可以期望得到更多的创新成果。相反，大多数发展中国家不具备开展研究的能力。虽然完善了开展研究的激励手段，但没有人能利用它们。就像第三章涉及我的儿子真奎的故事一样，如果不具备能力，激励是毫无用处的。这是为什么连英国著名的财经记者、自视为全球化的捍卫者（虽然他也完全意识到了全球化的问题和局限性）的马丁·沃尔夫（Martin Wolf）都将知识产权描述为面向众多发展中国家的"租金提取手段"，"对这些国家教育人民（版权受限）、改变设计以适合它们的使用（版权受限）以及应对公共卫生的严重挑战的能力，都带有潜在的破坏性后果"[1]。

我一直强调，经济发展的基础在于获得更富生产力的知识。对知识产权的国际保护越强，追赶型国家就越难获得新知识。这就是为什么历史上当一个国家需要进口知识时它不会很好地保护外国人的知识产权。如果知识像水一样往下流，如今的知识产权制度就像大坝一样，可能会把鱼米之乡变成技术的不毛之地。这种情形非常值得关注。

取得恰当的平衡

当我在课堂上批评现有的知识产权制度时，经常会被问到的一个

---

[1]　M. Wolf (2004), *Why Globalisation Works* (Yale University Press, New Haven), p. 217.

问题是："既然你这么反对知识产权，你会允许其他人剽窃你的研究论文并以他自己的名义发表吗？"这是流行于知识产权辩论中的简单思维的表现。批评如今的知识产权制度并不等同于赞同完全废除它。

我没有说，我们应该废除专利、版权或商标。它们在一些方面能起到积极作用。但事实是，一定程度的知识产权保护是有益的，甚至是必要的，可这并不意味着越多越好。用盐来打个比方可能有助于把这种观点解释得更清楚。一定量的盐是我们生存所必需的。虽然多一些盐不会损害我们的健康，但会破坏饮食的口感。而且，超过了一定的量，盐对我们健康的损害会超过我们从更咸的食物中得到的收益。知识产权保护也是一样的。一些最低限度的保护对于知识创造的激励是必要的，稍微增加一些保护所带来的收益也可能会大于成本。但过多的保护就会导致成本大于收益，从而损害经济发展。

所以，真正的问题不在于抽象地讨论知识产权保护是好还是坏，而在于如何获得一种平衡，一方面需要鼓励人们去创造新知识，另一方面也需要确保垄断带来的成本不会超过新知识所带来的收益。为了做到这一点，我们需要降低现行的知识产权保护程度——通过缩短保护期限、提高原创性标准以及更加容易地实行强制性许可和平行进口的方式实现。

如果更弱的保护导致对潜在发明者的激励不足，公共部门可以介入。可以由公共机构直接完成研究——国家的（比如美国的国家卫生研究院）或国际的（比如培育出许多水稻种子倡导"绿色革命"的国际水稻研究所）。也可以通过附带公众可以享用最终产品的条件，向私营企业提供定向的研发补贴。① 国家层面和国际层

---

① 约瑟夫·斯蒂格利茨建议，可以设立一种公共基金来确保对特别有价值的发明的收购，比如一些救命药。见 J. Stiglitz (2006), *Making Globalization Work – The Next Steps to Global Justice* (Allen Lane, London), p. 124.

面的公共部门一直在从事相关的业务，因而这些方式并不激进，只
是需要增加并重新引导已有的工作。

总之，国际知识产权制度应该以这样一种方式进行改革，通过
允许发展中国家以一种合理的成本获得新的技术知识，帮助它们成
为更富生产力的国家。发展中国家应该允许采取保护程度更弱的知
识产权制度——更短的专利期限、更低的许可费用（可以根据它
们的支付能力确定）或更加容易实行的强制许可和平行进口。①

最后但并非最不重要的是，我们不仅应该使发展中国家更容易获
得技术，还应该帮助它们发展使用和开发具有更高生产力水平的技术
的能力。为了达到这个目的，我们可以对专利特许权征收一种国际税，
利用这些税为发展中国家提供技术支持。这一条款也可以稍加修改应
用于国际版权制度中，使发展中国家可以更加容易地获得专业书籍。②

143

---

① 允许更加容易地进行平行进口可能会导致便宜的复制药从发展中国家回流到发
　达国家，但对此可以有很多方式控制；复制药可以用不同于原创产品的形状和
　大小来生产，可以在原创产品的包装上植入特别的防伪芯片，以此区别于复制
　药。关于这样问题的详细讨论，见 H-J. Chang（2001），"Intellectual Property
　Rights and Economic Development – Historical Lessons and Emerging Issues"，*Journal
　of Human Development*，2001，vol. 2，no. 2。文章重印在 H-J. Chang（2003），
　Globalization，*Economic Development and The Role of the State*（Zed Press，London）。
② 根据我在序言中所描述的使用盗版书的经历，获得专业书籍对于提高发展中国
　家的生产能力非常关键。应该鼓励富国的出版商允许发展中国家便宜地复制专
　业书籍——这些出版商并不会失去太多，因为这些书对发展中国家的消费者来
　说实在是太昂贵了。我们应该设立一个特别的国际基金以补贴发展中国家的图
　书馆、研究机构和学生购买专业书籍的支出。类似的观点也可以应用到富国对
　待来自发展中国家的假冒商品的态度上——它们有点歇斯底里。正如我在序言
　中所指出的，发展中国家购买这些假冒产品的人（包括在那里购物的旅游者）
　买不起真品。所以，只要不走私到富国，只要不以真品出售（很少发生），原
　产的厂商在假冒商品上很少会有真正的收入损失。人们甚至可以认为这是发展
　中国家的消费者在给原产厂商做免费广告。尤其在高速发展的经济体，今天的
　假冒产品消费者就会是明天的真品消费者。许多在 20 世纪 70 年代经常购买假
　冒奢侈品的韩国人现在正在购买真品。

像其他各种制度一样，知识产权（专利、版权和商标）可能有益，也可能无益，这取决于如何设计它们以及将它们应用于何处。我们面临的挑战并不是在完全取消知识产权和将知识产权强化到极点之间做出抉择，而是在知识产权持有人的利益与社会利益（也可能是世界利益）之间取得一种适当的平衡。只有取得了适当的平衡，知识产权制度才能服务于设立之初所要达到的目的——以最低的社会成本鼓励新创意的产生。

第七章　不可能完成的使命？

——财政审慎是否走得太远？

看过大片《碟中谍Ⅲ》（*Mission Impossible Ⅲ*）的很多人一定会对上海印象深刻，那是中国经济奇迹的中心。观众肯定也会记得最后疯狂追逐的一幕，这一幕安排在古老且破旧的滨江居住区，那个地区好像还停留在 20 世纪 20 年代。郊区与市中心的摩天大楼之间的对照象征着不平等及其带来的不满的挑战。

一些看过《碟中谍》前面几部作品的人可能还会有些好奇。在该系列电影的一开始，我们被告知缩写字母 IMF 的意思是电影的主要角色伊森·亨特（汤姆·克鲁斯）要为可怕的情报机构所完成的工作，被称为"完成不可能使命的小组"（Impossible Mission Force）。

真实的 IMF——国际货币基金组织——可能不会派秘密人员去炸毁建筑物或刺杀不满意的人，但是它也使发展中国家感到害怕，因为它对这些国家起着守门员的作用，控制着这些国家进入国际金融市场的大门。

当发展中国家面临国际收支的危机时，它们通常所做的就是与 IMF 签署一份协议，这是至关重要的。IMF 自己所能借出的资金非常有限，因为它自己并没有多少资金。更为重要的是协议本身。这被看作一份保证书，发展中国家将修正其"挥霍无度"的方式

145 并采纳一系列"好"政策，这些政策能确保它们今后具备偿还债务的能力。只有签署了这样一份协议，其他潜在的贷款者——世界银行、富国政府和私人借贷者——才会同意继续向发展中国家提供资金。与 IMF 签署的协议涉及采纳广泛（实际上是日益广泛，正如我在第一章中讨论的那样）经济政策——从贸易自由化到新的公司法——的条件。但最重要也最令人害怕的是 IMF 有关宏观经济政策方面的条件。

宏观经济政策——货币政策和财政政策——是旨在改变总体经济（区别于由单个经济主体的行为所组成的总和）行为的政策。①一种反直觉的观点认为总体经济的行为与各个部分之和的行为有所区别，这种反直觉观点的提出者是著名的剑桥经济学家约翰·梅纳德·凯恩斯（John Maynard Keynes）。凯恩斯认为，对个体主体是理性的（行为），可能对总体经济而言却不是理性的。比如，在经济下行期，企业看到自己产品的需求在下降，与此同时，工人面对过剩和工资削减的可能。在这种情况下，减少开支对个别企业和工人而言是审慎的，但如果所有的经济主体都减少开支，情况就会变得更糟，这类行为的联合效应是更低的总需求，反过来进一步加大个人破产和经济过剩的可能。因而，凯恩斯认为，政府的工作是管理总体经济，不能只是简单地在更大规模上运用对个体经济行动者而言是理性的计划；它应该总是有意地对立于其他经济主体的行为。因而，在经济下行期，政府应该增加开支以逆转私有企业和工人减少其开支的趋势。在经济上行期，政府应该减少开支并增加税

---

① 当然，宏观经济政策和微观经济政策（影响经济体中特定主体的政策）之间的界限并不总是清晰的。比如，对金融企业（银行、养老基金等）可持有的资产类别进行管制一般被认为是微观经济政策，但如果相关的资产数额非常庞大，就会产生宏观经济影响。

收，这样才能防止需求超过供给。

作为这种思想观念起源的反映，在 20 世纪 70 年代之前，宏观经济政策的主要目的是减小经济活动水平——被称为"商业周期"——的波动幅度。但是，自从新自由主义及其对宏观经济的"货币主义者"方法在 20 世纪 80 年代兴起，宏观经济政策的焦点急剧变化。之所以称为"货币主义者"，是因为他们相信在商品和服务量一定的情况下，过多的货币供给会导致价格的上涨。他们还主张，价格稳定（比如保持低通胀）是繁荣的基础，因而货币秩序（维持价格稳定的需要）应该是宏观经济政策的最高目标。

当涉及发展中国家时，伪善者更加强调货币秩序的必要性。他们相信大多数发展中国家不具有"量入为出"（Live within Their Means）的自律心；据说它们"寅吃卯粮"地发行货币、借钱。阿根廷一位著名的（在 2002 年金融崩溃之后也许就成为臭名昭著的）前财政部长多明戈·卡瓦略（Domingo Cavallo）曾将他自己的国家形容为一个"反叛少年"（Rebel Teenager），不能控制其行为，还需要"成长"。① 因而在伪善者看来，IMF 坚实的"指导之手"对于保证这些国家的宏观经济稳定以及增长非常必要。不幸的是，由 IMF 所推进的宏观经济政策正好产生了相反的效果。

"抢劫犯、武装的强盗和凶手"

新自由主义者将通货膨胀作为第一号公敌。罗纳德·里根曾生动地指出："通货膨胀就像抢劫犯一样暴力，就像武装的强盗一样

---

① Domingo Cavallo, "Argentina Must Grow up", *Financial Times*, 27 July, 2001.

令人恐惧，就像凶手一样致命。"① 他们相信通货膨胀率越低越好，他们最理想的希望是零通胀。最多，他们会接受非常低的个位数的通胀率。生于北罗德希亚（Northern-Rhodesia）的美国经济学家史丹利·费希尔（Stanley Fischer），是 1994～2001 年 IMF 的首席经济学家，他明确建议将 1%～3% 作为通胀率目标。② 但是，为什么通胀被认为如此有害呢？

首先，通胀被认为是一种秘密税，不公正地剥夺人们辛苦赚来的钱。货币主义的宗师米尔顿·弗里德曼（Milton Friedman）认为"通胀是一种无须立法而强加的税收"③。但是，"通胀税"的不合法以及由此产生的"分配不公"只是问题的开始。

新自由主义者认为通胀还有害于经济增长。④ 他们中的大多数人认为一个国家的通胀率越低，经济增长率就可能越高。这种观点背后的思路是这样的：投资是增长所必需的，投资者不喜欢不确定性，所以我们必须保持经济稳定，这意味着保持物价稳定；因而低通胀是投资和增长的前提条件。这种论断在拉美国家具有特别强的吸引力，那里的一些国家（尤其是阿根廷、玻利维亚、巴西、尼加拉瓜和秘鲁）对 20 世纪 80 年代灾难性的超级通胀与经济增长崩溃相结合的记忆非常深刻。

新自由主义经济学家认为，为了维持低通胀，必须做两件事情。第一是货币秩序——中央银行的货币发行不能超过支撑该国真实增长所绝对必要的量。第二是财政审慎——任何政府都应该

---

① *The Los Angeles Times*, October 20 1978.
② S. Fischer（1996），"Maintaining Price Stability", *Finance and Development*, December 1996.
③ 出自 1973 年 2 月的《花花公子》的访谈。
④ 详细的讨论，见 H-J. Chang & I. Grabel（2004），*Reclaiming Development – An Alternative Economic Policy Manual*（Zed Press，London），pp. 181 – 182 and 185 – 186。

"量入为出"（详见后面的讨论）。

　　为了维持货币秩序，掌握货币发行的中央银行应该单纯地追求价格稳定。比如，完全采纳这种观点的新西兰在20世纪80年代将央行行长的薪水与通胀率实行反向联系，以使他（她）在控制通胀上具有个人利益。一旦我们需要央行去考虑其他问题，比如增长和就业，这种主张就会认为这些政治压力是难以忍受的。史丹利·费希尔主张："一个被赋予了多重和普遍目标的央行将在其中进行选择，肯定会根据选举周期的状态屈服于政治压力而在这些目标间进行游移。"① 阻止这种情况发生的最好方式是通过"政治独立"把央行"保护"起来，让它远离政治家（他们不是很懂经济学，更为重要的是他们都很短视）。这种正统信念在央行独立的效力上是如此之强，以至于IMF常常把它作为发放贷款的一个条件，比如IMF在与经历了1997年货币危机之后的韩国所签署的协议中就有此要求。　148

　　除了货币秩序，新自由主义者还非常强调政府财政审慎的重要性——除非政府量入为出，否则所导致的预算赤字将因为创造了超过经济所能满足的需求而产生通胀。② 随着发展中国家在20世纪90年代末和21世纪初出现了一次次的金融危机，人们认识到政府并不是"寅吃卯粮"的垄断者。在这些危机中，许多过度借贷是私营企业和消费者做出的，而不是政府。结果，他们越来越强调银行和其他金融机构的"审慎管制"。其中最重要的就是所谓的银行

---

① S. Fischer（1996），"Maintaining Price Stability"，*Finance and Development*，December 1996，p. 35.

② 而且，新自由主义者相信政府消费本质上比私人开支更缺乏效率。罗纳德·里根的经济顾问马丁·费尔德斯坦曾提出："增加政府开支虽然会对需求和产出提供临时刺激，但从长期来看，更高水平的政府开支要么会挤出私人投资，要么需要更高的税收，从而减少对储蓄、投资、创新和工作的激励并弱化增长。"引自 http：//www.brainyquote.com/quotes/quotes/m/martinfeld333347.html。

资本充足率①（Capital Adequacy Ratio），由位于瑞士城市巴塞尔的央行俱乐部国际清算银行（Bank for International Settlements，BIS）提出。

此通胀非彼通胀

通胀对增长有害——这已成为我们这个年代最广为接受的经济处方。但是在阅读了下面的内容之后，你会有什么感受？

20世纪60~70年代，巴西的平均通胀率是每年42%。② 尽管这样，巴西仍是这个时期世界上增长最快的经济体之一——这段时期它的人均收入年增长率是4.5%。相反，1996~2005年——这是巴西采纳了新自由主义正统的时期，尤其是在宏观经济政策方面——它的平均通胀率是每年低于7.1%，但是这段时期里它的人均收入年增长率只有1.3%。

如果你不能被巴西的事例完全说服——可以理解，因为超级通胀与低增长在20世纪80年代和90年代初总是形影不离——下一个例子怎么样？在韩国的"奇迹"年份，当它的人均收入年增长率达到7%时，它在60年代的通胀率为17.4%~20%，在70年代是19.8%。这个数字远高于拉美国家，而且完全与文化定势相反，即东亚追求高储蓄、审慎的消费，而拉美则追求享受和恣意挥霍的消费（关于文化定势，详见第九章）。20世纪60年代，韩国的通胀

149

---

① 根据资本充足率，一家银行总的贷款不能超过其资本金的一定倍数（建议为12.5倍）。

② A. Singh（1995），"How did East Asia Grow so Fast？– Slow Progress towards an Analytical Consensus"，UNCTAD Discussion Paper，no. 97，Table 8. 本段中其他统计数据都出自IMF的数据库。

率**远高于**五个拉美国家（委内瑞拉、玻利维亚、墨西哥、秘鲁和哥伦比亚），但比臭名昭著的"反叛少年"阿根廷低不了多少。[①] 70年代，韩国的通胀率高于委内瑞拉、厄瓜多尔和墨西哥，比哥伦比亚和玻利维亚低不了多少。[②] 你依然认为通胀与经济成功不相容吗？

虽然用了这些事例，但我并不认为所有通胀都是好的。当价格上涨很快时，它们破坏了理性的经济计算的基础。阿根廷在20世纪80年代和90年代初的经历很清楚地表明了这一点。[③] 一包牛奶的价格在1977年1月是1比索，14年之后，相同容量的1包牛奶要10亿比索。1977～1991年，阿根廷的年通胀率是333%。截至1990年，其中有12个月的真实通胀率是20266%。事实就是这样，这段时期由于价格上涨太快，一些超市只能用黑板代替价格标签。毫无疑问，这种价格通胀使国家无法制订长远计划。没有长远的合理预期，不可能有理性的投资决策。而没有稳健的投资，经济增长就非常困难。

但是，在接受超级通胀具有破坏性本质与主张通胀率越低越好

---

① 20世纪60年代的年平均通货膨胀率被定义为消费价格指数的年均增长率，委内瑞拉的年平均通货膨胀率是1.3%，玻利维亚的年平均通货膨胀率是3.5%，墨西哥的年平均通货膨胀率是3.6%，秘鲁的年平均通货膨胀率是10.4%，哥伦比亚的年平均通货膨胀率是11.9%，阿根廷的年平均通货膨胀率是21.7%。数据出自 A. Singh（1995），"How did East Asia Grow so Fast? – Slow Progress towards an Analytical Consensus"，UNCTAD Discussion Paper, no. 97, Table 8。

② 委内瑞拉的平均通货膨胀率是12.1%，厄瓜多尔的平均通货膨胀率是14.4%，墨西哥的平均通货膨胀率是19.3%，哥伦比亚的平均通货膨胀率是22%，玻利维亚的平均通货膨胀率是22.3%。数据出自 A. Singh（1995），"How did East Asia Grow so Fast? – Slow Progress towards an Analytical Consensus"，UNCTAD Discussion Paper, no. 97, Table 8。

③ F. Alvarez & S. Zeldes（2001），"Reducing Inflation in Argentina: Mission Impossible?"，http://www2. gsb. columbia. edu/faculty/szeldes/Cases/Argentina/.

之间尚有一个巨大的逻辑跳跃。[①] 巴西和韩国的事例表明，如果经济运行良好，通胀率并不一定像史丹利·费希尔和众多新自由主义经济学家所希望的那样必须保持在 1% ~ 3%。事实上，很多新自由主义经济学家也承认，低于 10% 的通胀对经济增长并不一定具有负面影响。[②] 两位世界银行的经济学家——曾经担任过首席经济学家的迈克尔·布鲁诺（Michael Bruno）和威廉姆·伊斯特利（William Easterly）表明，当通胀率低于 40% 时，一个国家的通胀率与其增长率之间没有系统的相关关系。[③] 他们甚至认为，当通胀率低于 20% 时，在某些时期，越高的通胀率所伴随的是越高的经济增长。

换句话说，此通胀非彼通胀。高通胀是有害的，但温和的通胀

[①] 而且，在新自由主义的论证中，经济稳定被错误地等同于价格稳定。当然，价格稳定是总体经济稳定的重要部分，但产出和就业的稳定也很重要。如果我们更宽泛地定义经济稳定，我们无法说新自由主义宏观经济政策取得了成功——虽然它们自己宣称在过去 25 年里实现了经济稳定的目标——因为产出和就业的不稳定都增加了。全面的讨论见 J. A. Ocampo（2005），"A Broad View of Macroeconomic Stability"，DESA Working Paper，no. 1，October，2005，DESA（Department of Economic and Social Affairs），United Nations，New York。

[②] 优秀的新自由主义经济学家罗伯特·巴罗（Robert Barro）在一项研究中总结说，温和的通胀（10% ~ 20% 的通胀率）对于增长的负面影响很小，而通胀率低于 10% 时，对增长根本没有影响。见 R. Barro（1996），"Inflation and Growth"，*Review of Federal Reserve Bank of St Louis*，vol. 78，no. 3。IMF 经济学家迈克尔·萨雷尔（Michael Sarel）在另一项研究中对巴罗的结论表示赞同。该研究估计，低于 8% 的通胀率对经济增长没有什么影响——他指出，即便有，也是正面的影响——也就是说，通胀是促进而不是阻碍增长。见 M. Sarel（1996），"Non-linear Effects of Inflation on Economic Growth"，*IMF Staff Papers*，vol.，43，March。

[③] M. Bruno（1995），"Does Inflation Really Lower Growth?"，*Finance and Development*，pp. 35 - 38；M. Bruno & W. Easterly（1995），"Inflation Crises and Long-run Economic Growth"，National Bureau of Economic Research（NBER）Working Paper，no. 5209，NBER，Cambridge，Massachusetts.；M. Bruno，and W. Easterly（1996），"Inflation and Growth: In Search of a Stable Relationship"，*Review of Federal Reserve Bank of St Louis*，vol. 78，no. 3.

（低于40％）不仅不必然有害，甚至会与快速增长和创造就业相兼容。我们甚至可以说，一定程度的通胀是一个动态经济体所不可避免的。经济变化肯定会带来价格变化，所以在一个众多新的经济活动正在创造新的需求的经济体中，价格上涨是很自然的。

但是，如果温和的通胀无害，为什么新自由主义者对低通胀如此痴迷？新自由主义者主张，所有的通胀——无论温和与否——都是令人不快的，因为它不相称地损害了固定收入者（工薪阶层和养老金领取者）的利益，他们是社会中最脆弱的群体。罗纳德·里根任总统期间（1981～1989年）美国联邦储备委员会（美国的中央银行）的主席保罗·沃克尔（Paul Volcker）主张："通胀应该被视为一种残暴的税，而且可能是最残暴的，因为它以多种方式、令人毫无防备地攻击人，并且它对固定收入者打击最厉害。"[1]

但这只是事情的一个方面。低通胀可能会更好地保护工人们已得的收入，但产生这种结果所需要的政策会减少他们今后所能获得的收入。为什么会这样呢？低通胀需要从紧的货币和财政政策，尤其当通胀率非常低时，这反过来就会降低企业对劳动力的需求，因而会增加失业以及降低工资。所以严格控制通胀对工人而言是把双刃剑——它能更好地保护已有的收入，但会减少今后的收入。只有对养老金领取者和其收入来自有固定回报的金融资产的那些人（显然包括金融行业），更低的通胀才真正是好事。由于他们远离劳动力市场，低通胀所需的从紧的宏观经济政策对他们未来的就业机会和工资不会产生负面影响，同时他们的收入也得到了更好的保护。

从前面沃克尔的主张中可看出，新自由主义者针对通胀会损害

---

① 公共广播系统的访谈，http：//www.pbs.org/fmc/interviews/volcker.htm。

151　普通百姓的利益的事实做了一笔交易。但这种民粹主义的论调掩饰了一种事实，即产生低通胀所需的政策通过降低就业机会和工资率会减少众多工人今后的收入。

价格稳定的代价

1994 年在结束种族隔离制度后，南非新的非洲人国民大会（African National Congress，ANC）政府宣布它将采取 IMF 类型的宏观经济政策。考虑到它的左翼性质和革命历史，如果不想吓跑投资者的话，这种谨慎的方式是非常必要的。

为了维持价格稳定，需要维持高利率；20 世纪 90 年代末和 21 世纪初，南非的真实利率是 10%～12%。由于这些从紧的货币政策，南非在这段时期的年通胀率维持在 6.3%。[①] 但这是南非在增长和就业上付出巨大代价才实现的。如果南非的非金融企业有小于 6% 的利润率，10%～12% 的利率意味着很少企业能贷款投资。[②] 因此，当南非的投资率（投资与 GDP 之比）从历史上的 20%～25%（在 20 世纪 80 年代初曾达到过 30%）降到约 15%，就毫不奇怪了。[③] 考虑到如此低的投资水平，南非的经济表现还不错——1994～2005 年，其人均收入的年增长率是 1.8%。但这只是"考虑到……"。

除非南非打算开展一项巨大的再分配工程（这不仅在政治上

---

① 根据 IMF 数据库计算得出。

② 关于利润率数据，见 S. Claessens, S. Djankov & L. Lang（1998），"'Corporate Growth, Financing, and Risks in the Decades before East Asia's Financial Crisis", Policy Research Working Paper, no. 2017, World Bank, Washington, DC, figure 1.

③ T. Harjes & L. Ricci（2005），"What Drives Saving in South Africa?" In M. Nowak & L. Ricci, *Post-Apartheid South Africa: The First Ten Years*（IMF, Washington, DC), p. 49, figure 4. 1.

不可行,在经济上也不明智),否则要缩小国内不同种族间生活水平上的巨大差距,只能是推动经济快速增长并创造更多的就业岗位,唯有这样,更多的人才能加入经济主流从而提高生活水平。2008年,该国的**官方**失业率是26%～28%,是世界最高的国家之一;[①] 1.8%的年增长率在显著减少失业和贫困上是远远不够的。庆幸的是,南非在过去的几年中已经认识到这条道路的荒唐,并降低了利率,但约8%的真实利率对于生机勃勃的投资仍然太高。

　在大多数国家,非金融部门企业的利润率是3%～7%。[②] 因而,如果真实利率高于这个水平,潜在的投资者就更愿意把钱存放在银行,或者购买债券,而不是投资在一个有生产力的企业上。而且如果考虑到管理有生产力的企业的其他难题——劳动力问题、配件输送的问题、消费者支付的难题等——利润率就会更低。考虑到发展中国家的企业很少有国内资本积累的渠道,从银行借贷更困难就意味着企业不能投资太多。低投资的结果就意味着低增长和工作岗位稀缺。这就是当巴西、南非和许多其他发展中国家追随伪善者

152

---

① 发展中国家低估了真实的失业状况,因为许多穷人不能承受失业(这些国家没有福利保障制度),所以只好从事生产率极低的工作(比如在街上卖小东西、帮人看门以得点小钱)。经济学家称之为"隐性失业"。

② 计算利润率有很多种不同的方法,但与此相关的概念是资产回报率。1988～1996年46个发达国家和发展中国家的资产回报率从3.3%(奥地利)跨越到9.8%(泰国)。46个国家中的40个的资产回报率处于4%～7%,3个国家的资产回报率低于4%,3个国家的资产回报率高于7%。见 S. Claessens, S. Djankov & L. Lang (1998), "'Corporate Growth, Financing, and Risks in the Decades before East Asia's Financial Crisis", Policy Research Working Paper, no. 2017, World Bank, Washington, DC, figure 1。世界银行的一项研究将"新兴市场"(中等收入国家)20世纪90年代(1992～2001年)非金融企业的平均利润率计算为3.1%(净收入/资产)这个更低的值。见 S. Mohapatra, D. Ratha & P. Suttle (2003), "Corporate Financing Patterns and Performance in Emerging Markets", mimeo., March, 2003, World Bank, Washington, DC。

的政策建议并采纳低通胀措施时所发生的情况。

然而，如果知道伪善的富国如此热心于向发展中国家宣传高的真实利率对维持货币秩序的重要意义，而它们自己在需要创造收入和就业岗位时却诉诸扩张的货币政策，读者一定会很惊讶。在战后的增长高峰期，富国的真实利率都非常低，甚至是负的。1960～1973 年是"资本主义黄金年代"（1950～1973 年）的后半期，当时所有当今的富国都实现了高投资和经济快速增长，德国的平均真实利率是 2.6%，法国的平均真实利率是 1.8%，美国的平均真实利率是 1.5%，瑞典的平均真实利率是 1.4%，瑞士的平均真实利率则是 −1.0%。①

过紧的货币政策会降低投资，过低的投资会放慢增长速度和减少就业岗位的创造。这对于生活水平已经很高、具有慷慨的国家福利保障和低贫困率的富国也许不是大问题，但对于发展中国家是一种灾难，因为这些国家不能诉诸大规模的再分配工程，却需要竭力应对较高水平的收入差距问题，因而最需要的就是更多的收入和就业岗位。

由于实施紧缩性货币政策具有成本，赋予中央银行只控制通胀的单一目标的独立地位是发展中国家最后才该做的事，因为它将在制度上确立货币主义的宏观经济政策，而这些政策是特别不适合发展中国家的。而且，的确**没有**明确的证据表明发展中国家央行的独立性能降低通胀率，更别说有助于实现类似更高的增长和更低的失业这样的目标。②

---

① 数据出自《OECD 历史统计》的表 10.10。
② 没有证据表明，发展中国家央行的更强的独立性与更低的通胀、更高的增长、更高的就业率、更好的预算平衡或更好的金融稳定等有任何关联。见 S. Eijffinger & J. de Haan（1996），"The Political Economy of Central-bank Independence"，*Special Papers in International Economics*，no. 19，Princeton University and B. Sikken & J. de Haan（1998），"Budget Deficits, Monetization, and Central-bank Independence in Developing Countries"，*Oxford Economic Papers*，vol. 50，no. 3。

央行是政治中立的技术官僚，这只是一个神话。大家都很清楚，央行倾向于聆听金融行业的意见，并执行对其有益的政策，如果必要的话不惜牺牲制造业或工薪阶层的利益。所以，赋予其独立性只是允许它们暗暗地实行有利于金融行业的政策。如果我们清晰地告诉它们，对于通胀以外的任何政策目标都不用担心，它们在政策上的偏向会更加严重。

而且，央行的独立性涉及一个民主责任的重要问题（详见第八章）。认为央行不用取悦选民就能做出好决策的观点的反面是，它们可以追求损害大多数百姓利益的政策而不受惩罚，特别是在它们被告知不用担心通胀以外的其他目标时。央行应该受到选举出来的政治家的监督，这样它们才能对人民的意愿负责。这正是为什么美国联邦储备银行（简称美联储）的章程将其职责界定为"通过影响经济中的货币和信用条件实施国家的货币政策，追求**最大的就业**、**价格稳定和适度的长期利率**"①，也就是为什么美联储主席要经常接受国会的盘问。颇具讽刺性的是，美国政府在国际上作为一个伪善的富国，鼓励发展中国家创立只关注通胀的独立的央行。

154

"审慎"政策何时不够审慎

戈登·布朗（Gordon Brown）在出任首相前的 10 年财政大臣职位上赢得了"铁血宰相"（the Iron Chancellor）的绰号。他很为此而自豪。这个绰号过去只属于德国前财政大臣（宰相）奥托·冯·俾斯麦（Otto von Bismarck），而且与俾斯麦在外交政策上被称为"五金店"（ironmongery）不同，布朗是在公共财政领域被称为

---

① http：//en. wikipedia. org/wiki/federal_ Reserve_ Board.

"五金店"。他很骄傲自己的决议不需要借助赤字开支就能获得公共部门的支持，这些部门在保守党多年的预算削减后强烈呼吁得到更多的资金。布朗先生时常强调审慎在财政管理中的重要性，以至于英国一名优秀的金融记者威廉·基根（William Keegan）为其关于布朗经济政策的书起名为《戈登·布朗先生的审慎》（*The Prudence of Mr. Gordon Brown*）。审慎看来已成为一名财政部长的首要品质。

强调审慎在伪善者所推动的新自由主义宏观经济政策中已成了中心议题。他们认为政府不应该"寅吃卯粮"，而必须一直平衡其预算。在他们看来，赤字财政只会导致通胀并破坏经济稳定，而这不利于经济增长，并且会降低固定收入者的生活水平。

谁能反对审慎呢？但是在通胀中，真正的问题是怎样才算是审慎。比如，审慎并不意味着政府必须每年都实现预算平衡，而伪善者向发展中国家宣扬政府应每年都实现预算平衡。政府预算应该实现平衡，但这是在一个商业周期内所实现的，而不是每年都要实现。年份在经济学术语中只是一个极端人为的时间单位，没有什么不可冒犯的。事实上，如果我们顺着这种逻辑，为什么不告诉政府在每月或每周都实现预算平衡呢？就像凯恩斯的中心思想所揭示的，重要的问题是政府在一个商业周期内作为私营部门行为的制衡器，当经济下行时实行赤字开支，而当经济上行时产生预算盈余。

对于一个发展中国家，在一个永久性的基础上在中期出现预算赤字甚至是非常有意义的，只要所产生的债务是可持续的。即便在个人层面，当你在学习或养育一个年轻家庭时去借钱，而在你的收入增加后去还债，也是非常审慎的。与此类似，发展中国家为了投资于超过现有财力的项目并促进经济增长而通过预算赤字"向未来几代人借钱"，也应该是审慎的。如果该国成功地促进了经济增长，与没有政府的赤字开支相比，未来几代人可能会得到更高生活水平的奖赏。

尽管如此，IMF 仍然要求发展中国家的政府每年都实现预算平衡，而不管商业周期或长期的发展战略。所以它对出现宏观经济危机的国家强加预算平衡的条件，甚至还要求有预算盈余，而该国本来可以获益于政府的赤字开支。

比如，当 1997 年 12 月韩国在货币危机之后与 IMF 签署协议时，韩国被要求产生相当于 1% 的 GDP 的预算盈余。由于大量外资的撤离已经使该国陷入了深度萧条，它应该被允许增加政府预算赤字。如果有哪个国家能在这种时候承受得住赤字的话，那就是韩国——那时它是全世界政府债务占 GDP 的比重最小的国家之一，包括所有的富国。尽管如此，IMF 还是禁止韩国使用赤字开支。毫无疑问，韩国经济开始急速下滑。1998 年初，**一天有 100 家以上的企业破产**，失业率提高了 3 倍——这一点也不奇怪，一些韩国人那时把 IMF 戏称为"我被解雇了"（I'M Fired）。只有当这种无法控制的经济下滑仍然在恶化时，IMF 才允许韩国出现预算赤字——但非常小（不超过 GDP 的 0.8%）。[①] 下面是一个更极端的例子。在同一年的金融危机之后，印度尼西亚也得到 IMF 的指示要削减政府预算，尤其是食品补贴。当这项政策伴随着上升了 80% 的利率一起出现时，结果就是大批企业破产、大量失业和城市骚乱。结果，印度尼西亚的产出在 1998 年下降了 16%。[②]

如果伪善的富国自己处在相似的环境中，它们是绝不会做其告诉穷国去做的那些事情。相反，它们会削减利率并增加政府赤字开

156

---

① 关于 IMF 政策在韩国 1997 年危机后的演变，见 S-J. Shin & H-J. Chang（2003），*Restructuring Korea Inc.*（Routledge Curzon, London），Chapter 3。

② J. Stiglitz（2001），*Globalization and Its Discontents*（Allen Lane, London），Chapter 3。

支，以启动需求。没有哪个富国的财政部长在经济下行时会傻到去提高利率并追求预算盈余。当美国经济在 21 世纪初遭遇所谓网络泡沫和世界贸易中心的"9·11"爆炸的冲击后，被认为是"负责任的财政"的、反凯恩斯主义的乔治·W. 布什的共和党政府所采取的方案是——你肯定已经猜到了——政府的赤字开支（结合史无前例的宽松的货币政策）。2003 年和 2004 年，美国的预算赤字接近其 GDP 的 4%。其他富国政府也曾这么做。在 1991～1995 年的经济下行期，瑞典的政府财政赤字占 GDP 的比例是 8%，英国是5.6%，荷兰是 3.3%，德国是 3%。[①]

由伪善者所推荐的财政部门"审慎"政策也给发展中国家的宏观经济管理制造了其他问题。前面已经解释过的国际清算银行提出的资本充足率在这方面尤为重要。

根据国际清算银行的关于资本充足率的要求，一个银行的贷款变化应与其资本金基础的变化相一致。当一个国家的经济形势良好时，组成银行资本金基础的资产的价格就会上升，反之亦然，这意味着资本金基础会随着经济周期而膨胀或缩水。结果，即便银行所持有的资产在质量上没有任何本质上的改进，它们在经济形势良好时也能增强其贷款能力，因为其资本金基础随着资产价格的通胀而膨胀。这会进一步促进通胀，导致经济过热。在经济下行期，随着资产价格下降，银行的资本金基础会缩小，促使银行回收贷款，而这又会使经济进一步下行。单个银行遵循国际清算银行的资本充足率可能是审慎的，但如果所有的银行都这么做，商业周期会显著延

---

① H-J. Chang & I. Grabel (2004), *Reclaiming Development – An Alternative Economic Policy Manual* (Zed Press, London), p. 194.

长，最终还是会损害到银行自身。①

当经济波动越来越大时，如果国家想让财政政策发挥适当的反周期作用的话，财政政策的摇摆也会越来越大。但是政府开支的巨大调整会产生问题。一方面，政府开支在经济下行期的大量增加会使开支更可能进入准备不佳的项目中。另一方面，由于政治上的抵制，政府开支在经济上行期的巨大削减很难实现。由于这些事实，严格执行国际清算银行关于资本充足率的要求（以及第四章中所讨论到的资本市场开放）所产生的更大波动事实上已经使良好的财政政策更加难以实施。②

凯恩斯主义为富国所用，货币主义为穷国所用

美国作家戈尔·维达尔（Gore Vidal）曾将美国经济体系描绘为"自由企业为穷人所用，社会主义为富人所用"③。全球的宏观经济政策与此很相似——凯恩斯主义为富国所用，而货币主义为穷

---

① 国际清算银行曾推荐一种名为"BIS Ⅱ"的更为"审慎"的体系，在该体系中贷款根据风险等级进行加权。比如，更具风险的贷款（如公司借贷）比更安全的贷款（购房抵押贷款）需要更大的资本金基础来支撑。这对发展中国家尤为糟糕，由于这些国家的企业在信贷评级上都很低，这就意味着银行很可能减少对发展中国家企业的贷款。

② 正是出于这个原因，奥卡波（Ocampo）认为，"不能指望财政政策自身充当反周期管理的主要手段"［J. A. Ocampo（2005），"A Broad View of Macroeconomic Stability", DESA Working Paper, no. 1, October, 2005, DESA（Department of Economic and Social Affairs）, United Nations, New York, p. 11］。

③ 该评论来自一部纪录片《戈尔·维达尔：一个说"不"的人》，该片是维达尔在1982年与吉里·布朗竞争加利福尼亚参议员时制作的。完整的引述是："在公共服务中，我们远远落后于西方的所有工业化国家，倾向于把公共资金投给大企业，而不是老百姓。结果出现了一个奇特的社会——自由企业为穷人所用，社会主义为富人所用。"

国所用。

当富国陷入经济萧条时，它们通常会放松货币政策并增加预算赤字。而当同样的情况出现在穷国时，伪善者通过 IMF 强迫它们将利率提高至荒谬的水平，并要求实现预算平衡，甚至要求产生预算盈余——尽管这些政策会增加 3 倍的失业并导致街头骚乱。当韩国在 1997 年经历最严重的金融危机时，IMF 只允许该国产生相当于 GDP 的 0.8% 的预算赤字（并且是在尝试了几个月带来灾难性后果的预算盈余政策之后才采取的）；而当瑞典在 20 世纪 90 年代初遇到类似问题时（由于对资本市场开放的管理不善，就像韩国 1997 年的情况一样），它的预算赤字占 GDP 的比例是韩国的 10 倍（预算赤字占 GDP 的 8%）。

具有讽刺意味的是，当发展中国家的人自愿"勒紧裤带"时，还被取笑为不懂得基本的凯恩斯主义经济学。比如，当韩国家庭妇女发起自愿节衣缩食的运动时，包括 1997 年金融危机之后她们在家里减少膳食量，《金融时报》在韩国的通讯员却讥讽她们的愚蠢，认为这种行为"只会加快国家陷入经济萧条的步伐，因为它会进一步减少启动增长所必需的需求"[1]。但是，韩国家庭妇女的举动与 IMF 所强加的削减开支之间有什么区别呢？后者却被《金融时报》的通讯员认为是非常有意义的。

伪善者一直在向发展中国家强加一些在长期看来会严重削弱它

---

① 在 1997 年韩国金融危机的初期担任《金融时报》驻首尔的通讯员约翰·伯顿（John Burton）写道："公众的反应与以前的经济下行时期一样，勒紧裤带，相信减少开支会将国家从债务危机中拯救出来。"在他看来，很不幸的是，"没有经济学家告诫过，一些艰苦的措施，比如一些家庭妇女在家里减少膳食，只会加快国家陷入经济萧条的步伐，因为它会进一步减少启动增长所必需的需求"。J. Burton, "Koreans Resist the Economic Facts – with a Presidential Election near, Foreign Plots are Blamed for National Ills", *Financial Times*, December 12 1997.

们的投资、经济增长和创造就业岗位能力的宏观经济政策。绝对地——也是简单地——斥责"寅吃卯粮"已使得发展中国家不可能为了促进经济增长而"借钱投资"。如果绝对地指责人们"寅吃卯粮"，我们就应该责备年轻人为了自己的事业前途或为了孩子的教育而借钱投资的行为。这是不对的。"寅吃卯粮"可能对，也可能不对，它取决于国家所处的发展阶段以及把借来的钱投向何处。

阿根廷前财政部长卡瓦略先生也许是对的，发展中国家像需要"成长"的"反叛少年"。但是，少年的行为举止像成人并不是说他真的就是成人。少年需要获得教育以找到一份更好的工作，假装像一个成人而从学校退学以增加点储蓄是不明智的。与此相似，为了真正走向"发展"，发展中国家采用只适合发达国家的政策是不够的，它们所需要的是为未来进行投资。为了做到这一点，应该允许它们追求比富国更倾向于投资、更倾向于增长的宏观经济政策，而且允许它们追求比现在的伪善者所允许执行的政策更富闯劲的政策。

159

第八章　扎伊尔与印度尼西亚

——我们应该支持腐败和不民主的国家吗？

扎伊尔：1961 年，扎伊尔（现在的刚果民主共和国）是一个人均年收入只有 67 美元的极贫穷国家。蒙博托·塞塞·塞科（Mobutu Sese Seko）在 1965 年的一场军事政变中上台并一直统治到 1997 年。在其 32 年的统治期间，据估计他挪用公款达 50 亿美元，相当于该国 1961 年国民收入（11 亿美元）的约 4.5 倍。

印度尼西亚：1961 年，印度尼西亚的人均年收入只有 49 美元，该国比扎伊尔还穷。穆罕默德·苏哈托（Mohammad Suharto）在 1966 年的一场军事政变中上台并一直统治到 1998 年。在其 32 年的统治期间，据估计他至少挪用了 150 亿美元公款。一些人认为这个数字可能高达 350 亿美元。他的子女成为该国富有的商人。如果我们取两个估计数字的中位数（250 亿美元），苏哈托的贪污数额相当于该国 1961 年国民收入（48 亿美元）的约 5.2 倍。

当蒙博托 1997 年下台时，扎伊尔的人均收入按购买力计算只有 1965 年他上台时的 1/3。1997 年，根据联合国计算的"人类发展指数"（Human Development Index，HDI），该国的 HDI 居 174 个国家中的第 141 位。HDI 不仅计算收入，还包括由预期寿命和识字率等指标所测量的"生活质量"。

考虑到腐败数据，印度尼西亚的表现应该比扎伊尔更糟糕。然而当扎伊尔的生活水平在蒙博托统治期间**下降**到原先的 1/3 时，印度尼西亚的生活水平却在苏哈托统治期间上升了 3 倍。印度尼西亚在 1997 年的 HDI 排名中居第 105 位——不属于经济"奇迹"之列，但也值得称赞，尤其要考虑到它的起点非常低。

扎伊尔与印度尼西亚的对比显示，由伪善者所宣扬的日益流行的下述观点有局限性，即认为腐败是经济发展的最大障碍之一，甚至就是最大的障碍。这种观点认为没有必要帮助腐败领导人管理的国家，因为他们将会"像蒙博托一样"浪费资金。这种观点体现在美国国防部前副部长保罗·沃尔福威茨（Paul Wolfowitz）领导下的世界银行现有的反腐败战略中，沃尔福威茨宣称："反腐败是反贫困的一部分，不仅因为腐败是错误的，而且因为腐败确实阻碍了经济发展。"① 在沃尔福威茨的领导下，从 2005 年 7 月到 2007 年 6 月，世界银行因一些发展中国家的腐败而停止向其提供贷款。②

腐败在许多发展中国家的确是一个严重的问题。但伪善的富国正是利用这一点作为一个合理的借口以减少它们对发展中国家的援助，虽然事实上，减少援助对穷人的损害大于对这些国家品行恶劣的领导人的影响，尤其是在最贫穷的国家（这些国家更容易出现

---

① 2006 年 10 月 15 日召开的记者招待会。

② 2006 年 4 月，这些国家包括非洲的乍得、肯尼亚和刚果，亚洲的印度、孟加拉国和乌兹别克斯坦，中东的也门，拉美的阿根廷。见一个致力于督促 IMF 和世界银行的非政府组织布雷顿森林事业（Brettonwoods Project）的网页，http://www.brettonwoodsproject.org/article.shtml? cmd%5B126%5D = x126 – 531789。

腐败，具体原因在后面解释）。① 而且，这些富国正越来越多地利用腐败作为新自由主义政策在过去 20 多年里遭遇失败的"解释理由"。实际上，与伪善者所宣扬的、正变得愈加流行的观点相反，那些政策的失败是因为它们本身就是错误的，而不是因为被当地反发展（Anti-development）的因素——比如腐败或错误的文化（在下一章讨论）——击溃了。

腐败损害经济发展吗？

腐败是任何组织中一定职位的"利益相关者"对其职责的违背行为，这些组织可能是政府、企业、工会，甚至也有可能是一个非政府组织。当然，可能会有"崇高目的的腐败"（Noble Cause Corruption）案例，比如在史蒂文·斯皮尔伯格（Steven Spielberg）的电影《辛德勒的名单》（Schindler's List）中，奥斯卡·辛德勒向纳粹官员行贿以拯救数百名犹太人的性命。② 但这只是特例，腐败在道义上一般是令人反感的。

如果像腐败这种在道义上令人反感的东西对经济也毫无争议地有负面影响，那么问题就很简单了。但事实比简单观点更为复杂。看看过去半个世纪，肯定有像蒙博托领导下的扎伊尔或杜瓦利埃（Duvalier）领导下的海地这样的国家，经济被猖獗的腐败摧毁了。在另一个极端，也有像芬兰、瑞典和新加坡这样的国家，因其清廉

① 这一观点由英国国际发展事务大臣希拉里·本在世界银行 2006 年的年会上提出，他拒绝对沃尔福威茨先生的反腐战略提供无条件的支持。

② G. Hodgson & S. Jiang（2006），"The Economics of Corruption and the Corruption of Economics：An Institutionalist Perspective"，提交给欧洲演化政治经济学年会的论文，2006 年 11 月 3～4 日。

和经济成功而闻名。还有像印度尼西亚这样腐败盛行但经济发展也不错的国家。其他一些国家——意大利、日本和韩国——经济上比印度尼西亚做得更好，尽管这些国家存在广泛的、根深蒂固的腐败（可能没有印度尼西亚那么严重）。

　　腐败不只是 20 世纪的问题。众多当今的富国，虽然当时的政坛极为腐败，但也成功地实现了工业化。[①] 在英国和法国，公开出售公职（更别说荣誉）至少在 18 世纪之前是非常普遍的。[②] 在英国，直到 19 世纪初，部长为了个人利益从他的部门基金"借钱"都被认为是完全正常的。[③] 1870 年之前，英国高级公务员的任命基于赞助而不是功绩。政府的总干事（相当于美国国会的多数党领袖）在那时真的被称为财政赞助部长（the Patronage Secretary of the Treasury），因为（分配）赞助**是**其主要工作。[④] 在美国，"分肥"

---

① 它们的腐败在定义上与今天流行的腐败有很大不同。当 1703 年罗伯特·沃波尔在议会被控告腐败时，他很随意地承认自己拥有很多地产并问道："在这个最肥的职位上任职近 20 年，能期望点什么呢？除非高官拥有地产是犯罪。"他把对他的控诉状中的表翻转过来并质问控诉他的人："一个更低级别的官员获得一块地产，将会是多大的罪呢？"见 R. Nield（2002），*Public Corruption – The Dark Side of Social Evolution*（Anthem Press, London），p. 62。

② C. Kindleberger（1984），*A Financial History of Western Europe*（Oxford University Press, Oxford），关于英国的部分在第 160～161 页，关于法国的部分在第 168～169 页。另见 R. Nield（2002），*Public Corruption – The Dark Side of Social Evolution*（Anthem Press, London），第四章关于法国，第六章关于英国。即便在普鲁士这个被公认为 18 世纪欧洲国家中腐败最少的国家，职位虽然不公开出售，但实际上也是售给出价最高者，因为政府经常将职位分配给缴税最多的人，而这种税在习惯上一般来自第一年的薪水。见 R. Dorwart（1953），*The Administrative Reforms of Frederick William I of Prussia*（Harvard University Press, Cambridge, Massachusetts），p. 192。

③ R. Nield（2002），*Public Corruption – The Dark Side of Social Evolution*（Anthem Press, London），p. 62.

④ 通过分配公务员职位，财政赞助部长要引导党内的成员支持政府。见 R. Nield（2002），*Public Corruption – The Dark Side of Social Evolution*（Anthem Press, London），p. 72。

体系在 19 世纪初就确立了，在内战结束后的一些年尤其猖獗，在该体系下公职的分配不考虑专业能力而只看重对执政党的忠诚。在 1883 年通过《彭德尔顿法案》（Pendleton Act）之前，没有任何一个美国联邦职位的任命是通过公开、竞争的程序进行的。① 但在这段时期，美国是世界上经济增长最快的国家之一。

选举程序同样充斥着严重的贪赃枉法行为。在英国，直到 1883 年通过《腐败和非法行为法案》（Corrupt and Illegal Practices Act）之前，贿赂、"款待"（比较典型的做法是在政党的公共活动室里免费供应酒水）、承诺给予某种职位及威胁投票人等都是选举中非常普遍的现象。即便在该法案之后，地方选举中的腐败仍然持续到了 20 世纪。在美国，公职换来的资金通常是用于政党的政治运动（包括被迫向选举动员基金捐款）。选举欺诈和贿选都非常普遍。由于拥有大量外来移民，美国的选举中出现过将不合法的外国人转变成能投票的公民的事件。根据《纽约论坛》（New York Tribune）1868 年的报道，这种行为"不比辛辛那提的屠宰厂所展示的将猪变成猪肉的过程更为严肃，却一样迅速"②。由于选举活动要花费很多资金，因此许多当选的官员很快就寻求贿赂毫不令人奇怪。19 世纪末，美国的立法腐败非常严重，尤其是在州议会中，以至于未来的美国总统西奥多·罗斯福为纽约的议员感到悲哀，因为这些人将选票公开出售给游说的团体，"对待公务员生涯和文官职

---

① 《彭德尔顿法案》要求最重要的职位（总额的 10%）要通过竞争性选拔。到 1897 年，该比例才上升到 50%。G. Benson（1978），*Political Corruption in America*（Lexington Books, Lexington, Massachusetts），pp. 80–85.

② T. Cochran & W. Miller 1942），*The Age of Enterprise：A Social History of Industrial America*（The Macmillan Company, New York），p. 159.

位的态度好像是一只秃鹰面对一只死羊一样"①。

腐败为何在不同的国家带来差别如此大的经济后果呢？许多腐败的国家出现灾难（比如扎伊尔和海地），另外一些做得还可以（比如印度尼西亚），与此同时还有一些国家则表现得非常好（比如 19 世纪末的美国和第二次世界大战后的东亚国家）。为了回答这个问题，我们需要打开腐败的"黑箱"，了解其内在的运作。

贿赂是财富从一个人手中转移到另一个人手中。它对经济效率 163 和增长并不**必然**有负面影响。如果部长（或其他官员）把从一个资本家那里获得的贿赂投资在一个项目上，并且这项投资的生产力与资本家本来想投资的项目（如果不去行贿的话）的生产力相当，那么这种贪赃枉法的行为对经济效率或增长没有影响。唯一的区别是资本家更穷而部长更富——这只是一个收入分配的问题。

当然，可能部长所投资的项目在生产力上不如资本家的投资。部长可能把非法所得花在奢侈品消费上，而资本家却可以进行明智的投资。这是常有的事。但这不能成为一个**先验的**假设。历史上，有许多官员和政治家被证明是足智多谋的投资者，而许多资本家却在浪费财富。如果部长比资本家能更有效地使用资金，腐败可能还会有助于经济增长。

---

① J. Garraty & M. Carnes（2000），*The American Nation – A History of the United States*，10th edition（Addison Wesley Longman，New York），p. 472. 公开出售选票在 19 世纪 60 ~ 70 年代尤为普遍。来自支持和反对两方的被称为"黑马团骑兵"的行贿游说集团，对铁路法案开价 1000 美元每票，激烈的竞争使之涨到 5000 美元每票。这个集团还会引入"罢工法案"，由于这种法案一旦通过会对权势人士或企业造成很大影响，因此他们需要行贿以撤回该法案。结果，一些企业创立了游说组织，专司购买立法，防止被讹诈。见 G. Benson（1978），*Political Corruption in America*（Lexington Books，Lexington，Massachusetts），pp. 59 – 60。

其中一个关键的问题是赃款是否还在国内。如果赃款存放在一家瑞士的银行里，它就不可能通过投资进一步创造收入和就业——而这是这些赃款能部分地自我"救赎"的一种途径。事实上，这正是扎伊尔和印度尼西亚之间产生差别的一个主要原因。在印度尼西亚，人们把腐败得来的钱大部分留在国内，继续创造就业和收入；而在扎伊尔，大部分腐败款被运到了国外。如果必定要出现腐败的领导人，至少要让他把眼光投放在国内。

无论腐败导致的收入转移对于资金的运用是否更具生产力，腐败通过"扭曲"政府决策可以导致一系列经济问题。

比如，如果贿赂能使一个效率更低的生产者获得建设一个新钢铁厂的许可证，它就会降低经济效率。但是，需要再一次强调的是，这种结果不是必然的结论。有人认为愿意付出最高贿赂的生产者可能是效率最高的生产者——因为预期从许可证中获利更大的生产者将会愿意付出更大的贿赂来获得该许可证。如果这是事实，将许可证发给支付最高贿赂的生产者就与政府拍卖许可证一样，因而也是挑选最有效率的生产者的最好方式——除非潜在的拍卖收入落入无耻的官员手中，而不是进入国库。当然，如果更有效率的生产者是道德上更为正直的人，因而拒绝支付贿赂，这种"贿赂是非正式的（但有效的）拍卖"的观点就有失偏颇了，因为在这种情况下腐败会使一个效率更低的生产者获得许可证。

腐败还会通过妨碍管制而"扭曲"政府决策。如果一家自来水公司通过贿赂相关的官员能一直供应劣质水，就会出现负面的经济后果——更高的水媒疾病发病率会增加医疗成本，导致劳动生产率降低。

但如果管制是"不必要的"，腐败也许还能提高经济效率。比如，在 2000 年法律修订之前，在越南开设一个工厂需要提交许多材料（包括申请者的性格资料和体检证明），其中 20 多份要由政府部门盖章；据说需要 6～12 个月才能备齐所有的文书并得到所有的审批。① 在这种情况下，如果潜在的投资者通过贿赂相关政府官员能更快地获得许可证，那不是更好吗？这种主张认为，投资者赢在赚到了更多的钱，消费者的所得是更快地满足了消费需求，而政府官员的所得是变得更加富裕（尽管破坏了投资信心而且政府失去了合法收入）。出于这种原因，经常有人主张，腐败通过重新引入市场力量可以提高一个过度管制的国家的经济效率——虽然是通过不合法的手段。这就是美国资深的政治学家塞缪尔·亨廷顿（Samuel Huntington）在其经典名言中所表达的意思："就经济增长而言，比一个有着僵化的、过于集权且不诚实的官僚体系的社会更糟糕的，就是一个有着僵化的、过于集权且诚实的官僚体系的社会。"② 需要再一次强调的是，使企业破坏管制的贿赂（如果仍然是不合法的，但至少在道德上有点模棱两可）可能对经济有利，也可能对经济不利，这取决于管制的本质。

因此，腐败带来的经济后果取决于腐败对决策的影响、腐败所得的用途以及如果没有腐败资金会用于何处。而且我还可以加上腐败的可预测性（腐败官员在某项"服务"上是否有"固定价格"?）或腐败市场上的"垄断"程度（获得一张许可证需要贿赂多少人?）。但是，关键问题是所有这些因素的综合结果是难以预料的。这就是为什么我们看到腐败和经济绩效之间的关系在不同国家的差异如此之大。

---

① 信息出自世界银行发布的《世界发展报告 2005》，第 101 页，第 5.4 栏。

② S. Huntington（1968），*Political Order in Changing Societies*（Yale University Press, New Haven），p. 386.

繁荣与诚实

如果腐败对经济发展的影响是不清晰的，后者对前者的影响又是怎样的呢？我的回答是，经济发展使减少腐败更加容易，但这并不是说经济发展了腐败就会自动减少。腐败的减少在很大程度上取决于减少腐败的自觉努力。

前面讨论过，历史表明，在经济发展的早期阶段，腐败难以控制。如今还没有哪个政府既贫穷又非常清廉，这一事实也表明，在显著减少腐败之前应该致力于减少绝对的贫困。当人们非常穷时，比较容易收买他们的尊严——食不果腹的人为换取一袋面粉而卖掉选票是很自然的事情，而收入低的公务员也常常很难抵制贿赂的诱惑。但这无关个人尊严，更多的是结构性原因。

166　　发展中国家的经济活动大部分分散于许多小的经济个体（比如小农场、街头小店、小贩的流动摊以及家庭作坊）。这给腐败的滋生提供了一块肥沃的土壤，缺乏资源的发展中国家政府对如此众多的腐败难以一一调查。这些小的经济个体的账目记录做得很差（如果不是根本就没有账目记录的话），这样在确定征税对象时，等于让它们"消失"了。征税目标的"消失"加上在征税上缺乏行政资源，导致税收征缴能力很低。征税能力的有限就约束了政府预算，而这又在许多方面鼓励了腐败。

首先，较低的政府财政收入使政府难以为公务员提供体面的收入，这使这些公务员更加容易腐败。事实上，尽管报酬很低，但许多发展中国家的官员也非常清廉地生活，这给人留下了深刻印象。但是，收入越低，官员就越难以抵挡住诱惑。而且，政府有限的财政也导致社会保障体系不健全（甚至是缺乏）。所以穷人只能依赖政客们给出的赞助，他们给出这种以忠诚为基础的福利就是为了交换选票。为了做到这一点，政客们需要资金，所以他们从需要照顾的国内和国际的企业受贿。最后，政府有限的预算也使政府难以在反腐败上花费资源。要识别并起诉不清廉的官员，政府需要雇用（国内外）昂贵的会计师和律师。反腐败的费用并不低。

生活水平越高，人们也就越能达到更高的行为标准。经济发展也增强了政府征缴税收的能力——由于经济活动变得更加"可见"以及政府可用的行政资源的增多。这就允许增加公务员的收入、扩大福利保障的范围，以及花费更多的资源去识别并惩罚官员中的腐败分子——所有这些都会有助于减少腐败。

如前所述，需要指出的是经济发展并不会自动地创造出一个更加廉洁的社会。比如，前面提到过，19 世纪末的美国比 19 世纪初的美国更加腐败。而且，一些富国比穷国更加腐败。为了说明这一点，让我们看看由富有影响的反腐败机构"透明国际"（Transparency International）在 2005 年出版的《腐败印象指数》（*Corruption Perception Index*）。[①] 根据这份指数报告：日本（2004 年的人均收入是 37180 美元）与智利（2004 年的人均收入是 4910 美 167

---

① 我们对该指数应该采取有所保留的态度。正如其名称所示，它只是向技术专家和商人发放问卷调查他们的"印象"而已，这些人只具备有限的知识，而且还带有偏见。这种问题的主观性在遭遇 1997 年金融危机的亚洲可看出，虽然之前该指数一直呈下降趋势，但在危机之后的亚洲国家突然显著上升。见 H-J. Chang（2000），"The Hazard of Moral Hazard – Untangling the Asian Crisis"，*World Development*，vol. 28，no. 4。而且，被认为是腐败的事项也依国家而定，这也影响了专家的印象。比如，大多数国家可能认为美国式的政府工作岗位分配法体现腐败，但美国就不这样认为。也就是说，如果按照芬兰对腐败的定义，美国会比腐败印象指数（在该指数中美国列第 17 位）中所显示的更加腐败。而且，发展中国家的许多腐败是来自富国的企业（甚至是政府）的行贿，而这没有被纳入富国本身的腐败印象指数。所以如果加上这些海外的活动，富国比腐败印象指数所显示的可能会更加腐败。指数可见 http://www.transparency.org/content/download/1516/7919。

元）并列第 21 位，而后者的收入只有前者的约 13%；意大利
（2004 年的人均收入是 26120 美元）、韩国（2004 年的人均收入是
13980 美元）和匈牙利（2004 年的人均收入是 8270 美元）并列第
40 位，其中韩国的收入水平只有意大利的一半左右，而匈牙利的
收入水平更是只有意大利的约 1/3；博茨瓦纳（2004 年的人均收入
是 4340 美元）和乌拉圭（2004 年的人均收入是 3950 美元）的人
均收入虽然只有意大利的约 15% 或韩国的约 30%，但排名更靠前，
并列第 32 位。这些事例表明经济发展并不会自动地减少腐败。要
实现减少腐败的目标，需要采取一些从容而谨慎的行动。[①]

市场力量过多

不仅伪善者把腐败作为新自由主义政策失败的"解释"是没
有根据的（因为他们认为这些政策不可能错误），而且他们宣扬的

---

① 需要采取的一项重要举措是使选举成本更低，这要通过同时限制候选人和政党
的选举开支来达到；如果只限制其中一方，开支会很容易地从一方转到另一
方。在当今媒介影响广泛的时代，禁止政治广告也是使选举成本更加低的重要
方法。强化国家福利保障体系（这当然需要提高政府收入）可以增强穷人抵抗
贿选的能力，这也有助于减少选举腐败。更高的税收也能帮助政府提高公务员
的收入，使之少受贿赂的诱惑。当然，其中有很多"鸡生蛋还是蛋生鸡"的问
题。如果政府一开始没有招募到品行良好的人，也没有给付较高的薪水，就不
可能增强税收征缴能力；因而第一步应该是清理税收征缴业务。最好的例子就
是 17 世纪英国对消费税（征收间接税）征收业务的改革。英国政府先于其他
部门将能人治理、从未有过的监督措施和清晰的规则引入消费税征收业务中，
产生了很好的效应。这不仅增加了政府收入，而且成为以后提高关税征收业务
水平和其他部门业务水平的榜样。有关政府税收征缴能力的讨论，见 J. di John
（2007），"The Political Economy of Taxation and Tax Reform in Developing
Countries" in H-J. Chang（ed.），*Institutional Change and Economic Development*
（United Nations University Press，Tokyo，and Anthem Press，London）。有关英国
消费税征收业务改革的细节，见 R. Nield（2002），*Public Corruption – The Dark
Side of Social Evolution*（Anthem Press，London），pp. 61–62。

治理腐败问题的策略通常不是减少而是加剧了腐败。

伪善者基于新自由主义经济学的论证思路，认为处理腐败的最 168
好方式是在公共和私营部门引入更多的市场力量——这是一种契合
市场原教旨主义（Market-fundamentalist）经济计划的解决方案。它
认为在私营部门使市场力量获得自由——解除管制——不仅会提高
经济效率，而且通过剥夺政客和官僚们分配资源的权力可以减少腐
败，因为正是这些权力使他们有能力去索贿。另外，伪善者还执行
基于所谓新公共管理（New Public Management, NPM）的措施，试
图增强行政效能并通过将更多市场力量引入政府来减少腐败——更
频繁地运用合同外包，更积极地运用与绩效相关的支付和短期合
同，在公私部门间更积极地交换人员。

不幸的是，新公共管理所启动的改革常常增加了腐败，而不
是减少了腐败。增加合同外包意味着公共部门与私营部门有更多
的合同关系，由此创造出更多的贿赂机会。公私部门间更多的人
员交换有更加隐蔽的效应。一旦存在走上赢利的私营部门岗位的
可能，拥有公职的官员倾向于通过放宽甚至破坏规则来巴结未来
的雇主。他们甚至可以不受贿而做这些事情，而只要没有涉及资
金的转手，就不会违犯法律（因而也就没有腐败发生），最多只
能是判断失误。但是，给公职人员的费用是在此后支付的，甚至
可能都不一定由获利的企业来承担。一旦建立起"亲商人"的个
人名声，更委婉一点的说法是"改革者"，他们以后就可以到私
人的法律公司、游说组织甚至是国际机构谋得一个肥缺。他们甚
至可以利用其"亲商人"的名声去设立一个私募基金。如果以增
加市场锻炼的名义通过短期的合同使公务员职业变得更加不稳定
的话，公务员讨好私营部门的动机就会增加。如果他们知道自己 169
不会长久地留在公务员队伍中，他们就有更大的动机去照顾未来就

业的雇主。[1]

除了引入新公共管理措施所造成的影响，新自由主义政策通过促进贸易自由化也间接地、无意地增加了腐败，因为这些政策减少了政府的财政收入，使得腐败更容易出现并且难以打击。[2]

而且，新自由主义一揽子政策的另一项重要工具解除管制也增加了私营部门的腐败。私营部门的欺诈在经济学文献中经常被忽视，因为腐败通常被**定义**为为了个人收益而滥用**公共**权力。[3] 但是，私营部门也存在腐败。解除金融业的管制并放松会计标准即便在富国也导致了内部人交易和假账——想想美国"喧嚣的90年代"中的能源企业安能（Enron）和电信企业美国世界通信公司（WorldCom）以及它们的会计公司安达信（Arthur Andersen）。[4] 解除管制也能增加私有垄断企业的权力，扩大采购经理从次级分包商获得贿赂的机会。

腐败通常是由市场力量过大造成的，而不是因为市场力量过小。腐败的国家在很多糟糕的方面有影子市场（Shadow Market），比如政府采购、就业和许可证发放。事实上，在如今的富国，只是

---

① 新公共管理运动的先锋、后撒切尔时代的英国出现了显著的腐败增加的现象，这就是给以市场为基础的反腐败运动的一个有益教训。一位退休的剑桥经济学教授、著名的1968年富尔顿公务员改革委员会的成员罗伯特·尼尔德（Robert Nield）在评论这段经历时惋惜地说道："我不能想象这样一种情形——现代民主系统性地破坏了产生廉洁公务员的体系。"见 R. Nield（2002），*Public Corruption*（Anthem Press，London），p. 198。

② 见第三章中有关贸易自由化对发展中国家政府财政影响的讨论。

③ 对这句话的分析，见 G. Hodgson & S. Jiang（2006），"The Economics of Corruption and the Corruption of Economics：An Institutionalist Perspective"。

④ J. Stiglitz（2003），*The Roaring Nineties*（W. W. Norton，New York and London）.该书对这些事例进行了详细的讨论。

在经过非法地出售类似政府职位这样的事情之后，通过滥用职权而获取暴利的人才显著地减少。如果像新自由主义正统时常鼓吹的那样，通过解除管制释放更多的市场力量，只会使情况变得更糟糕。这就是为什么许多发展中国家在实行了伪善者所推动的自由化之后，常常是**增加**了而不是减少了腐败。俄罗斯在自由化和私有化过程中所出现的极端的腐败已经臭名远扬了，但类似的现象在很多发展中国家可以见到。①

170

民主与自由市场

除了腐败，在新自由主义政策议程中还有另一个政治问题也占据着重要位置，那就是民主。但民主是一个非常复杂和富有争议的问题，尤其是在其与经济发展的关系方面。所以，不像自由贸易、通胀或私有化这样的问题，伪善者之间在民主的问题上也没有一致的立场。

一些人认为民主是经济发展的必要条件，因为它保护公民不受统治者无端的剥削——缺乏这类保护，政府就无法激励人们去积累财富；因而美国国际发展署认为，"扩大民主能提高个人获得成功和改善生活的机会"②。另一些人认为，如果在捍卫自由市场时需要牺牲民主，那也是值得的，就像一些新自由主义经济学家给皮诺切特在智利的独裁统治提供强有力的支持一样。还有一些人认

---

① 见一集特刊"Liberalisation and the New Corruption" in *IDS Bulletin*, vol. 27, no. 2, April 1996 (Institute of Development Studies, University of Sussex)。关于俄罗斯的情况，见 J. Wedel (1998), *Collision and Collusion: The Strange Case of Western Aid to Eastern Europe* (St Martin's Press, New York)。

② http://www.usaid.gov/our_work/democracy_and_governance/.

为，只要经济发展了（当然，实现这一点的最好方式是实行自由贸易和自由市场政策），民主就会自然而然地发展起来，因为它将造就一个受过教育的、希望实行民主的中产阶级。然而有些人在所有时候都歌颂民主，唯有在不民主的国家恰是自己的"朋友"时保持沉默——保持富兰克林·罗斯福对尼加拉瓜独裁者安纳斯塔西奥·索摩查（Anastasio Somoza）做出著名评论时所代表的**现实**政治传统。①

　　虽然见仁见智，但新自由主义者有强烈的共识，认为民主和经济发展相互强化。当然，不单新自由主义者持这种观点。但他们的特点在于相信这种关系主要是由自由市场所衔接的，甚至可能完全由其衔接。他们认为民主促进自由市场发展，自由市场促进经济发展，之后经济发展又促进民主。英国财经记者马丁·沃尔夫在其名作《为什么全球化奏效》（*Why Globalisation Works*）中写道："市场巩固了民主，就像民主通常情况下应该强化市场一样。"②

　　根据新自由主义的观点，民主之所以促进自由市场，是因为在要限制政府的掠夺行为时，不需要诉诸暴力措施也能将政府推翻。如果不担心失去权力，统治者可以不受惩罚地强加过度的税负，甚至没收私人财产，就像无数独裁者在历史中所做的那样。当发生这种情况时，投资和创造财富的激励机制都会被摧毁，市场力量也被扭曲，从而阻碍经济发展。相反，在民主制下，政府的掠夺行为被限制了，因而市场得以繁荣，从而促进经济发展。所以，自由市场促进民主，因为它会导致经济发展，而经济发展会产生独立于政府的财富拥有者，他们需要一种可以抵制政治家们专断行为的机制。

---

① http://www.brainyquote.com/quotes/authors/f/franklin_d_roosevelt.html.

② Martin Wolf（2004），*Why Globalisation Works*（Yale University Press，New Haven and London），p. 30.

美国前总统比尔·克林顿（Bill Clinton）在支持中国加入世界贸易组织时说："当中国老百姓变得更具流动性和更富有时，他们在影响其生活的决策中会寻求更大的话语权。"[1]

暂时把自由市场是不是经济发展的最好手段（对于这个问题，我在全书中一直反复地说"不是"）的问题放一边，我们能否说民主和（自由）市场是一对天然的伙伴，它们会相互加强？

答案是"不能"。与新自由主义者所说的不同，市场和民主在根本的方面存在冲突。民主是以"一人一票"的原则运行的，而市场的运行原则是"一元一票"。自然，前者给每个人以平等的权重，不管贫富；而后者则给富人更大的权重。因而，民主决策经常破坏市场的逻辑。事实上，19世纪大多数自由主义者反对民主，因为他们认为民主与市场**不兼容**。[2] 他们认为民主会允许大多数的穷人采取剥夺少数富人的政策（比如，累进的所得税和私人财产的国有化），而这会破坏财富创造的动机。

受这种思想的影响，所有当今的富国起初都只将选举权给予拥有一定财产或收入且足以上缴一定量的税收的人。一些国家还有关于识字或受教育状况的资格要求（比如在德国的一些州，一个有大学学位的人可以投一张额外的选票）——这些当然与人们的经济地位密切相关，而且通常与财产和纳税状况结合使用。所以，在英国这个被认为是现代民主诞生地的国家，即便在1832年通过著名的《改革法案》（Reform Act）后，也只有18%的男性有选举

172

---

[1] J. Bhagwati (2004), *In Defense of Globalisation* (Oxford University Press, New York), p. 94.

[2] N. Bobbio (1990), *Liberalism and Democracy*, translated by Martin Ryle and Kate Soper (Verso, London).

权。① 法国在 1848 年实行男性普选权（世界上第一个）之前，由于年龄（30 岁及以上）和更为重要的税收支付等限制，只有约2% 的男性有选举权。② 在意大利，即使在 1882 年将选举年龄降低到 21 岁，也只有 200 万名男性（相当于 15% 的男性人口）能参加选举，这是由于税收支付和识字要求的限制。③ 英国对选举权的经济条件的限制与美国殖民地反对英国的著名口号相反，英国是"无税收，无代表"（No Representation without Taxtion），而美国是"无代表，不纳税"（No Taxation without Representation）。

指出民主与市场的矛盾，并不是要放弃市场逻辑。在苏联社会主义制度下，完全摒弃"一元一票"的原则不仅导致了经济效率低下，而且其他标准——政治权力、私人关系或意识形态属性——滋生了不平等。我们应该注意到金钱是一个巨大的平衡器，对于针对特定的种族、社会等级或职业群体的令人不快的一些偏见具有强大的溶解作用。它也更容易使人更好地对待被歧视的群体，如果后者有钱的话（也就是说，当他们是潜在的消费者或投资者的时候）。公开实行种族隔离体制的南非也曾给日本人以"名誉上的白人"地位，这就是市场具有"解放"力量的强有力证据。

173　　　但是，无论市场逻辑在一些方面有多么强的正面效应，我们不应该也不能使社会只遵循"一元一票"的原则。把什么都交给市场意味着富人可以实现最荒谬的愿望，而穷人可能连生存都很困难——因而世界上花费在减肥药研究上的钱是花在疟疾研究上的

---

① M. Daunton（1998），*Progress and Poverty*（Oxford University Press，Oxford），pp. 477 – 478.

② S. Kent（1993），*Electoral Procedure under Louis Philippe*（Yale University Press，New Haven）.

③ M. Clark（1996），*Modern Italy*，*1871 – 1995*，2nd ed.（Longman，London and New York），p. 64.

20 倍，而疟疾每年会在发展中国家夺去 100 万以上人的生命，并造成几百万人的体质衰弱。而且，有些东西是不应该进行买卖的——即便是为了有一个健康的市场。司法裁决、公共职位、学位和一些职业（律师、医生、教师、驾驶教练）的资格证书都是这方面的例证。如果可以买到这些东西，不仅社会的法治会面临严重问题，而且会影响到经济效率：庸医或没有资格证的教师会降低劳动力的质量；贪赃枉法的司法裁决会破坏合同法的效力。

民主和市场都是构建一个健康社会的基石，但是它们在本质上会有冲突，我们需要平衡它们。如果自由市场不利于促进经济发展是一种事实（本书通篇都显示了这个观点），就很难说民主、自由市场和经济发展之间有一个良性循环，这正与伪善者的主张相反。

当民主破坏民主时

伪善者所推动的自由市场政策已经把我们生活中的很多领域置于"一元一票"的市场规则之下。由于自由市场与民主之间有一种自然的张力，自由市场政策限制了民主——即便可能不是它们的本意，但还不止于此。伪善者还推荐了可大人破坏发展中国家民主的政策（尽管他们永远都不会在自己的国家里实施）。

他们的主张开始还是很合理的。新自由主义经济学家担心政治过程会打开背离市场理性的大门：没有效率的企业或农场可能会游说议员们给予关税和补贴，给社会其他人强加成本使他们购买昂贵的国内产品；主张民粹主义的政客可能向央行施加压力，要求它在选举期间"印刷钞票"，这会导致通胀并会损害人们的长远利益。到此为止，一切尚好。

对这种问题，新自由主义者给出的解决方案是对经济的 "去政治化"（Depoliticize）。他们认为应该缩小政府行为的范围——通过私有化和自由化——到最小的状态。在允许政府使用权力的几个仅有的领域，政策裁决权的空间也应该最小化。他们认为，这类限制在发展中国家尤为必要，因为这些国家的领导人更缺乏能力也更腐败。这类限制可由能够约束政府抉择的严格规则来实现——比如，一部要求预算平衡的法律；或者通过建立政治中立的政策机构——一个独立的央行、独立的管制机构，甚至独立的税收机构［被称为 "自主的税收机构"（Autonomous Revenue Authority, ARA），在乌干达和秘鲁都尝试过］①——来实现。新自由主义者还认为，对于发展中国家，签署国际协议（比如世界贸易组织协定、双边或区域的自由贸易协定或投资协定）尤为重要，因为它们的领导人责任心更弱，因而更有可能偏离新自由主义政策的正确道路。

这种 "去政治化" 论证的第一个问题就是假设的前提条件，即我们能清楚地知晓经济学应该在哪里结束以及政治学应该在哪里开始。但这是不可能的，因为市场——经济学的领地——是由政治建构的。市场是一种政治的建构，因为所有的财产权和其他支持性的权利都有政治起源。经济权利的政治起源可从一个事实中看出，即许多现在看来是自然的权利在过去却是充满政治争议的，这样的例子包括对于自己的创意的权利（在 19 世纪引入知识产权前一直未被接受）以及年轻时不必参加工作的权利（许多贫穷的孩子没

① 关于 ARA 在乌干达和秘鲁的经历，见 J. di John（2007），"The Political Economy of Taxation and Tax Reform in Developing Countries" in H-J. Chang（ed.），*Institutional Change and Economic Development*（United Nations University Press, Tokyo, and Anthem Press, London）。

有该项权利)。① 当这些权利尚充满政治争议时，关于为什么接纳它们会与自由市场不相容这个问题也有大量的"经济"方面的论证。② 因而，当新自由主义者提出对经济的"去政治化"时，他们是假设他们对政治与市场之间的清晰区分是正确的。但这是毫无根据的。

在本章中，更为重要的是，在推进经济的"去政治化"过程中，伪善者正在破坏民主。在一个民主政体中，政策决策的"去政治化"意味着弱化民主。如果将所有真正重要的决策都从民主选举的政府拿走，交给"政治中立"的机构中的非民选的技术官僚，民主还有何意义？换句话说，民主对新自由主义者来说，只有当它不与自由市场相冲突时才是可接受的；这就是为什么他们中的一些人不认为在支持皮诺切特的独裁统治与赞扬民主之间有什么冲突。说得坦率些，只有当民主无力的时候，他们才需要民主——就像伦敦的左派市长肯·利文斯通（Ken Livingstone）在1987年出版的一本书的名字所昭示的那样：《如果选举改变一切，他们该废除它》（*If Voting Changed Anything*,

① 相关例子包括环境清洁的权利、性别或种族间平等对待的权利以及消费者权利。有关这些权利的争论更加趋于保守，因而也更容易看清它们的"政治"本质。但是，随着这些权利逐渐被广泛接受，它们的政治属性看起来更小了——尤其是环境权利，在若干年前还只有很少一部分人支持，现在已经广为接受，以至于人们不再将其看作政治问题。

② 例如，当英国议会在1819年提出一部规范童工的法案时，上议院的一些议员对其表示了拒绝，认为"劳动应该是自由的"。虽然以现在的标准来看，该法案是非常宽松的——只适用于被认为危险性最大的棉纺厂，而且只禁止雇用9岁以下的儿童。见 M. Blaug（1958），"The Classical Economists and the Factory Acts: A Re-examination", *Quarterly Journal of Economics*, 1958, vol. 72, no. 2。有关反对创意所有权的"经济"论证，见本书第六章。

They'd Abolish It）。①

　　看来，像老的自由主义者一样，新自由主义者相信在现有的经济体系中把政治权力交给那些"没有利害关系"（Do not Have a Stake）的人，不可避免地会导致以财产（及其他经济）权利分配的形式产生一种对**现状**的"不合理"变更。然而，与他们有思想的前辈不同，新自由主义者生活在一个无法公开反对民主的时代，所以他们竭力通过在**一般意义上**贬损政治来达到目的。② 通过在一般意义上贬损政治，他们为自己的行动获得了合法性，即把决策权从民选的代表手中夺走。通过这一步，新自由主义者无须公开批评民主本身，却可成功地缩小民主控制的范围。这种行为所造成的后果对发展中国家有很大的危害性，在这些国家，伪善者成功地推行了一些即使富国也无法接受的"反民主"的举措（比如税收办公室的政治中立）。③

176

---

① 麻省理工学院的经济学家达龙·阿西莫格鲁（Daron Acemoglu）和哈佛大学的政治学家詹姆斯·罗宾逊（James Robinson）用更富学术性的语言表达了同样的观点。他们预计民主会随着全球化的过程更加分散，因为后者使民主更加无害。在他们看来，全球化可能使"精英和保守党拥有更大的权力，民主在今后就更少具有再分配性，尤其是如果代表多数的代议制的新形式——包括政治领域和工作场合——不能出现时。因而，民主将变得更加坚固。然而，对于那些期望民主改变社会——就像20世纪上半叶在英国那样——的人而言，它可能只是民主令人失望的一种形式"。J. Robinson & D. Acemoglu（2006），*Economic Origins of Dictatorship and Democracy*（Cambridge University Press，Cambridge），p. 360.
② 一个有力的例证来自美国在2000年总统大选前进行的民意调查，该调查表明，选民反对候选人的最重要原因就是该候选人"太政治化"。如此多的人只是因为其"太政治化"而拒绝一个正在谋求世界上最重要的政治职位的人，这说明新自由主义者在去政治化方面已经取得了一定程度的成功。
③ 当然，所有这些论述并不是要否认在资源分配方面实现一定程度的去政治化是必要的。一方面，除非资源分配过程被社会成员认为至少是"客观的"，否则经济系统本身的政治合法性会面临威胁。另一方面，如果每一项分配决策都被认为是值得争论的，那么在搜寻和谈判过程中就会产生高额的成本，这就像前社会主义国家的情况一样。然而，这与新自由主义的论证并不一样。新自由主义者认为市场在任何情况下都不应该受政治的制约，因为最终没有市场能真正脱离政治。

民主与经济发展

民主与经济发展显然相互影响，但是两者的关系比新自由主义的论证更为复杂。新自由主义者认为，民主通过使私人产权更加安全以及使市场更加自由来促进经济发展。

首先，由于民主与市场之间存在根本性的张力，民主不可能通过培育自由市场进而促进经济发展。事实上，老的自由主义者担心民主会阻碍投资和增长（比如过高的税负、企业国有化）。[①] 另外，民主可能通过其他渠道促进经济发展。比如，民主可能将政府支出重新引导到更具生产力的领域——例如从军事开支转向教育或基础设施投资，这将有助于经济发展。再比如，民主通过创立国家福利保障体系从而促进经济发展。与流行的观点相反，设计良好的国家福利保障体系，尤其是与良好的再培训计划相结合，能减少工人的失业成本，从而减少对能提高生产力的自动化的抵制（这不是巧合，瑞典的工业机器人与工人之比是全世界最高的）。我本来还可以提到民主影响经济发展的其他更多的渠道——无论是积极的还是消极的——但问题在于两者的关系的确非常复杂。

无疑，没有系统性的证据支持或反对有关民主有助于经济发展的观点，连试图识别出各国的民主与经济增长之间关系的统计规律

177

---

① 然而，与老的自由主义者的担心相反，欧洲国家在 19 世纪末和 20 世纪初扩大穷人的选举权并没有导致收入转移的增加，而只是重新配置了开支（尤其是基础设施和国内安全方面的开支）。直到第二次世界大战结束后，收入转移才有所增加。见 T. Aidt, J. Dutta, and E. Loukoianova (2004), "Democracy Comes to Europe: Franchise Extension and Fiscal Outcomes, 1830–1938", *European Economic Review*, vol. 50, pp. 249–283。

的研究都未能得出系统性的结果。[1] 即便在单个国家层面，我们也能看到结果的丰富多样性。一些发展中国家在独裁体制下的经济状况的确很糟糕——马科斯统治下的菲律宾、蒙博托统治下的扎伊尔或杜瓦利埃统治下的海地都是最为人知的事例。但是也有像苏哈托统治下的印度尼西亚或穆塞韦尼统治下的乌干达这样的事例，独裁统治产生了还可以接受的经济绩效，尽管不是经济奇迹。之后还有20世纪60~70年代的韩国、新加坡和巴西，这些国家在专政政府统治下却取得了很好的经济绩效。相反，当今的富国在第二次世界大战结束到20世纪70年代之间广泛拓展民主体制时取得了它们历史上最好的经济成绩，在此期间许多国家实现了普选（澳大利亚、比利时、加拿大、芬兰、法国、德国、意大利、日本、瑞士和美国），增加了少数族裔的权利，并加强了穷人对富人的可怕"剥夺"（比如企业的国有化或提高累进的所得税以增加财政收入，还有建立国家福利保障体系）。

当然，我们为了支持民主，并不需要借助民主对经济增长有积极影响这一点。正如诺贝尔经济学奖得主阿玛蒂亚·森（Amartya Sen）所说，民主有其内在价值，任何对发展的合理定义中都应该有这一标准。[2] 民主有助于建立一个健康和谐的社会，它通过使一些事情不诉诸"一元一票"的市场规则——如前所述，比如公共职位、司法裁决、教师的资格证——达到这一目的。参与民主政治的过程有其内在价值，虽然这种价值很难转换成货币价值。因而，即便民

---

[1] 见以下文献的评论。A. Przeworski & F. Limongi (1993)，"Political Regimes and Economic Growth"，*Journal of Economic* Perspectives，vol. 7，no. 3 and J. Robinson & D. Acemoglu (2006)，*Economic Origins of Dictatorship and Democracy* (Cambridge University Press，Cambridge)，chapter 3.

[2] A. Sen，"Democracy as a Universal Value"，*Journal of Democracy*，vol. 10，no. 3，1999.

主对经济增长有负面影响，由于其内在价值，我们仍该支持它。尤
其当没有证据表明这种负面影响存在时，我们应该更加尽力支持它。

如果说民主对发展的影响是模糊的，经济发展对民主的影响
却很清晰。看来可以大胆地说，长期经济发展会带来民主。但这
幅宽泛的图景不应该掩饰这样一些事实，即一些国家在相当贫穷
时就维持着民主，而另有一些国家在富裕时也没有建立民主体
制。如果没有人真正为之奋斗，民主是不会自动地产生于经济繁
荣中的。①

挪威是世界上第二个实行民主体制的国家（它在 1913 年引入
普选权，新西兰是在 1907 年），虽然它当时是欧洲最穷的国家之
一。相反，即便以每人一票这种纯粹形式意义上的民主来判定，美
国、加拿大、澳大利亚和瑞士也要到 20 世纪 60～70 年代才成为民
主国家，那时它们都已经非常富裕了。澳大利亚直到 1962 年才废
除"白澳"（White Australia）政策并允许非白种人拥有选举权。
直到 1965 年，美国的南方各州才允许非洲裔美国人参加选举，这
还得感谢马丁·路德·金所领导的民权运动。② 瑞士直到 1971 年

---

① 在理解当今发展中国家为民主而奋斗的同时，我们应该牢记的一个重要方面
是，普选权现在有史无前例的合法性。第二次世界大战结束以来，限制性的选
举权——过去非常"自然"——已是不可接受的。统治者现在只有两种选
择——全面民主或干脆取消选举。一位通过军事政变而上台执政的军队将领可
以很容易地推迟选举，但他无法宣告只有富人或只有男人享有选举权。这种高
度的合法性使得如今的发展中国家在发展水平比过去的富国还低很多的情况下
可以引进并维持民主。

② 从技术角度看，南方各州的黑人被剥夺选举权，不是因为他们的肤色，而是由
于财产和识字条件的限制。这是因为内战结束后美国宪法的第五条修正案禁止
以种族为理由限制选举。但这些限制事实上是对种族和肤色的歧视，因为识字
测试对于白人而言是非常简单的。见 H-J. Chang（2002），*Kicking Away the
Ladder - Development Strategy in Historical Perspective*（Anthem Press, London），
p. 74。

才允许妇女参加选举（如果算上外阿彭策尔和内阿彭策尔这两个反叛的州，时间就会更晚，这两个州分别到 1989 年和 1991 年才给予妇女选举权）。类似的观察也可从如今的发展中国家得出。印度在过去的 60 年里一直维持着民主，尽管它至今仍是世界上最穷的国家之一；而韩国直到 20 世纪 80 年代末才走上民主道路，此时它已经相当富裕了。

政治学和经济发展

腐败和民主的缺失是许多发展中国家面临的大问题。但是它们与经济发展之间的关系比伪善者的论证要复杂得多。他们并没有深入思考腐败问题的复杂性，比如，为什么许多发展中国家的政治家是通过反腐败战略上台执政的，但结果非但没有肃清腐败，反而要么被罢黜，要么因为腐败而锒铛入狱。拉美的总统，比如巴西的费尔南多·科洛尔·德梅洛（Fernando Collor de Mello）和秘鲁的阿尔韦托·藤森（Alberto Fujimori），就是这方面的例证。当谈到民主时，新自由主义者认为民主促进自由市场，然后促进经济发展，这种观点是很有问题的。民主与自由市场之间有一种较强的张力，自由市场不可能促进经济发展。如果民主促进经济发展，通常是通过其他渠道，而不是通过促进自由市场发展来实现的，这与伪善者的观点相反。

而且，伪善者在这些领域所建议的政策并没有减少腐败，解决民主缺失的问题。事实上，他们还经常使问题变得更糟糕。普遍地解除对经济的管制以及在政府管理中引入更大的市场力量，通常是增加而不是减少腐败。通过强迫贸易自由化，伪善者也无意间鼓励了腐败；政府收入的减少导致压缩公务员收入，因而鼓励了许多小型的腐败。在对民主口惠而实不至的同时，伪善者推进了很多弱化民主的措施。其中一些是通过解除管制，扩大市场的领地而缩小民主的范围。但其他一些是通过故意的举措，如利用僵化的国内法律或国际条约绑住政府，将政治独立性赋予央行和其他政府机构。

新自由主义者曾经将政治因素斥为不会影响经济良好运行的微小因素，如今他们却越来越重视这些因素了。原因很明显——由发达国家主导的国际组织向发展中国家所推行的经济计划都面临重大失败（只要想想 20 世纪 90 年代的阿根廷），并且鲜有成功案例。对伪善者而言，他们无法相信自由贸易、私有化及其他政策可能是错误的，于是对政策失败的"解释"越来越多地集中在非政策因素，比如政治和文化方面。

在本章中，我已经表明了新自由主义者将政策失败归咎于腐败和缺乏民主等政治问题的企图是如何不能令人信服的。我也指出了，他们对这些问题所宣称的解决方案已经使问题变得更糟糕。在下一章，我将转向另一种非政策因素——文化。由于"文化的冲突"在近年来成为流行的观念，文化也迅速成为对经济发展失败的一种流行解释。

第九章 "懒惰"的日本人和"偷盗"的德国人
——某些文化会阻碍经济发展吗？

在一个发展中国家考察过很多工厂之后，一名来自澳大利亚的管理顾问对邀请他的政府官员说："当我看到你们的人工作时，很快就丢掉了你们劳动力廉价的印象。无疑，他们所需的报酬很低，但是产出也一样低。我感到你们是一个非常容易满足的懒散的民族，认为时间不重要。当我向一些管理人员反映这些问题时，他们告诉我不可能改变与生俱来的民族习惯。"

这名澳大利亚顾问非常担心的是，他所访问国家的工人没有正确的工作伦理。事实上，他非常客气，他本来可以直接说他们"懒惰"。无疑，这个国家是贫穷的——虽然不是非常贫穷，但其收入水平还不到澳大利亚的1/4。

这个国家的管理人员虽然同意澳大利亚人的观点，但也聪明地认识到"与生俱来的民族习惯"或文化很难改变。就像19世纪德国经济学家和社会学家马克斯·韦伯（Max Weber）在其富有启发意义的著作《新教伦理与资本主义精神》（*The Protestant Work Ethic and the Spirit of Capitalism*）中所提出的，像新教这样的文化比其他文化更适应经济发展。

然而，前面说到的国家是 1915 年的日本。① 来自澳大利亚（一个如今以休闲生活而著称的国家）的人能称日本人"懒惰"，这好像不对。但这正是 100 多年前大多数西方人对日本人的看法。

美国传教士西德尼·古利克（Sidney Gulick）在其 1903 年的《日本人的演变》一书中写道，许多日本人"给人这样一种印象……懒惰以及对时间的流逝完全不在意"②。古利克并不是一个马虎的观察者。他在日本生活了 25 年（1888 ~ 1913 年），完全掌握了日语并在日本的大学里教书。回到美国以后，他因推动维护亚裔美国人利益的种族平等运动而闻名。然而，他看到了大量事实，证明日本的人民所表现出的气质是"心态轻浮，不为未来担心，只为现在而活"③。这种观察与现在对非洲的认识之间的相似性非常引人注目。一位来自非洲喀麦隆的工程师兼作家丹尼尔·埃通加－曼格尔（Daniel Etounga-Manguelle）写道："停留于古老文化的非洲人认为历史总会重现，因而无须过于担心未来。然而，他们缺乏对未来的动态印象，就没有计划，没有远见，也没有对未来的设想。换句话说，他们没有影响事件进程的政策。"④

英国费边社的著名领导人比阿特丽斯·韦布（Beatrice Webb）在其 1991 ~ 1912 年的亚洲之行后，将日本人描写为具有"对闲暇的令人不快的观念以及令人无法容忍的个人独立"的人。⑤ 她说，

---

① *Japan Times*, 18 August 1915。

② S. Gulick (1903), *Evolution of the Japanese* (Fleming H. Revell, New York), p. 117.

③ S. Gulick (1903), *Evolution of the Japanese* (Fleming H. Revell, New York), p. 82.

④ D. Etounga-Manguelle (2000), "Does Africa Need a Cultural Adjustment Program?" in L. Harrison & S. Huntington (eds.), *Culture Matters – How Values Shape Human Progress* (Basic Books, New York), p. 69.

⑤ B. Webb (1984), *The Diary of Beatrice Webb: The Power to Alter Things*, vol. 3, edited by N. MacKenzie and J. MacKenzie (Virago/LSE, London), p. 160.

在日本"显然没人愿意思考"。① 她甚至还对我的祖先给予了苛刻的评价。她将高丽人描写为"1200万污秽、堕落、郁闷、懒惰以及无宗教的野蛮人，无精打采地穿着过时的肮脏的白衣裳，住在肮脏的泥土屋里"②。无疑她认为，"如果说谁能把高丽人从现在的野蛮状态拯救出来，我认为是日本人"，虽然她对日本人的评价也不高。③

这不仅仅是西方人对东方人的偏见。英国人过去也这样说过德国人。在19世纪中期经济起飞前，德国人被英国人描绘为典型的"又笨又乏味的人"。④ "懒惰"（Indolence）一词是与德国人的本性紧密相连的。⑤《科学怪人》（*Frankenstein*）的作者玛丽·雪莱（Mary Shelley）在与她的德国马车师傅激烈争吵后，愤怒地写道："德国人从来不会抓紧时间。"⑥ 不仅仅英国人这样批评，一位雇用了德国工人的法国工厂主也抱怨说，他们"把工作当作寻开心，也只有开心时才工作"⑦。

英国人还认为德国人非常迟钝。根据19世纪20年代一位游记作家约翰·罗素（John Russell）的描写，德国人是"节奏缓慢、

---

① B. Webb (1984), *The Diary of Beatrice Webb: The Power to Alter Things*, vol. 3, edited by N. MacKenzie and J. MacKenzie (Virago/LSE, London), P. 166.

② S. Webb & B. Webb (1978), *The Letters of Sidney and Beatrice Webb*, edited by N. MacKenzie and J. MacKenzie (Cambridge University Press, Cambridge), p. 375.

③ S. Webb & B. Webb (1978), *The Letters of Sidney and Beatrice Webb*, edited by N. MacKenzie and J. MacKenzie (Cambridge University Press, Cambridge), p. 375. 当维伯访问朝鲜时，它已于1910年被日本占领。

④ T. Hodgskin (1820), *Travels in the North of Germany: Describing the Present State of the Social and Political Institutions, the Agriculture, Manufactures, Commerce, Education, Arts and Manners in that Country, Particularly in the Kingdom of Hannover*, vol. I (Archbald, Edinburgh), p. 50, n. 2.

⑤ 比如，T. Hodgskin (1820) 在第59页有一部分的标题是《德国人懒惰的原因》。

⑥ M. Shelly (1843), *Rambles in Germany and Italy*, vol. 1 (Edward Monkton, London), p. 276.

⑦ D. Landes (1998), *The Wealth and Poverty of Nations* (Abacus, London), p. 281.

容易满足的人……既没有敏锐的感觉也没有快速的反应"。根据他的描写，德国人尤其缺乏对新观念的开放心态，"让德国人理解新事物需要很长时间，而且难以引发他们对新事物的追求"①。无疑，就像19世纪中期另一位旅游者所言，他们是"不擅长管理企业或业务的"。②

德国人还被认为是过于个人主义因而不能相互合作的人。在英国人看来，德国人不能合作的最有力证据就是公共基础设施的糟糕质量以及维护不善。以至于印度总督约翰·麦克弗森（John McPherson）写道："我发现德国的路况是如此糟糕以至于我都被引导到意大利去了。"③（之后经常被用于描述糟糕的道路条件）我们不妨将这一评论再次与丹尼尔·埃通加－曼格尔对非洲的评论相比较："非洲社会就像一支崇尚个人对抗而缺乏团队精神的足球队，一个球员不会传球给另一个球员，因为担心后者会射门得分。"④

19世纪初的英国旅游者还发现德国人不诚实——"生意人和店主要竭尽所能地占你便宜，连在最微不足道的地方都要占尽你的便宜……这种无赖的行为非常普遍"，这是在英国军队中担任过医生的阿瑟·布鲁克·福克纳爵士（Sir Arthur Brooke Faulkner）的观察。⑤

最后，英国人认为德国人过于情绪化。现在的许多英国人则会

① John Russell （1828）, *A Tour in Germany*, vol. 1 （Archibald Constable & Co, Edinburgh）, p. 394.

② John Buckingham （1841）, *Belgium, the Rhine, Switzerland and Holland: The Autumnal* Tour, vol. I （Peter Jackson, London）, p. 290.

③ S. Whitman （1898）, *Teuton Studies* （Chapman, London）, p. 39, no. 20.

④ D. Etounga-Manguelle （2000）, "Does Africa Need a Cultural Adjustment Program?" in L. Harrison & S. Huntington （eds.）, *Culture Matters – How Values Shape Human Progress* （Basic Books, New York）, p. 75.

⑤ Sir Arthur Brooke Faulkner （1833）, *Visit to Germany and the Low Countries*, vol. 2 （Richard Bentley, London）, p. 57.

认为德国人非常缺乏激情。然而阿瑟爵士讲到了德国人的过分情绪化，他认为"一些人会笑对所有的悲伤，而其他人则总是沉溺于悲伤之中"①。阿瑟爵士是一位爱尔兰人，所以他说德国人过于情绪化，根据现在的文化形态，就像芬兰人说牙买加人过于忧郁一样。

184　　　事情就是这样。一个世纪前，日本人被认为是懒惰的而不是勤劳的；过于我行我素（即便对一个英国的社会主义者也是这样）而不像工蚁那样忠诚；情绪化的而不是深沉的；轻浮的而不是严肃的；为今天而活而不谋划未来（比如奇高的储蓄率）。一个半世纪之前，德国人被认为是懒惰的而不是高效的；追求个人主义的而不善于合作；情绪化而不理性；愚钝而不机灵；不诚实且不遵纪守法；懒散且无纪律。

　　出于两个理由，这些特征很令人迷惑。一方面，如果日本人和德国人都有如此"糟糕"的文化，它们是如何变富的？另一方面，为什么日本人和德国人在过去与现在有这么大的差别？它们是如何彻底改变"与生俱来的民族习惯"的？

　　接下来我将回答这些问题。但在回答之前，我先得澄清一些有关文化和经济发展之间关系的误解。

文化会影响经济发展吗？

　　认为文化差异可以解释不同社会经济发展的差别的观点流行了很长一段时间。这种观点背后的思路是很清晰的。不同的文化产生具有不同价值观的人，这主要体现在不同的行为方式上。由于一些

---

①　Sir Arthur Brooke Faulkner (1833), *Visit to Germany and the Low Countries*, vol. 2 (Richard Bentley, London), p. 155.

行为方式比其他一些行为方式更有助于经济发展,因而拥有产生更倾向于发展的行为方式文化的国家将比其他国家在经济上做得更好。

资深的美国政治学家、引发争议的书《文明的冲突》的作者塞缪尔·亨廷顿直截了当地提出这种观点。在解释韩国和加纳这两个在 20 世纪 60 年代处于相似经济发展水平的国家后来的经济差异时,他认为:"毫无疑问,许多因素起了作用……但文化的差别应该是主要原因。韩国人崇尚节约、投资、勤奋工作、教育、组织和纪律。而加纳人有着不同的价值观。总之,文化起作用。"[1]

很少有人会反对这种说法,即表现出崇尚"节约、投资、勤奋工作、教育、组织和纪律"等行为方式的人会取得经济上的成功。然而,文化理论家比这更进一步。他们认为这些行为方式大部分甚至全部是固定的,因为它们都是由文化决定的。如果经济成功真的是由"与生俱来的民族习惯"所决定,一些人注定会比其他人更加成功,那么就不需要做太多事情了。一些穷国只需要顺其自然就行了。

以文化为基础对经济发展进行解释在 20 世纪 60 年代之前非常流行。但在民权运动和去殖民化的年代,人们开始感觉到这些解释有文化优越主义(如果不必然是种族主义)之嫌。结果这些解释都声名狼藉。然而,在过去十多年这类解释又回归了。它们成为一种流行观点,因为主导性的文化(狭义的是英美文化,广义的是欧洲文化)开始感觉到其他文化的"威胁"——在经济领域是儒

---

[1] S. Huntington (2000), "Foreword: Cultures Count" in L. Harrison & S. Huntington (eds.), *Culture Matters – How Values Shape Human Progress* (Basic Books, New York), p. xi. 事实上,我在序言中已指出过,韩国在 20 世纪 60 年代初的人均收入要比加纳少一半。

家文化，在政治和国际关系领域是伊斯兰文化。[①] 这些解释也给伪善者提供了一个很便利的借口——新自由主义政策表现糟糕，不是因为其内在的问题，而是因为实行这些政策的人有降低其有效性的"错误"文化。

在这些回归的观点中，一些文化理论家事实上**本身没有**谈文化。由于认识到文化是一个过于宽泛、无形的概念，他们试图从文化中分离出与经济发展最相关的要素。比如，美国新保守主义的政治评论家弗朗西斯·福山（Francis Fukuyama）在其 1995 年的《信任》（*Trust*）一书中认为，存在超越家庭成员的信任对经济发展有重要影响。他认为在缺乏这类信任的文化中（比如法国文化、意大利文化以及极端的韩国文化），人们难以有效地管理大型企业，而这对现代经济发展是非常关键的。根据福山的解释，这就是为什么高信任度的社会，比如日本社会、德国社会和美国社会，在经济上更加发达。

但无论是否使用"文化"一词，论证的本质是一样的——不同的文化使人行为上有差异，导致不同的社会在经济发展上有差异。优秀的美国经济史学家以及文化主义理论复兴的领导者戴维·兰德斯（David Landes）宣称"文化造就了所有差别"[②]。

不同的文化使人对工作、储蓄、教育、合作、信任、权威以及无数其他事物产生不同的态度，而这会影响到一个社会的经济发展。但这种论调并没有难倒我们。因为我们马上就会看到，要精确

---

① 以下是这方面的代表性作品。F. Fukuyama（1995），*Trust：The Social Virtues and the Creation of Prosperity*（Hamish Hamilton，London）；D. Landes（1998），*The Wealth and Poverty of Nations*（Abacus，London）；L. Harrison & S. Huntington（eds.）（2000），*Culture Matters – How Values Shape Human Progress*（Basic Books，New York）；"Symposium on 'Cultural Economics'"，*Journal of Economic Perspectives*，Spring 2006，vol. 20，no. 2.

② D. Landes（1998），*The Wealth and Poverty of Nations*（Abacus，London），p. 516.

地定义文化是非常困难的。即便能清楚定义它，也不可能清晰地确定，一种特定的文化在本质上有助于经济发展还是有害于经济发展。我们开始解释吧。

什么是文化？

许多西方人误认为我是中国人或日本人。这可以理解。长着有点"斜"的眼睛、直直的黑头发以及凸出的颧骨，东亚人"看起来都一个模样"——至少对于西方人来说是这样，因为他们不能分辨东亚人在面部特征、行为习惯和衣着装扮等方面的细微差别。两位西方人因为把我错当成中国人或日本人而向我道歉，我告诉他们"没有关系"，因为大多数韩国人把所有西方人都叫作"美国人"——这是一种让一些欧洲人无法认可的观念。我告诉他们，在不熟悉西方人的韩国人看来，所有的西方人看起来都一个模样，都长着大鼻子、圆眼睛和浓密的卷发。

这种经历告诫我们，人类不可进行过于宽泛的分类。当然，什么是"过于宽泛"取决于分类的目的。如果我们要比较人脑和海豚的脑，即便归类为**原始人**（Homo Sapiens）都不过分。但是如果要研究文化如何使经济发展有差异，即便非常狭隘的"韩国人"类属都可能有问题。更宽泛的类属，比如"基督徒"或"穆斯林"，所掩饰的内容多于所揭示的内容。

然而，在众多文化主义的论断中，对文化的界定非常随意。一些令人难以置信的粗糙分类——比如东方与西方——使人都不愿去做出批评。更经常出现的是宽泛的"宗教"分类，比如基督教徒（基督教经常与犹太教合在一起成为犹太-基督教，也经常被分为天主教与新教）、穆斯林、犹太教徒、佛教徒、印度教徒以及儒教

187

徒（最后一种类别尤其富有争议，因为它不是一种宗教）。①

　　然而仔细想想这些类别，我们发现：在表面上是同类的"基督教徒"群体内，既有极端保守的主业社团运动（Opus Dei Movement）——该运动通过丹·布朗（Dan Brown）的畅销书《达·芬奇密码》（*The Da Vinci Code*）已变得赫赫有名——成员；也有左翼的解放神学的人物，典型代表是巴西奥林达与利塞福的大主教（the Brazilian Archbishop of Olinda and Recife）多姆·赫尔德·卡马拉（Dom Hélder Câmara）。他曾说："当我给穷人食物时，他们说我是圣徒；当我问为何穷人没有食物时，他们说我是共产党。"这两种"基督教"的亚文化会使人们对财富积累、收入再分配和社会义务产生不同的态度。

　　或者我们可以举另外一个例子。极端保守的伊斯兰教社会严格限制妇女参与公共活动，然而，马来西亚央行超过半数的专业人员是妇女——这个比例比任何被认为更"女权主义"的基督教国家的央行都更高。还有其他例子：一些人认为日本取得经济成功是因为其独特的儒教模式，它强调忠诚而不是在中国和韩国的模式中所强调的个人发展。② 无论是否同意这种特定的概括（后面详述），这至少表明儒教不止一种形态。

　　如果像儒教或伊斯兰教这样的类别太过宽泛，以国家为文化单

---

① 儒教是根据中国伟大的政治哲学家孔子而命名的，他生活在公元前 6 世纪。儒教不是一种宗教，因为它不涉及上帝、天堂和地狱。它主要关乎政治和伦理，但是它对家庭组织、社会庆典和礼仪也有约束。尽管起起落落，自从汉朝（公元前 202～公元 220 年）将其作为官方意识形态以来，儒教一直是中华文化的基础。在过去的几百年里，它传播到其他东亚国家，比如韩国、日本和越南。

② M. Morishima（1982），*Why Has Japan Succeeded? – Western Technology and the Japanese Ethos*（Cambridge University Press，Cambridge）。Fuknyama（1995）已使这种论证变得很流行了。

元来研究会怎么样呢？不幸的是，这也不能解决问题。正如文化主义者自己也会认可的一样，一个国家常常包括不同的文化群体，尤其是在幅员辽阔和文化多样的国家，像印度和中国。但是即便在韩国这个全世界最具文化同一性的国家，在不同的区域也有着显著的文化差异。特别是，来自东南部的人认为西南部的人是聪明却不值得信任的、口是心非之人。西南部的人还之以抱怨，说东南部的人尽管果敢而且组织纪律性强，但野蛮且富有攻击性。如果说韩国这两个区域的文化模式类似于法国和德国是不会太牵强的。韩国这两个区域的文化敌视如此强烈，以至于一些家庭甚至不允许自己的子女与来自对方区域的人结婚。所以，是否有单一的韩国文化呢？而且，这种问题在韩国这样的国家就如此复杂，更何况其他国家？

我本可以继续，但我认为我已经指出了，类似"基督教"和"中国人"这样的宽泛类别太过粗糙以至于失去了分析的意义，而且即便用一个国家作为文化单元也太大了。文化主义理论家可能会回应说，需要做的工作就是更加精确地定义摩门教徒或日本的儒教，而不是用宽泛的基督教徒或儒教。如果真是这样，那问题就简单了。但是，文化主义理论存在更为根本的问题，往下就讲到这个方面。

杰克医生与海德先生

自从东亚取得经济"奇迹"以来，一种非常流行的观点认为儒家文化（至少部分的）是该区域经济成功的原因。这种观点指出，儒家文化崇尚勤奋工作、教育、节俭、合作与服从权威。显然，鼓励人力资本（强调教育）和物质资本（强调节俭）的积累并崇尚合作和纪律的文化，肯定有助于经济发展。

但是，在东亚取得经济"奇迹"之前，人们常常指责儒家文

化是导致该区域欠发展的主要原因。他们也是对的。因为儒家文化
有很多方面是有害于经济发展的。我们只提及最重要的方面。

在过去，儒家文化不鼓励人们从事商业和工程这样的职业，而
这些职业对经济发展非常必要。传统儒家社会体系中的塔尖是士大
夫。他们与职业军人一道形成了统治阶级，后者是第二等级的统治
者。这个统治阶级管理着由农民、手艺人和商人所组成的普通人
（再之下就是奴隶）。但农民与其他被统治阶级之间有着根本的区
分。至少在理论上，如果通过了竞争性的科举考试（而且他们经
常能做到），个别的农民可以进入统治阶级；而手艺人和商人是不
允许参加这种考试的。

更糟糕的是，过去科举考试只测试人们对儒家经典的学术知
识，这些儒家经典使统治阶级非常蔑视实用知识。18 世纪，针对
国王在其母亲去世后应该守多长时间的孝（一年还是三年），高丽
的儒家政治家在争论中屠杀了持不同观点的对手。士大夫被认为应
该"清贫"地生活（虽然实际上常常不是这样），因而贬低赚钱的
营生。在现代背景下，儒家文化鼓励聪明之士去学法律或经济学以
成为官僚，而不是成为工程师（技工）或实业家（商人）——这
些是对经济发展有更直接贡献的职业。

有人认为，儒家文化不鼓励创造性和企业家精神。前面说过，
190　严格的社会等级体系阻止了社会中一些群体（手艺人、商人）向上
流动。这个严格的等级体系通过强调对上级的忠诚和尊重权威而得以
维系，这培育了顺从主义而阻碍了创造性。基于儒家文化这些方面的
特征，过去东亚的文化形态鼓励不需要太多创造性的机械性事务。

一些人还认为，儒家文化妨碍法治。许多人，尤其是新自由主
义者，认为法治对于经济发展至关重要，因为它是反对统治者随意
剥夺财产的最后屏障。据说，缺乏法治就无法保障财产权利，因而

会使人民不愿意投资和创造财富。儒家文化尽管**不鼓励**独裁统治，但的确不喜欢法治，这是由于它认为法治是无效的。"道之以政，齐之以刑，民免而无耻；道之以德，齐之以礼，有耻且格。"我同意这种观点。运用严格的法律制裁人，他们会因害怕惩罚而遵守法律，但是过于强调法律则会使人感到自己没有作为有道德的主体而得到信任。缺乏这种信任，人不仅不会遵守法律，在其他事情上也不会采取有道德的行为。然而，虽然儒家不赞成法治，但并不是要使社会体系受制于独裁统治——当统治者没有美德时，你会怎么做？

所以，哪一种描述才是真正的儒家文化呢？是一种崇尚"节俭、投资、勤奋工作、教育、组织和纪律"的文化（就像亨廷顿对韩国的描述一样），还是一种贬低职业化、阻碍企业家精神并阻止法治的文化？

两者都对，区别只是前者只挑选出适合经济发展的要素，而后者只挑选有害于经济发展的要素。事实上，创立单一面向的儒家文化不需要去挑选不同的要素。同样的文化要素既可以解释为积极的含义，也可以解释为消极的含义，取决于你所要的结果。最好的例证就是"忠诚"。前面已提到过，一些人认为正是因为强调忠诚，日本的儒家模式才更适合经济发展。另外一些人则认为对忠诚的强调正是儒家文化的错误之处，因为它抑制独立思考及创新。

然而，不仅仅儒家文化有分裂的人格特征——就像罗伯特·路易斯·斯蒂文森（Robert Louis Stevenson）的《化身博士》（*Dr. Jekyll and Mr. Hyde*）中的主角一样，我们可以将相同的分析应用于任何一种文化信仰。以伊斯兰文化为例。

现在很多人认为伊斯兰文化会阻碍经济发展。他们认为，它对多样性的容忍不利于形成企业家精神和创造性。那些人认为它执着于来世使信徒对世俗的事务不感兴趣，如财富积累和生产力增长。① 对妇女活动领域的限制不仅浪费了一半人口的才智，而且可能会降低未来的劳动力质量；低学历的母亲只能提供较差的营养并且对孩子的教育少有助益，因而降低了他们在学校的成绩。"军国主义"的倾向（如，反对异教徒的"圣战"观念）鼓励的是制造战争，而不是赚钱。总之，一个典型的海德先生。

但是，我们也可以说，伊斯兰文化**没有**固定的社会等级体系（这就是南亚很多低种姓的印度教徒转投伊斯兰教的原因），这与其他文化不同，因而工作勤奋和富有创造力的人会得到奖励。而且不像儒家的体系，伊斯兰文化不贬低工业或商业活动。先知穆罕默德本人就是一个商人。作为一种倾向商业的宗教，伊斯兰教有高度发达的契约意识——即便在婚礼仪式上都需要签署婚姻合同。这种导向鼓励法治和正义②——伊斯兰国家拥有专业的法官比基督教国家早几百年。伊斯兰教强调理性思考和学习——先知曾有这样的名言："学者的墨水比烈士的鲜血更神圣。"这也是阿拉伯世界曾经在数学、科学和机械方面领先于世界的一个原因。而且，虽然对《古兰经》有着相互冲突的解释，但毫无疑问，众多前现代伊斯兰社会实际上比基督教社会更为宽容——毕竟，这是许多伊比利亚的犹太人在 1492 年西班牙基督徒"光复运动"（Reconquista）后逃往奥斯曼帝国的原因。

这些都是伊斯兰文化的杰克医生的一面：它鼓励社会流动和企

① 基于对世界价值观调查数据的分析，拉希尔·麦克丽瑞和罗伯特·巴罗认为穆斯林（以及"其他基督徒"，也就是说不属于新教主流或正统的天主教的其他基督徒）对于地狱和来生有特别强烈的信仰。见"Religion and Economy"，*Journal of Economic Perspectives*，Spring 2006，vol. 20，no. 2。

② 感谢伊利亚斯·凯里（Elias Khalil）给我指出这一点。

业家精神，尊重商业，有较强的契约意识，强调理性思考，并且容忍多样性以及创造性。

每种文化都有两面性的事实表明，没有哪一种文化是确定的有助于经济发展，或是确定的有害于经济发展的。一切都取决于人们用其文化的"原材料"去做什么。有可能积极的要素占主导，也有可能是消极的要素占主导。两个在不同时期或不同地理位置的社会，运用相同的"原材料"会产生而且已经产生了明显不同的行为模式。

看不到这一点，基于文化对经济发展的解释通常不过是完美的事后之见（a 20/20 Hindsight Vision）做出的**有回溯力**的判断（EX-post Facto Justification）。所以，在资本主义的早期阶段，当众多经济成功的国家正好信仰新教时，许多人就认为新教是唯一适合经济发展的文化。当信仰天主教的法国、意大利、奥地利和南部德国迅速发展时（尤其在第二次世界大战后），天主教就代替新教成为有魔力的文化。在日本变富之前，许多人认为东亚是因为儒家文化而没有发展起来。但是，当日本成功时，这种观点就被修改成日本发展这么快是因为其独特的儒家文化模式，即强调合作甚于强调个人领悟，而后者正是中国和韩国的儒家文化模式所强调的内容。之后，在中国香港、新加坡、中国台湾和韩国都迅速发展后，这种关于不同类型的儒家文化的论断就被遗忘了。事实上，儒家文化作为一个整体现在突然成为有助于发展的最好文化，因为它强调勤奋工作、储蓄、教育以及服从权威。如今，当我们看到信仰伊斯兰教的马来西亚和印度尼西亚、信仰佛教的泰国，甚至信仰印度教的印度都在经济上表现不错时，我们可能很快会碰上一些鼓吹所有这些文化对于经济发展的作用是如何独一无二的新理论（以及这些理论的作者是如何一直知晓这种事实的）。

193

偷盗的日本人和偷盗的德国人

到目前为止，我已经表明了界定文化以及理解其复杂性是多么困难，更别说找到适合经济发展的某种理想文化。如果连界定文化都很困难，试着用它去解释其他东西（比如经济发展）就会面临更多的问题。

所有这些并不是否认人们的行为会对经济发展有不同的影响。但是问题在于，人们的行为不是由文化所决定的，而且文化会变化；所以把文化作为一种天定之事——很多文化主义者就是这样认为的——是错误的。为了理解这一点，让我们暂时回到"懒惰的日本人"和"偷盗的德国人"的迷惑之中。

日本或德国的文化在过去被视为有害于经济发展的一个原因是，来自更富裕国家的观察者倾向于歧视外国人（尤其是贫穷的外国人）。但是，也有真正的"误解"成分，这是由于富国的组织方式与穷国的有很大差异。

比如"懒惰"——这是针对穷国的人时最频繁提到的"文化"特质——就是这样。来自富国的人通常相信穷国之所以穷就是因为穷国的人很懒惰。但是穷国的很多人在恶劣条件下要工作很长的时间。使其**看起来**懒惰的原因在于他们常常缺乏一种对时间的"工业"意识。当你使用基本工具或简单机械工作时，你没有必要严格遵守时间。如果你在一个自动化的工厂工作，严格遵守时间就是必要的。来自富国的人常常将这种时间意识上的差异解释为懒惰。

当然，这也并不全是偏见或误解。19 世纪初的德国人和 20 世纪初的日本人，平均来说，在组织性、理性、纪律性等方面的确是不如当时成功国家的公民，也不如现在的德国人或日本人。但我们是否真的能把这些"消极"行为方式的来源解释为"文化"？因为这意味着行为方式是根植于信仰、价值观和观念这些代代相传因而很难改变（如果不是绝无可能的话）的要素。

我的简短回答是"不能"。让我们再一次思考所谓"懒惰"问题。的确在穷国有很多人"游手好闲"。但是，是因为这些人在文化上更倾向于游手好闲而不愿工作吗？通常不是。这些人"游手好闲"主要是因为穷国的很多人是失业的或就业不足的（比如人们可能有份工作，但没有足够的事情需要他们从事全职工作）。这是经济发展的结果而不是文化造成的。当具有"懒惰"文化的穷国的人移民到了富国以后，往往比当地人更努力工作，这一事实就是例证。

至于过去德国人曾经极力吹嘘的"不诚实"，是因为当一个国家贫穷时，人们常常诉诸不道德的甚至不合法的手段谋生。贫穷也意味着执法不力，这使人们采取非法的行为时能逃避惩罚，也使得违法在"文化"上成为可以接受的行为。

日本人和德国人的"过于情绪化"又是怎么回事呢？缺乏理性思考通常被视为过于情绪化，而理性思考大部分是经济发展的结果。现代经济需要对各项活动的理性组织，而这会改变人们对世界的理解。

"只为今天而活"或"懒散"——这是现在很多人用于形容非洲人和拉美人的词汇——也是经济条件太差的结果。在一个缓慢变迁的经济体中，人们很少需要规划未来；只有在能预期新的机会（比如新的职业）或面临不可预期的冲击（比如新的进口品的突然流入）时，人们才愿意规划未来。而且，贫穷的经济几乎不能给人们规划未来提供工具（比如信用、保险、合同）。

换句话说，过去日本人和德国人的许多"消极"行为方式大

195　部分是经济条件（所有经济欠发达国家都面临这样的经济条件）差的结果，而不是特定文化造成的。这就是为什么过去的德国人和日本人在"文化上"与现在的发展中国家更为相似，而不像现在的德国人和日本人。

　　这些看似不可改变的"与生俱来的民族习惯"很多可以而且已经通过经济条件的变化迅速地改变了。这就是一些观察家在19世纪末的德国和20世纪初的日本所目睹的。前面提到过的美国传教士西德尼·古利克观察到，"日本人给人双重印象，一方面非常勤劳和刻苦，另一方面又非常懒惰而且对时间的流逝全然不在意"①。如果你看到新工厂里的工人，你会发现他们很勤奋。但是如果你看到就业不足的农民和木匠，你会发现他们很"懒惰"。随着经济的发展，人们也很快就会发展出一种"工业"的时间观念。韩国在这方面提供了一个非常有趣的事例。20年前，也许是15年前，我们常常有"韩国时间"的印象。它所描述的是这样一种普遍的做法，人们参加约会经常迟到一个小时或两个小时，甚至都不感到抱歉。现在，随着生活的节奏加快且生活更有组织性，这类行为已基本上消失了，那种韩国时间的印象本身也随之消失了。

　　换句话说，文化变迁是伴随着经济发展而产生的。② 这就是为什么现在的日本文化和德国文化与以前的有着非常巨大的差别。文

---

① S. Gulick（1903），*Evolution of the Japanese*（Fleming H. Revell，New York），p. 117.

② 当然，随着经济停滞，文化也会有所改变（至少从经济发展的角度）。伊斯兰世界过去是理性和宽容的，但是由于几个世纪的经济停滞，以及人们缺乏对未来前景的期望，"消极的"要素变得越来越强大。这些行为方式在伊斯兰文化中并不是不可避免的，因为在过去繁荣的伊斯兰帝国中都流行着理性思考和宽容。而且还有现在的例子，比如马来西亚，它的繁荣已经使其伊斯兰文化非常宽容和理性了，前面讲到过的央行女性职员的事例就是证明。

化既是经济发展的原因，也是经济发展的**结果**。更为准确地说，人 196
民是因为经济发展而变得"勤劳"和"富有纪律"的（并获得其
他"好的"文化特质），而不是通过其他途径。

许多文化主义者在理论上也承认文化会变迁，但是在实践中他
们把文化看作完全不可改变的事物。虽然有无数同时代的人进行相
反的解释，但是现在的文化主义者仍然用最奉承的语言描述日本居
于经济发展之尖的事实。经济发展的文化理论最主要的倡导者戴
维·兰德斯说："日本人以其特有的强度和体系进入现代化世界，
借助有效政府的传统（回忆）、高水平的识字率、紧密的家庭结
构、良好的工作伦理和自律、强烈的国家自豪感和优越感等优势，
他们早就准备好了。"① 虽然同时代人经常观察到日本人是懒惰
的，但福山在其《信任》一书中宣称"日本人有一种与新教工作
伦理相对应的东西，而且两者形成于相同时期"②。当福山将德国
人归类为天生具有"高信任度"时，他也没注意到，许多外国人在
德国变得富裕之前认为德国人总是欺骗别人并且不能相互合作。

一种好的文化论证应该既能承认德国人和日本人在**过去**是无药
可救的，**又能**解释他们是如何取得经济成功的。但是众多文化主义
者被这样的信念——只有具备"正确"价值体系的国家才能取得
发展——给蒙蔽了眼睛，为了能"解释"德国和日本之后的经济
成功，他们不惜改写这两国的历史。

文化变迁快于文化主义者的假设的事实应该给我们希望。像懒

---

① D. Landes（2000），"Culture Makes Almost All the Difference" in L. Harrison &
S. Huntington（eds.）（2000），*Culture Matters – How Values Shape Human Progress*
（Basic Books，New York），p. 8.

② F. Fukuyama（1995），*Trust: The Social Virtues and the Creation of Prosperity*
（Hamish Hamilton，London），p. 183.

惰或缺乏创造力这样的消极行为特征会阻碍经济发展。如果这些特征完全或主要由文化所决定，我们也许需要一场文化变革以摆脱这些特征，从而启动经济发展。① 如果在发展经济之前需要一场文化变革，经济发展将接近不可能，因为文化变革很少能成功。

幸好，在经济发展之前**无须**一场文化变革。大量有助于经济发展的行为特征会紧随经济发展而来，而不是作为经济发展的前提条件出现。国家可以通过文化变革之外的其他手段获得发展，正如前面的章节所述。一旦经济发展启动了，人们的行为以及支撑行为的信念（文化）就会改变。可以创造一种经济发展与文化价值之间的"良性循环"。

这就是在日本和德国所发生的事，而且也将在今后的经济成功国家发生。在印度取得现在的经济成就的情况下，我肯定我们将会看到有关印度教文化如何帮助其增长的书——印度教曾经被认为是印度经济缓慢增长的原因（回忆一下曾经很流行的表述，"印度式增长率"②）。如果我在序言中讲到的莫桑比克的虚构故事在 2060年变成事实，我们将会读到讨论莫桑比克如何拥有一种适合经济发展的独特文化的书。

变迁中的文化

到目前为止，我已经论证了文化并不是不可改变的，而是随着

---

① 这是劳伦斯·哈里森（Lawrence Harrison）和塞缪尔·亨廷顿 2000 年所编辑的书中众多作者的立场，尤其是费正清、林赛和劳伦斯·哈里森。

② 这个词汇所指的事实是，1950～1980 年，印度的经济增长率一直低于 3.5%（人均增长大约在 1%）。据说是印度经济学家拉杰·克里斯纳（Raj Krishna）创造了该词汇，之后世界银行的前行长罗伯特·麦克纳马拉（Robert McNamara）使之变得流行。

经济发展不断地发生变化。然而，这并不是说我们只能通过改变背后的经济条件才能改变文化。文化可以通过游说和规劝有意识地发生改变。这正是非宿命论（对于宿命论者，文化几乎不可改变，所以只是天定之事）的文化主义者所强调的。

问题是，那些文化主义者倾向于相信文化变迁只需要"能够推动进步的价值观和态度的活动"，这是劳伦斯·哈里森在《欠发展是一种心态》（*Underdevelopment is a State of Mind*）中的原话。① 但是，如果只诉诸意识形态的劝告，变化会很有限。在一个没有足够就业岗位的社会，宣扬努力工作无法有效地改变人们的工作习惯。在一个缺少工业的社会，只告诉人们看轻工程专业是错误的并不会促使很多年轻人选择成为工程师。在一个工人的境遇很糟糕的社会，宣传合作最终会落得人们听而不闻的下场，甚至还可能受到嘲讽。态度上的改变需要有经济活动、制度和政策方面的真正变迁作为支撑。

不妨以忠诚这项传说中的日本企业文化为例。许多观察家相信，这是植根于强调忠诚的日本儒家模式的根深蒂固的文化特征。如果这是事实的话，那么在时间上越往回走，这种态度也就表现得越清晰。然而，比阿特丽斯·韦布在一个世纪前曾评论日本人"令人无法容忍的个人独立"。② 事实上，日本工人还是非常激进的群体。1955～1964 年，日本因为罢工比英国和法国失去更多

198

---

① L. Harrison, "Promoting Progressive Cultural Change" in L. Harrison & S. Huntington (eds.) (2000), *Culture Matters – How Values Shape Human Progress* (Basic Books, New York), p. 303.

② 像美国政治学家查默斯·约翰逊（Chalmers Johnson）和英国社会学家罗纳德·多尔（Ronald Dore）等日本研究的权威学者提供的证据表明，过去的日本人比现在的更加强调个人主义和"独立性"。C. Johnson (1982), *The MITI and the Japanese Miracle* (Stanford University Press, Stanford) and R. Dore (1987), *Taking Japan Seriously* (Athlone Press, London).

的工时，而后两个国家当时的合作型产业关系也很糟糕。[①] 只有当日本工人享受了类似终身雇佣和公司福利项目等制度后，合作和忠诚才出现了。意识形态运动（以及政府对激进的工会运动的打击）可以起到一些作用，但作用非常有限。

同样，瑞典虽然现在享有和谐的产业关系的名声，但过去也经常面临严重的劳工问题。20 世纪 20 年代，瑞典因为罢工比任何一个国家都浪费了更多的工时。但是在 20 世纪 30 年代的"社团主义"（Corporatist）妥协（1938 年咸湖巴登协议签订）之后，一切都改变了。为了约束工人的工资要求和罢工活动，瑞典的资本家给出慷慨的国家福利保障以及良好的再培训项目。单靠意识形态的劝告是不能让人信服的。

当韩国在 20 世纪 60 年代开始工业化运动时，政府试图劝告人们摒弃歧视产业职业的传统儒家观念，因为国家需要更多的工程师和科学家。但是由于缺乏合适的工程工作岗位，并没有太多聪明的年轻人希望成为工程师。所以政府对大学的工程和科学等专业增加资助并提高其地位，而对人文科学的专业则做相反（相对来说）的事。20 世纪 60 年代，工程和科学专业的毕业生与人文学科的毕业生之比是 0.6∶1，但到了 80 年代初，这个比例就成了 1∶1。[②]当然，政策能起作用是因为经济正在快速工业化，有越来越多待遇丰厚的工程师和科学家职位。由于意识形态宣传、教育政策和工业化的结合——而不仅仅是推动"进步的价

---

① K. Koike（1987），"Human Resource Development" in K. Yamamura & Y. Tasuba（eds.），*The Political Economy of Japan*，vol. 1（Stanford University Press, Stanford）.

② J. You & H-J. Chang（1993），"The Myth of Free Labour Market in Korea"，*Contributions to Political Economy*，vol. 12.

值观和态度"——韩国开始自豪地宣称其拥有世界上最训练有素的工程师队伍。

上文的事例说明,意识形态的规劝虽然重要,但还不足以改变文化。如果要改变文化必须结合政策和制度上的变化,因为这些政策和制度可以在很长一段时间里维持所需要的行为方式直到它们转变成"文化"特征。

再造文化

文化可以影响一个国家的经济绩效。在历史的某个时期,一种特定的文化比其他文化更能造就具有特定行为特征的人,更有利于实现包括经济发展在内的各种社会目标。在抽象层面上,这种论点看起来是无可争议的。

但是当我们将这种一般性的原则运用到真实的事例时,就会发现它原来是很难描述的。界定一个国家的文化非常困难。而且在同一个国家中也会有很多种不同的文化传统,即便在具有高度"同一性"的韩国也是这样。这就使问题更加复杂。所有的文化都有多面性的特征,一些有助于经济发展,另一些则不利于经济发展。因而,一些伪善者试图用文化来"解释"一个国家的成功与失败,这不仅不可能,也没有用处。

更为重要的是,即便具备特定行为特征的人会更有利于经济发展,一个国家在经济发展前也无须一场文化变革。虽然文化和经济发展相互影响,但后者影响前者的因果关系更为强烈;经济发展在很大程度上能创造它所需要的文化。经济结构的变迁会改变人们生活和相互交往的方式,而这又会改变人们理解世界和行动的方式。日本、德国和韩国的事例都表明,许多被用来"解释"经济发展

200

的行为特征（比如勤奋工作、守时、节俭）实际上是经济发展的结果，而不是原因。

文化变迁主要是经济发展的结果，这并不意味着文化不能被意识形态的劝告所改变。事实上，这正是一些乐观的文化主义者所相信的，他们宣称"欠发展是一种心态"。因而，对他们而言，解决欠发展的明智之举是通过意识形态的宣传教育改变人们的思考方式。我不否认这种举措对于改变文化可能有效，甚至在一些事例中还非常重要。但是除非同时改变基本的经济结构和制度，否则文化变革是没有根基的。

所以，为了培育有助于经济发展的行为特征，我们需要将意识形态宣传、促进经济发展的政策措施和巩固文化变迁的制度变革三者结合起来。要恰当地结合这三者并不容易，但是一旦这样做了，文化变迁会快于平常所假设的速度。如果在基本的经济结构和制度上发生了变化，看起来像是永恒的民族性格经常在一两代人的时间里就会发生改变。日本所谓"民族遗传"的懒惰在 20 世纪 20 年代之后迅速消失了，瑞典在 20 世纪 30 年代以后快速发展起了合作型的产业关系，以及"韩国时间"在 90 年代的结束，这些都是非常明显的例证。

文化能被有意识地改变的事实——通过经济政策、制度构建以及意识形态运动——给了我们希望。没有哪一个国家因为其文化而注定就是欠发展的。但同时我们不能忘记，文化不能随心所欲地再造——苏联社会主义体制下创造"新人"的失败就是一个很好的证明。文化"改革者"仍然需要结合现有的文化态度和文化象征。

我们需要依据文化真正的复杂性和重要性理解其对经济发展的作用。文化的确影响经济发展，但相比而言，经济发展对它的影响更大。文化不是不可改变的。文化变迁需要加强经济发展、意识形态宣传以及辅助性的政策和制度三者的互动，通过这种互动鼓励特定的行为方式，再慢慢地转变成文化特征。只有从两种流行的观点——相信文化是天定的毫无根据的悲观主义和相信能通过劝告使人们以不同的方式思考的天真的乐观主义——中解放我们的思想，我们才能真正实现经济发展。

202

结 语 圣保罗，2037年10月

——世界会变得更好吗？

路易斯·索莱斯（Luiz Soares）非常焦虑，因为他的家族型工程企业——他祖父约塞·安东尼奥（Jose Antonio）在1997年创立的索莱斯技术公司（Soares Technologia, S. A.）——处于倒闭的边缘。

索莱斯技术公司一开始是很艰难的，因为从1994年持续到2009年的高利率政策严重制约了它借贷和扩张的能力。但是，由于约塞·安东尼奥的技巧和抉择，它在2013年发展成为生产手表部件和其他精密设备的中型企业。

路易斯的父亲保罗（Paulo）2015年带着他在剑桥取得的纳米物理学博士学位回来，劝说他的父亲创立由他领导的纳米技术分公司。这以后被证明是一种幸运的逃脱。2017年结束的世界贸易组织塔林回合（Tallinn Round）废除了所有的工业品关税，除了每个国家一些"保留"的行业以外。结果，除了低技术含量和低工资的制造业，发展中国家的大部分产业被摧毁了。巴西也同样如此。仅仅因为巴西的纳米技术行业是一个"保留"产业，它才能在所谓的**塔林海啸**中得以存活。

保罗的远见得到了回报。约塞·安东尼奥的游艇沉没于加勒比一次反常的飓风（据说是全球变暖的结果）后，保罗接管了企业，不久索莱斯技术公司就启用了一种分子机器，这种机器可以比美国或芬兰的竞争对手更有效地把海水转变成饮用水。这对于正在遭受全球变暖所导致的愈加频繁的干旱的国家而言是一次巨大成功——那时，由于雨水缺乏（加上放牧人把急需牧草的牛赶到这儿），亚马孙的森林面积只有 1970 年的 40%。2028 年，保罗还被上海在世界上最具影响力的商务杂志《企业》评选为世界 500 名拥有领先技术的企业家中的一员。

203

之后灾难开始了。2029 年，中国遭受严重的金融危机。开放资本市场是中国加入 OECD 的条件。多年来，中国一直抵制来自富国的压力，这些国家要求中国更加"负责任"地充当世界第二大经济体并开放资本市场；但是一旦启动加入 OECD 的谈判，中国就无法再抵挡住这些压力。一些人提醒，中国仍然是一个相对贫穷的国家，收入水平只有美国的 20%，但是其他人相信中国会像在制造业一样取得金融领域的成功。倾向于自由化的人士非常好地总结了这种乐观主义："我们怕什么？货币游戏是我们的本行——毕竟，纸币是中国人发明的！"随后，中国将人民币升值了 4 倍并全面开放了资本市场。不久，中国经济开始快速发展。但是 2029 年，房地产和股票市场的泡沫破裂，中国不得不要求 IMF 提供最庞大的拯救方案。失业人数迅速增加，IMF 强制削减政府的食品补贴，民众对此不满，中国的经济奇迹蒙上了一层阴影。（这段内容为作者的假设和虚构的情形，而非事实。——编者注）

由于中国那时的经济规模非常庞大，它的增速放缓使整个世界都受到了影响。随之出现所谓的第二次大萧条，它持续了几年，现在还不知道它何时结束。由于失去了最大的出口市场，巴西损失惨重，尽管它比其他国家还要好些。

204

亚洲其他的领先经济体——比如印度、日本和越南——也都遭受了灭顶之灾。由于失去了原材料的最大买家，许多非洲国家无法维持经济的正常运行。美国经济面临萎缩的危险，大量中国资本有从美国国债市场撤出的征兆。美国经济随之发生的衰退在墨西哥引发了更严重的经济危机，导致一个叫纽沃斯·萨帕蒂斯塔斯（Nuevos Zapatistas）的人试图武装夺权，这个左翼游击队员声称是20世纪初传奇的革命者艾米里亚诺·萨帕塔（Emiliano Zapata）的合法继承人。纽沃斯·萨帕蒂斯塔斯发誓要使墨西哥退出"泛美一体化协议"（Inter-American Integration Agreement, IAIA）——由美国、加拿大、墨西哥、危地马拉、智利和哥伦比亚签署形成的比北美自由贸易协定更具活力的区域合作组织。在美国空军和哥伦比亚部队的支援下，游击队被一次血腥的军事行动镇压了。

虽然经济大萧条已经使索莱斯技术公司够难受的了，但之后还有"**致命一击**"。2033 年，世界银行的前任首席经济学家、自行其是的韩国裔巴西总统阿尔弗雷德·金（Alfredo Kim），在自由贸易信念的驱动下，利用可怕的经济形势作为打击反对党的手段，带领巴西加入了 IAIA。

这对于巴西的纳米技术产业不啻为一次大灾难。作为加入 IAIA 的一部分内容，所有的联邦研发补贴和政府采购计划——该产业的救命之物——在三年内都被取消了。IAIA 成员国必须立即废除在塔林回合中幸存的纳米技术和少数其他"保留"行业的关税。由于整体技术水平仍然落后于美国公司 20 年，甚至可能是 30 年，大部分巴西的纳米技术公司倒闭了。甚至被认为是巴西最好的公司的索莱斯技术公司也只有通过将 45% 的股份出售给一家来自厄瓜多尔的公司才能求得生存。厄瓜多尔在 21 世纪初与委内瑞拉、玻利维亚、古巴、尼加拉瓜和阿根廷组成"**玻利维亚经济联盟**"（Bolivarian Economic Union, BEU）——在抗议塔林回合的议程后，"玻利维亚经济联盟"的成员国宣布退出世界贸易组织，此后它的发展非常好。

但是，即便像索莱斯技术公司这样幸存下来的企业最后还是被开始生效的新专利法摧毁了。美国在 2030 年将专利保护期限从 28 年（2018 年实施的）延长到 40 年。相反，巴西是少数几个坚持 20 年专利保护期限的国家之一，这是世界贸易组织日益过时的 1995 年 TRIPS 所允许的（大部分国家延长到 28 年，甚至是 40 年，比如 IAIA 成员国）。巴西加入 IAIA 时，做出的主要让步——为了换得美国废除对牛肉和棉花的补贴（在今后 25 年逐步完成）——就是专利法，而且美国坚持要求以**溯及既往**的方式实施。在这一举措之下，巴西的纳米技术企业很容易遭遇专利诉讼，而美国的纳米技术企业却在大批专利律师的保护下安然无恙。

由于没有针对美国进口产品的关税，补贴也取消了，政府采购计划又萎缩了，再加上一大堆诉讼，当保罗——也许他很平静——由于沉重打击于 2035 年去世时，索莱斯技术公司处于风雨飘摇中。结果，27 岁的路易斯不得不结束他在法国的一家商业学校欧洲工商管理学院（INSEAD）新加坡校区的 MBA 课程（那时，新加坡校区被认为比位于枫丹白露的本部更好），与他的半科萨半乌兹别克（Half-Xhosa/Half-Uzbek）女朋友（她在科萨这边还是纳尔逊·曼德拉的远亲）分手，然后回到巴西接管这个家族企业。

自从路易斯接管家族企业以来，情况还没有很大改观。的确，他成功地打赢了几场专利官司。但是如果他输掉了三个悬而未决的官司中的任何一个（没有一个看起来有希望赢），他将面临灭顶之灾。他的厄瓜多尔合作伙伴安蒂娜纳米技术公司（Nanotechnologia Andina）已经威胁要出售公司的股份。如果他的公司与其他巴西纳米技术公司都消失了，大部分巴西制造业——除了航空和乙醇燃料这两个在新自由主义于 20 世纪末兴起前就已经成为世界级的产业

206　之外——将会消失。巴西经济将倒退。

上述情况不可能发生吗？是的——而且我希望阻止这些情况发生。即便有一位世界银行前首席经济学家担任总统，巴西也不至于不够聪明、不会独立思考地签署像 IAIA 这样的协议。墨西哥也有足够多的有识之士和足够有力的群众运动去阻止全面内战的爆发。中国领导人完全意识到不平等问题所带来的威胁。由于 1997 年亚洲金融危机的教训，他们知道提前开放资本市场的危险。而且，再强悍的美国专利游说也很难在任何国际协议中得到溯及既往的 40年的专利保护。另外，对于阻止全球变暖所应该采取的措施各国也达成了越来越多的共识。世界贸易组织的下一回合的谈判不可能导致几乎完全废除工业品关税。

但我所虚构的情形也不是完全不可能的。在虚构的情形中，我故意夸大了很多事情，但它们都有很强的现实基础。

比如，在我虚构的塔林回合谈判中工业品关税几近完全废除，这听起来有点虚幻，但它的确比美国在 2002 年世界贸易组织中的提议还更温和些——美国呼吁到 2015 年全面取消工业品关税——而且也与其他富国所在倡议的内容相差不远。① 我提出的"泛美一体化协议"事实上是比《北美自由贸易协定》（在地理上）更广、

---

① 2002 年，美国提议到 2010 年将工业品关税锐减到 5% ~7%，到 2015 年完全取消。既然它都没有设想任何例外情形，它比我提出的塔林回合更强硬。现在欧盟的提议比我的塔林回合稍微温和些，因为它呼吁将工业品关税减少到 5% ~15%。但是，即便这样，也会把发展中国家的关税降至殖民主义和不平等条约以来的最低水平——更为重要的是，这个水平对于当今的富国而言也是 20 世纪 70 年代以前从未有过的。有关美国和欧盟的提议，见 H-J. Chang (2005)，*Why Developing Countries Need Tariffs – How WTO NAMA Negotiations Could Deny Developing Countries' Right to a Future* (Oxfam, Oxford, and South Centre, Geneva)，http：//www. southcentre. org/publications/SouthPerspectiveSeries/WhyDev CountriesNeedTariffsNew. pdf。

（在内容上）更强的形式。我提到的"玻利维亚经济联盟"中的成员国现在已经走得很近（我在故事中有意除去了巴西，实际上它也是这个集团的成员之一）。其中，委内瑞拉、古巴和玻利维亚已经形成了"美洲的玻利维亚选择"（Bolivarian Alternatives for the Americas，或 Alternativa Bolivariana par alas Americas，ALBA）。

至于墨西哥的内战，这听起来像虚幻故事，但墨西哥的一个州恰帕斯（Chiapas）事实上是由一个武装的游击队所统治，这个叫萨帕塔民族解放军（Zapatistas）的游击队自1994年一直在副司令官马科斯的领导之下。如果国家陷入重大的经济危机，尤其如果继续沿用过去已造成恶劣影响的新自由主义政策，冲突升级并不是不可能。

上述情形中有关美国专利的部分是有一定的夸张内容，但以数据保护和食品药品管理局审批需要一定的时间为借口，美国医药专利事实上已经延长到28年。美国相信这些条款都会被写进所有的自由贸易协定之中。而且，正如我在第六章中讨论过的米老鼠案例，美国版权在1998年的确是以溯及既往的方式延伸了保护。

在1985年的广场协议中，几乎是一夜间日元就升值了3倍。货币升值是日本产生巨大资产泡沫的重要原因，该泡沫在20世纪90年代初的破裂（和破裂之后的处理不当）导致日本十多年的经济停滞。至于说中国会加入OECD，这肯定是有点信口开河。但是韩国的事例表明，当国家取得经济成功时，往往会变得过于自信。在20世纪80年代末之前，韩国一直灵活地运用资本控制获得巨大经济效益。但在20世纪90年代中期，它开放了资本市场，而且没有经过细致的规划。部分是由于美国施加的压力，但也是因为经过30年的经济"奇迹"，整个国家都变得太过自信了。它在1996年决定加入OECD，并且在事实上还不是一个富国的时候却像一个富国那样行动。当时，它的人均收入只有大部分OECD

成员国的1/3，只有最富裕国家的 1/4（可能比中国在 21 世纪 20
年代中期将达到的水平稍高些）。结果出现了 1997 年金融危机。我
对中国情况的虚构是基于日本在 80 年代和韩国在 90 年代曾发生的
真实情况。

巴西真的会签署类似 IAIA 这样的协议吗？在现在的情况下肯
定不会，但我所假设的事情发生在出现第二次大萧条并且新自由主
义继续影响世界经济很多年的情况下。而且，我们不能低估在适当
时间出现在适当场合、由意识形态信念所驱动的政治领导人做一些
违背国家历史特性之事的能力。比如，虽然英国有著名的渐进主义
和实用主义传统，但玛格丽特·撒切尔是激进的而且是由意识形态
所驱使的。她的政府改变了英国政治的特性。同样，虽然巴西有实
行实用主义外交政策的历史，但这也不能绝对保证能防止像阿尔弗
雷德·金这样的人把巴西带入 IAIA，尤其当巴西并不缺乏对自由
市场意识形态的供应时。

所以，我的"未来的另一种历史"并不完全是幻想。它比看
上去要更加基于事实。如果我在描绘这种前景时有些悲观主义，那
是为了提醒读者问题有多么严重。在今后的 30 年里，我真心地希
望我的看法将会被证明是完全错误的。但是如果世界继续沿用伪善
者所倡导的新自由主义政策，我在故事中所"记录"的很多事情
将会发生，或者至少会出现类似的事情。

在全书中，为了帮助穷国发展以及避免出现我在"未来的历史"
中所描写的灾难性情形，我针对国内的或全球的政策在各个领域应该
如何改变，提了许多详尽的建议。在这个结论性的章节中，我将不
会重复或总结这些建议，而是讨论这些建议背后的关键原则。在这
个过程中，我希望表明，如果想要促进穷国的经济发展并使世界更
加美好的话，应该如何改变国家经济政策和国际经济交往的规则。

208

209

违抗市场

我一直强调，市场有一种强烈的倾向要巩固现状。自由市场宣称不同的国家应该坚守最擅长的领域。直白地说，这意味着穷国应该继续从事它们目前在低生产力水平上的活动。但它们所从事的这些活动正是使它们贫穷的活动。如果想脱离贫困，它们**必须**违抗市场，从事一些能给它们带来更高收入的更复杂的事情，别无他途。

"违抗市场"听起来有点激进——毕竟，难道没有国家因为试图违抗市场而遭遇惨败吗？但这一直是企业经营者所做的事情。当然，企业经营者的成败最终是要由市场给出判断的，但是他们——尤其是成功者——不会盲目地接受市场力量。他们对自己的企业有着长远的规划，而且这有时要求他们在一定时期内要逆市场潮流而动。他们不断推进分支机构在所选择进入的新行业的成长，并且用原有行业的分支机构的利润来弥补这些新分支机构出现的亏损。诺基亚在 17 年时间里用来自伐木、橡胶和电缆等方面的利润补贴新兴的电子业务。三星在十多年里用来自纺织和炼糖等方面的资金补贴其幼稚的电子分公司。如果它们完全遵从市场信号，就像伪善者告诫发展中国家的那样，诺基亚就仍然在伐木，而三星依然在提炼进口的蔗糖。同样，如果一个国家想摆脱贫穷，它就应该违抗市场，积极投身那些看起来困难重重但更先进的行业中。

问题在于，有一个很好的理由解释为什么低收入国家（或者低收入企业或个人）从事低生产力的活动——他们缺乏从事更高生产力活动的能力。即便大众公司愿意将所有必要的图纸和指导手册交给马普托（Maputo）一家小作坊式的汽车维修店，它也无法生产甲壳虫汽车，因为它缺乏大众公司所拥有的技术和组织能力。210

自由市场经济学家说：这就是为什么莫桑比克人应该现实些，不要瞎忙乎汽车这样的事情（更别说氢燃料电池！）；他们应该专注于已经（至少是"比较"）擅长的事情——种腰果。

从短期看，自由市场的建议是对的，因为在短期内能力是无法迅速提升的。但这并不意味着莫桑比克人将来不该生产像甲壳虫汽车这样的产品。事实上，他们需要生产——如果他们打算取得进步，而且他们也能做到——如果企业和国家在积累必要的能力上都有足够的决心并投入了适当的资金的话。毕竟，韩国著名的汽车制造商现代公司在 20 世纪 40 年代正是起步于小作坊式的汽车维修店。

无疑，投资于能力建设需要做出短期的牺牲。但与自由贸易经济学家的说法相反，这不应成为我们不去这么做的理由。事实上，我们经常看到个人为了提高长远能力而做出短期牺牲，并且全身心地投入其中。假如一名低技能的工人辞去他的低报酬工作，去参加一个能获得新技能的培训课程。如果有人说这名工人犯了一个大错误，因为现在连过去很低的收入都无法赚到了，我们中的大多数人肯定会批评这个人目光短浅——提高未来的赚钱能力值得做出短期的牺牲。同样，如果想积累长期的生产能力，国家需要做出短期牺牲。如果关税壁垒或补贴能使国内企业积累新的能力——通过购买更好的机械、改善组织并培训工人——并且在这个过程中增强国际竞争力，国内消费水平的暂时下降（因为拒绝购买质量更高、价格更低的外国商品）是无可厚非的。

牺牲现在以换取未来发展，这个简单却有力的原则是美国在 19 世纪拒绝实施自由贸易的原因，是芬兰不接受外国投资的原因，是韩国政府不顾世界银行的反对在 20 世纪 60 年代末创办钢铁厂的原因，是瑞士不授予专利以及美国在 19 世纪末不保护外国人版权的原因，也是我送我 6 岁的儿子真奎去学校而不是去工作赚钱的原因。

能力建设方面的投资可能需要很长一段时间才能获得收益。我没法像中国前总理周恩来那样目光长远——当要求对法国革命的影响做出评论时，他做出了很有名的回答："现在下结论还为时尚早。"但是当我说"时间长"时，的确是比较"长"。我提到过，诺基亚的电子分公司花了 17 年才产生利润，而且这只是"万里长征第一步"。丰田公司（Toyota）花了 30 多年时间进行保护和补贴，才在国际汽车市场上具有竞争力，尽管当时竞争力还很弱；成为世界上顶尖的汽车制造商之一，它花了整整 60 年。从亨利七世开始，英国花了将近 100 年才在毛纺业上赶上低地国家。美国花了约 130 年发展经济才有信心取消关税。如果不着眼未来，日本将依然主要出口丝绸，英国将仍然主要出口羊毛，美国也会仍然主要出口棉花。

不幸的是，这种长时段的思路与伪善者所推荐的新自由主义政策不兼容。自由贸易要求穷国立即与更先进的外国生产者竞争，导致它们在获得新的能力之前就消失了。自由主义的外国投资政策允许先进的外国企业进入发展中国家，从长期看将会限制本地企业积累能力的范围，无论这些本地企业是独立的还是由外国企业所拥有的。自由资本市场以及其同周期的"羊群行为"使得长期的计划非常脆弱。高利率政策提高了"未来的代价"，使得长期的投资行不通。无疑，新自由主义使经济发展更加困难——它使新生产能力的获得变得更加困难。

当然，与其他投资一样，能力建设的投资并不保证会取得成功。有一些国家（及企业或个人）成功了，也有一些没有成功，还有一些国家会比其他国家更加成功。即便最成功的国家在一些领

212 域也可能会很糟糕（但当我们谈论"成功"时，我们是在谈论平均水平，而不是毫无失误）。但是，如果没有在生产能力改善方面的投资，经济发展几乎是不可能的。就像本书通篇所表明的，历史——最近的以及更远的——告诉了我们这一点。

为什么制造业重要

既然承认不断增强能力很重要，那么为了增强能力，一个国家应该投资在什么地方呢？工业——或者更准确地说是制造业①——是我给出的答案。如果问到同样的问题，从罗伯特·沃波尔开始的历代成功的经济发展工程师都会给出这样的答案。

当然，这不是说不可能依靠出口自然资源变富：阿根廷通过向泛大西洋国家出口小麦和牛肉在 20 世纪初是很富裕的（它曾经是世界上排名第五位的富裕国家）；现在，还有很多国家因为出口石油而富裕。但是，一个国家必须拥有大量自然资源，才能让较高的生活水平完全依赖于它们。很少有国家能这么幸运。而且，自然资源会耗尽——矿物储量是有限的，即使是理论上能无限供应的可再生资源（比如鱼类、森林），进行过度开发也会使它们消失。更为糟糕的是，如果技术更先进的国家生产出了合成的替代品，基于自然资源的财富很快就会被侵蚀——19 世纪中期，危地马拉的财富是基于从昆虫中提炼出非常珍贵的深红色染料**胭脂红**（cochineal），但是当欧洲人发明出了人造染料后，其财富立刻就消失殆尽。

历史反复表明，区别富国与穷国的唯一重要的方面就是它们在制造业中的能力，因为制造业通常具有更高的生产力，更为重要的

---

① 在一些定义中，工业包括像采矿、电力和天然气的生产与输送等活动。

是其生产力的增长速度比农业或服务业的都更快。沃波尔在将近　213
300 年前就知道这一点，当时他要求乔治一世向议会提出："没有
什么比进口外国原材料然后出口工业品更有助于促进公共福利
的。"在美国，亚历山大·汉密尔顿明白这一点，那时他公然对抗
当时世界上最著名的经济学家亚当·斯密，认为他的国家应该促进
"幼稚产业"的发展。正是出于这个原因，许多发展中国家在 20
世纪中期选择进口替代"工业化"。与伪善者的建议相反，穷国应
该**有意识**地推动制造业发展。

　　当然，如今那些挑战这种观点的人会认为我们现在生活在一个
后工业时代，因而销售服务业才应该是选择的方向。其中一些人甚
至认为发展中国家可以而且事实上应该跳过工业化，直接进入服务
业经济阶段。尤其是印度的许多人，由于他们受到了在服务业外包
方面的成功的鼓舞，看来更愿意接受这个观点。

　　肯定有一些服务业有较高的生产力并且其生产力还有相当大的
增长空间——比如银行和其他金融服务、管理咨询、技术咨询以及
IT 支持等行业。但是大部分其他服务业的生产力较低，更为重要
的是，出于本质上的原因这些服务业只有很小的生产力增长空间
（在**不降低服务质量**的前提下，理发师、护士或呼叫中心的接线员
如何变得更"有效率"呢?）。而且，对高生产力的服务业而言，
最重要的需求源泉就在于制造业企业。所以，没有强大的制造业部
门，不可能发展高生产力的服务业。这就是没有哪一个国家能单独
依靠服务业就成为富国的原因。

　　如果我这样说，一些人也许会提出疑问：像瑞士这样的国家是
怎么回事？它似乎就是靠银行和旅游这样的服务业而成为富国的。
不妨举美国传奇的电影导演奥森·威尔斯（Orson Welles）的例子，
他在电影《第三者》（*The Third Man*）中用精彩地台词总结了对瑞

士相当有优越感却很流行的看法。他说："意大利人在博尔吉亚
（Borgias）统治下的三十年里，有战争、恐怖活动、谋杀、流血事
214 件，但是他们催生了米开朗琪罗、达·芬奇和文艺复兴。瑞士人有
兄弟般的友爱——他们拥有了五百年的民主与和平，但是他们产生
了什么呢？布谷鸟钟。"① 然而，这种观点完全误解了瑞士经济。

瑞士**不是**一个依靠存放在其秘密银行中的黑钱和容易上当的游
客购买像牛形钟和布谷鸟钟这样油漆未干的纪念品而生活的国家。
事实上，它几乎是世界上工业化程度最高的国家。2002 年，它的
人均工业产值是全世界最高的——比第二高的日本多出约 24%，
是美国的约 2.2 倍，是"如今的世界工厂"——中国的约 34 倍，
是印度的约 156 倍。② 同样，像新加坡这样经常被认为是金融中心
和贸易港口的城市国家，也是一个高度工业化的国家，它的人均制
造业产值比"工业动力室"韩国高约 35%，比美国高约 18%（以上
数值与通过脚注②计算得值不一致，可能存在误差。——编者注）。③

无论主张自由贸易的经济学家如何鼓吹发展农业，也无论后工
业经济的提倡者怎样兜售发展服务业的主张，实际上制造业才是通
往繁荣的最重要的道路，尽管不是唯一的选择。关于这一点，既有

---

① 这几行话是威尔斯写的，但他是借电影中的恶人哈里·莱姆之口说出的。《第
三者》的剧本是由英国著名的小说家格拉汉姆·格林（Graham Greene）撰写
的，他后来将剧本改编成一部同名小说（当然不包括上面几句话）。
② 2002 年，以 1995 年美元计算的人均工业附加值，瑞士是 12191 美元，日本是
9851 美元，美国是 5567 美元，中国是 359 美元，而印度只有 78 美元。见
UNIDO （2005），*Industrial Development Report 2005* （United Nations Industrial
Development Organisation，Vienna），Table $A_{2.1}$。
③ 韩国在 2002 年人均制造业产值是 4589 美元，而新加坡是 6583 美元。UNIDO
（2005），*Industrial Development Report 2005* （United Nations Industrial Development
Organisation，Vienna），Table $A_{2.1}$. 因而新加坡的人均制造业产值是中国的 18
倍，是印度的 84 倍。

理论上的支持，也有大量的历史事例作证明。我们绝不能因为看不到当今的瑞士和新加坡的繁荣是建立在制造业基础之上，而误认为它们是相反发展道路的例证。也许瑞士人和新加坡人在逗我们玩，因为他们不希望其他人发现他们成功的真正秘密。

"别在家尝试"

至此，我已经表明了，对发展中国家而言非常重要的是违抗市场并有意地促进在长期会提高生产力的经济活动——主要是制造业，尽管不是唯一的。我前面已经提到，这涉及能力建设，因而为了提高长期的生产力（以及生活水平）需要牺牲短期的收益——可能需要数代人的努力。

215

但是新自由主义经济学家可能会问道：能力较低的发展中国家政府如何能做到这些呢？如果这些国家打算违抗市场逻辑，它们就不得不选择促进哪些产业以及需要投资于提高哪些能力。但是发展中国家最缺乏有能力的政府官员。如果做出这些选择的人是不能胜任的，他们的干预只会使事情变得更加糟糕。

这就是世界银行于 1993 年在其著名的《东亚奇迹》(*East Asian Miracle*) 报告中所运用的论证。在建议其他发展中国家不要模仿干预主义者日本和韩国的贸易和产业政策的同时，它认为这些政策在这样一些国家起不到作用，即不具备"日本和韩国的公共行政所具有的能力、独立性和相对较少的腐败"[1] 的国家——实际上是指所有发展中国家。苏塞克斯大学（University of Sussex）的

[1]　World Bank（1993）, *The East Asian Miracle - Economic Growth and Public Policy*（Oxford University Press, Oxford）, p. 102.

经济学教授、世界银行发展研究小组的主任阿兰·温特斯（Alan Winters）甚至更加直白。他认为，"次优经济学（存在不完全市场因而潜在的有益于政府干预的经济学——作者注）的运用需要一流的经济学家，而不是常用来凑数的三流或四流经济学家"[①]。这句话的意思很清楚——"别在家尝试"（Do not Try this at Home），就像电视播放危险特技时会出现的文字说明一样。

无可争议，在许多发展中国家，政府官员没有得到很好的培训。但如果说像日本和韩国这样运用干预主义政策而成功的国家是因为它们的行政机构里都是训练有素的政府官员，那也是不对的。它们不是这样的——至少一开始不是。

在 20 世纪 60 年代末之前，韩国经常为了额外的培训而派遣其官员——各个级别的官员——去巴基斯坦和菲律宾。当时，巴基斯坦是世界银行的"明星学生"，而菲律宾是亚洲仅次于日本的第二富裕国。很多年前，作为一名研究生，我有机会去比较韩国和印度早先的经济规划档案。印度早先的计划是由当时顶尖的人员制定出来的。他们基于世界著名的统计学家普拉桑塔·钱德拉·马哈拉诺比斯（Prasanta Chandra Mahalanobis）所发展出来的复杂经济模型。我很尴尬地说，韩国的计划正是由温特斯所说的"常用来凑数的三流或四流经济学家"制定出来的。但是韩国的经济比印度发展得更快。也许我们不需要"一流的经济学家"去制定好的经济政策。

事实上，温特斯教授所说的一流**经济学家**恰恰是东亚经济体所**欠缺**的。日本经济官员也许是"一流的"，但他们肯定不是经济学

[①] A. Winters (2003), "Trade Policy as Development Policy" in J. Toye (ed.), *Trade and Development – Directions for the Twenty-first Century*, (Edward Elgar, Cheltenham). As cited in J. Stiglitz and A. Charlton (2005), *Fair Trade for All – How Trade Can Promote Development* (Oxford, Oxford University Press), p. 37.

家——他们大部分是受过专业训练的律师。在 20 世纪 80 年代之前，他们仅有的一点经济学知识还大部分是"错误"的那种——卡尔·马克思和弗里德里希·李斯特的经济学，而不是亚当·斯密和米尔顿·弗里德曼的经济学。在中国台湾地区，大部分重要当局官员是工程师和科学家，而不是经济学家，就像中国大陆现在的情形一样。在 20 世纪 70 年代之前，韩国律师在经济官员中的比例也很高。[①] 朴正熙总统 20 世纪 70 年代所推动的重化工业项目，背后的智囊是李石酉（Oh Won-Chul），他也是一名受过专业训练的工程师。

认为我们需要聪明之士去制定好的经济政策，这完全合乎道理。但这些"聪明之士"不一定是温特斯教授所说的"一流经济学家"。事实上，"一流经济学家"可能不是很有利于经济发展，如果他们是受到新自由主义经济学的训练的话。而且，随着时间的推移，官员的素养可以得到提高。当然，这种提高需要对官员能力的投资。但它也需要接受一些"困难"政策的考验。如果官员固守像自由贸易这样的"容易"的政策，他们将永远不能发展出实施"困难"政策的能力。如果你希望自己的特技动作能在电视上亮相，你需要"在家尝试"。

使竞技场倾斜

仅知道在具体的环境中适合使用什么样的政策是不够的，一个国家必须能执行这些政策。过去，伪善者已使发展中国家更加难以　217

---

① 韩国也受到了马克思主义的影响。促成了韩国经济奇迹的朴正熙将军在青年时代是一名共产主义者，他不仅仅是受其兄长的影响，后者曾是其家乡富有影响的共产党地方领导。1949 年，由于卷入了韩国军队一次由共产党领导的兵变，他被判死刑，但通过公开谴责共产主义而获得了大赦。他的许多军官在年轻时期也是共产主义者。

实施促进发展的"合适"政策。为了阻止发展中国家实施"合适"的政策，他们动用了由富国主导的国际经济组织、区域性多边金融机构、富国的援助预算、双边和区域自由贸易协定或投资协定等多种手段。他们认为，民族主义的政策（比如贸易保护和歧视外国投资者）应该被禁止，或大大减少，不仅因为这些政策被视为对实施国自身有害，而且因为它们会导致"不公平"竞争。在论证这一点的时候，伪善者常常使用"平坦的竞技场"这个概念。

伪善者要求发展中国家不使用保护、补贴和管制等政策工具，因为这些构成了不公平竞争。伪善者认为，如果允许发展中国家采用这些政策，它们就像一支从高处进攻的足球队，而其他球队（富国）要挣扎着爬上这个不平坦的球场。取消所有的保护性壁垒可以使每个人都在公平的基础上比赛；毕竟，只有当竞赛是公平的时候，才能收获市场的利益。[①] 谁能否认这种貌似合理的"平坦的竞技场"观点呢？

我能否认这种观点——当竞赛是在**不公平**的选手之间进行之时。而且我们都应该否认这种观点——如果我们想建立一种能促进经济发展的国际体系的话。**当选手不平等的时候，**"平坦的竞技场"会导致不公平的竞赛。如果一场足球比赛是在巴西国家队和一个由我11岁的女儿妍儿（Yuna）的朋友所组成的球队之间进行，只有允许女孩们从倾斜的坡上向下进攻，比赛才会是公平的。在这种情况下，一个倾斜的而不是平坦的竞技场才是保证公平竞赛的途径。

我们看不到这种"倾斜的竞技场"，只是因为**永远不会**允许巴

---

① 通过将论证针对发达国家，一些左翼的发展人士无意地推动了"平坦的竞技场"概念的合法化。他们提出，在发展中国家通常（虽然并不总是）更为强大（比如农业和纺织业）的领域，竞技场是以另外一种方式倾斜的。他们认为，如果需要自由竞争，必须是在所有领域都一样，而不仅仅针对富国更强大的领域。

西国家队去和一个由 11 岁女孩所组成的球队进行比赛，而不是因为"倾斜的竞技场"这种观念本身是错误的。事实上，在很多运动项目上，不平等的选手之间是绝不允许比赛的——无论是不是"倾斜的竞技场"——因为比赛显然是不公平的。

　　足球和许多其他运动项目一样都有年龄组和性别的区分，而拳击、摔跤、举重以及其他一些项目有重量级别的区分——重量级的穆罕默德·阿里（Muhammad Ali）是绝不会被允许去和轻量级的四项冠军得主、传奇的巴拿马人罗伯特·杜兰（Robert Duran）进行拳击比赛的。而且级别的区分事实上非常好。比如，在拳击项目上，更轻的量级严格地限定在 2~3 磅（1~1.5 千克）的范围内。为什么我们认为一场在体重上差别 2 千克的选手之间的拳击比赛是不公平的，却认为美国和洪都拉斯应该在相同的项目上进行竞争？还有另外一个例子。在高尔夫项目上甚至有明确的"差点"（Handicap）体系，以使球员的优势与其技术成反比例。

　　全球经济竞争是一种不公平竞争者之间的游戏。它使各个国家相互对抗，就像我们发展经济学家喜欢说的——甚至从瑞士到瑞典这样短距离范围的国家都要相互对抗。结果，只有倾斜"竞技场"以有利于弱国，竞争才会是公平的。实践中，这意味着允许它们更有力地保护和补贴它们的生产者，并对外国投资加以严格管制。[①]应该允许这些国家以较为宽松的方式保护知识产权，以使它们能

---

①　一些发展中国家已经选择不采用这些工具。一些新自由主义经济学家以此为证明认为这些国家不想要政策自由——这意味着 WTO 规则事实上没有限制这些国家的选择。然而，它们看起来像是自由选择，但很可能是被过去外国援助和国际货币基金组织 - 世界银行项目所附加的条件塑造了，而且还因为这些发展中国家担心富国今后的惩罚。但是，即便忽略这个问题，富国也没有权利去为穷国做出选择。非常令人好奇的问题是，当发展中国家要享有选择和自主时，非常喜欢这些价值的自由市场经济学家为什么会毫不犹豫地反对它们。

更积极地从发达国家"借用"创意。富国通过优惠的方式转让技术可以进一步帮助它们，还会收获额外的利益——将使穷国的经济增长与应对全球变暖的需要相互兼容，因为富国的技术更加节能。①

219　　伪善的富国会抗议说，这些都是对发展中国家的"特殊待遇"。但是，被称为"特殊待遇"就是说接受了这种待遇的人是获得了不公平的优势。可是我们不会说为轮椅使用者准备的阶梯式电梯或为盲人准备的盲文书是"特殊待遇"。同样，我们也不应该称高关税和发展中国家可以把其他保护手段作为"特殊待遇"。对于有不同能力和需要的国家来说，它们只是差别（并且是公平的）待遇。

　　最后但并非最不重要的是，倾斜"竞技场"以有利于发展中国家不仅仅是目前的公平对待问题。它也关乎给经济上更落后的国家提供通过牺牲短期收益而获得新能力的手段。事实上，允许穷国更容易地提高它们的能力，也能更早地迎来这样的时代：不同国家间的差距非常小，因而不再需要"倾斜的竞技场"。

---

①　一个简单的事实是，穷国的能源效率更低，因而穷国在单位产出上比富国排放出更多的废气。比如，2003 年中国的产值是 14710 亿美元，同时中国排放出 11.31 亿吨二氧化碳。这意味着，每排放 1 吨二氧化碳，中国获得的产值是 1253 美元。日本 2003 年获得的产值是 43900 亿美元，排放了 3.36 亿吨二氧化碳，因而每排放 1 吨二氧化碳获得的产值是 13065 美元。这意味着，每排放 1 吨二氧化碳，日本获得的产值是中国的约 10 倍。应该承认的是，日本是能源效率最高的经济体，但即便是臭名昭著的低能源效率（作为一个富国）的美国，每排放 1 吨二氧化碳获得的产值也是中国的约 5 倍——美国每排放 1 吨二氧化碳获得的产值是 6928 美元（它的产值是 109460 亿美元，排放的二氧化碳是 15.8 亿吨）。G. Marland, T. Boden, and R. Andres（2006），*Global, Regional, and National CO$_2$ Emissions. In Trends: A Compendium of Data on Global Change*，Carbon Dioxide Information Analysis Center, Oak Ridge National Laboratory, U. S. Department of Energy, http：//cdiac. esd. ornl. gov/trends/emis/tre_ tp20. htm。产值数据出自世界银行《世界发展报告 2005》，华盛顿，世界银行，2005。

何为正确，何为容易

　　假如我是对的，竞技场应该倾斜以有利于发展中国家。读者仍然会问：伪善者接受我的建议并改变他们的行为方式的机会何在呢？

　　看来试图转变那些出于自利动机的伪善者是毫无意义的。但我们仍然可以诉诸他们明智的自利心。既然新自由主义政策使得发展中国家的经济增长比没有这些政策时更慢，那么如果允许发展中国家采纳会带来更快经济增长的其他政策的话，从长远看伪善者自己也会受益。如果拉美国家人均收入的年增长率只有 1%，就像拉美在过去新自由主义时期的表现一样，将需要 70 年才能将收入翻番。但是如果增长率是 3%，就像拉美在进口替代工业化时期的表现一样，在 70 年里收入能增加 8 倍，也会给伪善的富国提供一个更大的可资利用的市场。所以即便是最自私的伪善的富国，允许发展中国家采纳那些"异端"政策以产生更快的经济增长事实上也符合它的长远利益。

　　那些更加热心劝告发展中国家采纳新自由主义政策的人是意识形态的理论家——他们相信伪善的政策，是因为他们认为这些政策是"正确"的，而不是出于个人的利益。前面说到过，自视正确的人常常比自私的人更顽固。但即便这样也还有希望。在被指责为前后不一致时，约翰·梅纳德·凯恩斯回击道："当事实改变时，我就改变我的思想。你会怎么做呢，先生？"许多新自由主义的理论家会像凯恩斯一样，但不幸的是，并不是所有的理论家都会这样。如果面对真实世界新的变化和新的论证，他们就可能改变思想，有些甚至已经改变了，只要这些新的变化和新的论证足以使他们改变之前的观念。哈佛大学经济学家马丁·费尔德斯坦就是一个很好的例子。他曾经是里根新自由主义政策的幕后智囊，但当亚洲金融危机发生时，他对国际货币基金组织的批评（在第一章中引用过）比"左翼"评论者更为犀利。

真正给我们希望的是大多数伪善者既不贪婪也不顽固。大多数人做坏事，包括我自己在内，**不是**因为能从中得到巨大的物质利益，也不是因为强烈地相信这些坏事，而是因为它们是最容易做的事。许多伪善者支持错误的政策，也只是因为做遵从者更加容易。当你只需接受众多政治家和报纸的说法时，为什么还要到处去寻找"引起困惑的事实"？当你可以轻易地指责人们的腐败、懒惰或浪费时，为什么还要辛苦地去发现穷国的真实情况呢？当"官方"的历史说自己国家是所有美德（自由贸易、创造性、民主、审慎，等等）的故乡，为什么还要费心地去审视国家的真实历史呢？

大多数伪善者正是如我所愿。如果能给他们提供一幅更加平衡的图景——这正是本书所期望做到的，他们是愿意改变其行为方式的。我在第二章中曾提到，曾经**有过**这么一段时期——从马歇尔计划（开始于大约 60 年前的 1947 年 6 月）到 20 世纪 70 年代新自由主义的兴起——由美国所领导的富国在行为上并**不像**伪善者。①

富国的行为至少在过去的某个时期没有像伪善者一样，这个事实给了我们希望。那个历史时期在经济上取得了卓越成果的事实——对于发展中国家而言是空前绝后的——也赋予我们学习那种经验的道德责任。

---

① 一些人认为，富国在那段时期的善行是受冷战的驱动，它需要富裕的资本主义国家对穷国举止得体，以免后者"转投另一阵营"。但国际竞争总是存在的。如果国际竞争是影响富国在那个时期"做正确事情"的唯一因素，为什么欧洲各个帝国在 19 世纪没有做同样的事情？毕竟当时的竞争更为激烈。

致　谢

　　就全球化与发展写一本通俗易懂的书以批评居主导地位的主流经济学，这一想法最初来自我与邓肯·格林几年前的谈话。他使我相信，我在这些主题上有一些不同寻常而且非常有趣的事情要说，应该将其整合在一起呈现给更广大的读者，他们比我通常的写作要面对的对象更为广泛。起初，我们打算合作完成这本书，结合他作为非政府组织活跃人物的长期经验和我的学术研究，写一本既有坚实理论基础又具有实践视野的书。后来，邓肯由于工作压力不得不退出写作计划。但是当我着手写作本书时，他非常认真地阅读了全部章节（通常不止一遍），并且给我提出了许多富有启发性的建议，这些建议既有内容方面的，也有格式方面的。为了与他讨论并厘清我的思路，我随时给他打电话，他非常大方地容忍了我。我非常感谢他的慷慨、睿智和宽容。

　　当邓肯退出本书写作时，本书的写作计划一度失去了推动者，因而暂时搁置了。我忙于其他事务，更为重要的是，很难让相关出版者了解我的写作计划。之后，理查德·托伊热情地介绍我认识了著作代理人伊万·马尔卡希。伊万知道如何将一篇不成熟的、半学术性的论文转变成一部真正通俗易懂的著作，并且教给我很多写作技巧，使我的作品能为更广大的读者所接受。他在马尔卡希和维尼公司的同事乔纳森·康威也为写作计划提供了很重

ix 要的帮助。

在清楚表达本书的观点方面，我极大地受益于与克里斯·克拉梅尔的讨论。他一直是一位非常大方的朋友，但即便按照他自己的高标准，他在本书的写作上所投入的精力和所花费的脑力劳动也是超乎寻常的。理查德·托伊不仅介绍我认识了著作代理人，还对全书的结构以及个别论证提出了非常有益的建议。迪帕克·纳亚尔也在百忙之中抽出时间阅读了我最初的写作计划，给出了很多睿智的建议。在完成本书的过程中，我还受益于与许多人的讨论，包括迪安·巴克、乔纳森·迪约翰、芭芭拉·哈丽丝·怀特、彼特·诺兰、加夫列尔·帕尔马、鲍伯·罗索恩、阿吉特·辛格、罗丝玛丽·索普、约翰·托伊和马克·韦斯布罗特。

在我写作本书时，许多人给书稿提出了有用的评论。我曾经的合作者艾林·格拉贝尔，通读了全书并且给出了非常重要的反馈。罗伯特·莫尔泰诺不仅通读全书，给出了非常好的编辑建议，还提供了非常有益的评论。彼特·比亚迪、沙娜迦·菲尼尔、伊丽亚斯·卡哈里、阿米·克拉金、李江国、克里斯·帕拉斯、理查德·舒马尔和莎拉·伍德等阅读了本书的部分章节并提出了一些有益的建议。

如果没有三位能力突出的研究助理的帮助，本书无法呈现丰富的信息。卢巴·法卡胡特迪娜娃在各方面都提供了帮助，尤其是在数据工作方面。汉森·阿卡拉姆为文化相关章节收集了大量历史资料，并为其他章节提出了有益的建议。阿里娜·麦卡比为一些章节做了大量工作，尤其是知识产权这一章，她还提出了一些有用的建议。我还得感谢路易斯·德·安德拉德·菲赫和克尼亚·帕森斯提供的帮助。

如果没有兰登书屋编辑团队提供的一流服务，这本书会比现在逊色很多。尼格尔·威尔科克森更是对全书的结构和用词提供了非常有益的建议。他不让我沉溺于琐事的描述，教我提炼出关键点，使本书内容不至于过于繁杂。我还得感谢伊丽莎贝丝·亨尼丝出色的编辑工作及埃默雷·罗德斯在其他方面所提供的帮助。 x

　　我的女儿妍儿和儿子真奎帮助我处理了书中一些重要的比喻。在写作的最后阶段，他们还耐心地等待我情绪的好转。最后，我要感谢我的妻子熙贞所提供的精神和智力支持。在全书的筹备和写作过程中，她不得不（又一次）容忍一个被困扰着的、心情不佳的男人。她通读了大部分章节的初稿并提了很多重要建议。她过去常抱怨我把她当作一个知识实验的对象，却没有认识到她的建议对于形成而不仅仅是改善我的论证有多么重要。没有她，就不会有这本书。我将此书献给她。 xi

译后记

发展中国家应该如何融入世界经济体系，这不仅是一个理论问题，也是一个道德命题，至少对韩裔英国经济学家张夏准而言是如此。他在本书中，将之细分为八个子问题："富国是如何变富的？""自由贸易是否总是答案？""我们是否应该管制外来投资？""私营企业好，公共企业坏？""'借用'创意是错误的""财政审慎是否走得太远？""我们应该支持腐败和不民主的国家吗？""某些文化会阻碍经济发展吗？"这位剑桥大学的经济学家，将每个问题作为一章，延续了他在《富国陷阱》一书中所展现的睿智和激情，广泛运用经济学的逻辑推理，基于大量的历史比较和跨国分析，认为要从历史中吸取教训，应该允许发展中国家以自主的方式融入世界经济。

第一，该书对比了战后世界经济两个 30 年的境况。当中国在回顾和总结改革开放的经验和教训之时，国际社会也在反思近几十年来的一系列现象和进展。如果将战后以来的历史分为两个阶段，前 30 年与后 30 年有何区别？从不同的视角，人们能列出很多，比如布雷顿森林体系的解体、苏联以及东欧的剧变、全球冷战的终结以及各种技术（尤其是通信领域）的快速发展，等等。张夏准认为，后 30 年正是新自由主义逐渐成为发展政策主导理论的时期。在这种理论指导下，私有化、自由化和市场化成为一波又一波的浪潮，席卷全球各个角落，波及政治经济各个领域。

很不幸的是，这些政策非但未能带来快速的经济发展，反而引发了阵阵危机。在前30年，发展中国家的人均收入年增长率是3%左右，但自20世纪80年代以来只有1.7%，几乎下降了一半。这种增长放缓的迹象在拉美和非洲这两个模范执行新自由主义政策的地方尤其明显。在前30年，拉美的人均收入年增长率是3.1%，稍高于发展中国家的平均水平；但在后30年，增长率下降了近2/3。即便把深陷债务危机的20世纪80年代排除在外，拉美的人均收入年增长率也只有前30年的一半左右。至于非洲，虽然前30年有所增长，但在后30年出现了实际生活水平下降的局面。这个成绩真是对新自由主义正统的一份谴责控诉书，因为大部分非洲经济体在过去的1/4世纪里实际上是由国际货币基金组织和世界银行管理的。

第二，回答了富国伪善的原因。全书不断强化的观点是：富国的兴起并不是依靠新自由主义所推销的自由市场。一直被认为是自由贸易发源地的英国，在成为世界上最强大的工业国之前，不仅建立了以高额关税为代表的保护主义体系，而且利用殖民主义限制殖民地的工业体系和进出口贸易以促进本国制造业发展。美国更是众所周知地使用了各种经济民族主义政策（关税保护、补贴和投资限制等）。即便一直被视为自由市场楷模的荷兰和瑞士，在专利和投资管制政策上也远远偏离自由市场。

虽然所有的富国都曾为了促进国内新兴产业的发展而使用过各种经济民族主义政策，但自20世纪80年代以来，它们向发展中国家强行灌输完全不同的另一套政策体系，即新自由主义。凭借西方国家主导的国际经济组织，富国不仅要求发展中国家大幅降低关税、取消补贴、解除管制，而且要求开放资本市场、实行预算短期平衡，与此同时却强化知识产权保护，这使得众多发展中国家无法建立起必要的工业体系，只能止步于初级产业的比较优势，而且难以防范和抵挡金融动荡。更为严重的是，它们只能以短期利益牺牲长远发展能力的积累。

既然所有的经济民族主义政策都是由富国提出的，而且富国正是借助这些政策才走向繁荣和富强的，为什么现在却限制发展中国家采用这些政策呢？张夏准借用德国古典政治经济学家李斯特的话来阐释其中的原因。李斯特在《政治经济学的国民体系》中写道："任何国家依靠保护关税与海运限制政策，在工业与海运事业上达到了这样的高度发展水平，在自由竞争下已经再没有别的国家能同它相抗衡，这时，代它设想，最聪明的办法莫过于把它爬上高枝时所用的梯子扔掉，然后向别的国家苦口宣传自由贸易的好处，用那种过来人后悔莫及的语气告诉它们，它过去走了许多弯路，犯了许多错误，到现在才终于发现了自由贸易这个真理。"

第三，论证了发展中国家自主选择的重要性。对发展中国家而言，第二次世界大战结束以来的两个 30 年，最大的区别就是自主选择权利上的差异。在第二次世界大战结束后的国际政治经济体系中，各个发展中国家可以自主选择发展政策。在国际经济领域，布雷顿森林体系通过限制资本流动而解决了民族国家、政治民主和资本流动所形成的"三难困境"问题。为了回应国内经济社会发展的需要，各个国家可以而且必须选择适合国情的政策。在国际政治领域，去殖民化的民族主义运动使各国都将自主选择作为最重要的权利而加以珍视。这是两次世界大战带给人类的重要遗产。战争和革命不仅会扫除等级，而且能唤醒对自主的追求。当然，全球冷战的国际格局也给发展中国家提供了一定的自主回旋空间。

20 世纪 70 年代中期是发展中国家争取经济自主权的高潮。石油输出国不仅从跨国石油巨头手中夺回了石油定价权，而且通过建立国有石油企业控制了石油资源。但面对美国在国际政治经济中的结构性权力，石油民族主义最终只能造就"石油美元"。20 世纪 80 年代以后，发展中国家的自主权日益受到限制。债务危机使拉美只能对富国以及国际经济组织俯首听命，非洲大部分地区更是事实上被世界银行和国际货币基金组织完全接管了。唯有坚守发展自主权的东亚是发展中国家的亮点。但就在国际社会对东亚"奇迹"众说纷纭之时，过于仓促的资本市场开放所导致的金融危机使一些东南亚国家也不得不放弃政策自主权，接受国际货币基金组织提出的苛刻的调整协议。

第四，澄清了一些质疑。尽管发展中国家有争取经济自主权的意愿，但它们有维护这种权利的能力吗？毕竟，历史上就有著名的"白人的负担"之说。有人认为，发展中国家的内部体制不足以维持发展的自主性。也有人提出，大多数发展中国家的文化不适合经济发展。针对这两种论调，张夏准展开了细致的反驳。他认为，虽然民主有助于经济发展，但不是通过自由市场这一媒介实现的。相反，自由市场与民主之间有着强烈的张力，前者遵循"一元一票"原则，后者坚持"一人一票"原则。至于文化，与其说它是经济发展的原因，不如说是经济发展的结果。日本曾被称为"懒惰的民族"，而德国曾被描述为"情绪化、不懂得合作的民族"，但经济发展使之发生了改变。因而，"只有从两种流行的观点——相信文化是天定的毫无根据的悲观主义和相信能通过劝告使人们以不同的方式思考的天真的乐观主义——中解放我们的思想，我们才能真正实现经济发展"。

不过，张夏准教授没有突出地论述发展中国家自主选择的独特品质，因而容易使人产生一种错觉：因为发达国家曾实行过贸易保护等政策，所以发展中国家现在也要使用；或者发达国家现在无权干预发展中国家的使用。事实上，穷国不仅不可能，也没有必要完全模仿富国曾走过的路。首先，随着国际政治经济的变迁，富国曾使用过的一些政策措施已经遭到了历史的唾弃，比如殖民主义政策。另外，发展中国家的兴起在于探索出新的发展道路，而不是去刻意模仿或循旧。21 世纪初的国际政治经济出现了一些值得引起注意的变化。比如，发展中国家史无前例地成为世界上最大的债权国，而最发达的国家成为最大的债务国；随着"金砖四国"（中国、巴西、俄罗斯和印度）日益密切的政治经济交往，出现了美国学者所谓的"没有西方的世界"；新自由主义越来越遭到发展中国家的抵制，"华盛顿共识"基本破灭；东亚与拉美、中东以及非洲等不同区域的发展中国家在独立发展以及密切交往上达成了越来越多的共识。发展中国家能否破解"自主的悖论"，既取决于发展的信心，也取决于实践中丰富多彩的创新。

作为后记，本该简洁，何况前面有详细充实的序言。由于读完、译完这部著作之后，颇有感触，不抒不畅。翻译既是一件幸福的事情，也是一件苦差事。幸福在于可以精读所译之书，品味其中之妙，收获信雅达点滴之得。苦在于被动多于主动，无法掌控分析的思路进展。

虽然只是相对简单的事务，但本书得以译成，也要感谢许多人的帮助。鉴于是译作，在此不一一点出所有提供过帮助的人，我想他们也能理解。值得特别感谢的是，我的老师、清华大学公共管理学院崔之元教授，他第一时间在英国购买了此书并赠予本人阅读。当然，也要感谢社会科学文献出版社的编辑。本书编辑的专业能力和敬业精神也让我钦佩不已。最后，感谢我的爱人琪和女儿姗姗，她们给我带来的幸福是我的动力源泉。

由于本人学识水平有限，译文中有任何不对不当之处，敬请各位及时指出！

严　荣

2008 年 12 月于清华紫荆

索 引

（索引页码为原著页码，即本书边码）

Acemoglu, Daron 260–1
Adams, John 233
Africa
    colonial development 25
    cultural stereotyping 183, 184
    growth rates 27–8
    HIV/AIDS 123
    post-colonial development 225
    see also individual countries by name
agency cost 105
    see also principal-agent problem
agriculture 68, 77, 78–80, 83
aircraft industry 27, 111
airline industry 91, 108
ALBA (Alternativa Bolivariana para las Américas:
    Bolivarian Alternatives for the Americas) 207
Alcatel 111
Algeria 241
Alien Property Act (1887) 93
Allende, Salvador 227
allocative deadweight loss 114
Alternativa Bolivariana para las Américas *see* ALBA
Amazon.com 137
America, colonial
    Britain's restrictive economic policies 45, 48–9
    see also USA
American System 52
Animal Farm (Orwell) 104
anthrax 123
Appert, Nicolas 133
ARAs (autonomous revenue authorities) 175
Arcelor 111
Argentina
    1961 *per capita* income 21, 224
    2002 financial crisis 86–7, 180
    agriculture and dairy 79
    Cavallo on 147
    corruption 257
    early 20th-century wealth 213
    foreign investment 238, 241
    inflation 148, 150
    SOEs 109, 118–19

Arthur Andersen (accountancy firm) 170
Asian financial crisis (1997)
    causes 207, 209
    and corruption 168
    and foreign investment 86–7
    and privatization 117
    South Korea 12, 34, 87, 90, 156, 158–9, 208–9
asset stripping 91
Australia 79, 178, 179, 244
Austria
    economic policies 55, 57, 60
    IPR laws 131, 133
    profit rates 256
    religion as success factor 193
    SOEs 110
automotive industry *see* car industry
autonomous revenue authorities *see* ARAs
Aventis 111

Backscheider, Paula 40
Bairoch, Paul 48, 55
Bale, Harvey 124
Bangladesh 75, 225, 241, 257
Bank of the USA 51, 52–3
banks
    accountability of central 154
    BIS capital adequacy ratio 149, 157–8
    Chile 108
    France 128
    loans to developing countries 86
    roles of central 148, 154
    USA 51, 92–3, 94, 154
    see also financial institutions, multilateral;
        World Bank
Barro, Robert 256, 263
Bayer 123
Bechtel 118
Belgium
    19th-century manufacturing 46, 48
    development and democracy 178
    economic policies 45, 57
    foreign investment 244

Belgium (cont'd)
    IPR laws 251
    see also Low Countries
Benn, Hilary 258
Berne Convention on copyright (1886) 131
Beyer, Peter 139–40
Bhagwati, Jagdish 47, 54, 87
BIS capital adequacy ratio 149, 157–8
Bismarck, Otto von 155
Blaug, Mark 250
Bolivarian Alternatives for the Americas see ALBA
Bolivia 118, 150, 207, 241
bonds 51, 86
Botswana 123, 168, 249
Bowring, John 48
Brazil
    agriculture 79
    corruption 180
    development under dictatorship 178
    foreign investment 241
    inflation and growth 149
    IPR laws 136, 251
    and neo-liberal economics 27, 28
    possible future scenario 203–7, 209
    SOEs 111
    unequal treaties with Britain 225
    and WTO governance 36
Bretton Woods Institutions see IMF; World
    Bank
bribes see corruption
Brisco, N. 230–1
Britain
    car industry 96, 107
    child labour 260
    colonial policies 45, 48–9, 24–5, 225
    corruption 162–3, 170
    democracy 173
    economic policies 16, 17, 21–2, 25, 43–8, 155
    first PM 43; see also Robert Walpole
    foreign investment 95–6, 243
    government spending 156
    IMF, control of 228
    IPR laws 131, 133, 251
    nationalization 107
    privatization 104, 115
    protection of technology 129–30, 131
    railways 115, 248
    steel industry 71, 107, 129
    technological development 128
    under Thatcher 209
    US import tax rates 75
    see also England
British Aerospace 107
British Leyland 107
British Steel 107
Brittan, Sir Leon 88

Brown, Gordon 155
brownfield investment 90–2
Bruno, Michael 150–1
budget deficits 155–8
Buiter, Willem 67, 70, 236
Burma (Myanmar) 225
Burr, Aaron 51
Burton, John 257
BWIs (Bretton Woods Institutions) see IMF;
    World Bank

Câmara, Dom Hélder 188
Cambodia 75
Cameroon 241, 249
Canada 79, 136, 178, 179, 205, 243, 244
capital market failure 113
car industry
    Britain 96, 107
    France 97, 107, 111, 112, 120
    Germany 90, 97–8, 107, 112, 210
    greenfield and brownfield investment 90, 96,
        97–8
    Japan 19–21, 96, 97, 99, 212
    Korea 90, 211
    SOEs 107, 108, 111, 112, 120–1
    USA 97–8, 108
carbon emissions 265–6
Carey, Henry 234
Carey, Mathew 234
Catholicism 188
Cavallo, Domingo 147
Chad 257
Chang, Ha-Joon: family and background 4–12,
    65–6
Chaplin, Charlie 129
Chiang Ching-Kuo 265
Chicago Boys 30
child labour 9, 260
Chile
    1961 per capita income 21, 224
    banks 108
    corruption 168
    foreign investment 241
    neo-liberal experiments 30–1
    Pinochet regime 30, 108, 171
    possible future scenario 205
China
    bureaucratic competence 217
    carbon emissions 266
    Confucianism 188–9
    corruption 162
    counterfeit goods 61
    cultural stereotyping 186
    development under dictatorship 178
    economic policies 29–30, 69
    export success 14

foreign investment 94, 99, 241
growth rates 27
and Hong Kong 24, 29
inequality 145, 227
manufacturing output 215
Opium War (1839–42) 24
possible future scenario 204–5, 207–9
post-colonial development 225
Shanghai 145
SOEs 110
sweatshops 9
TNCs 99
unequal treaties with Britain 24, 225
and WTO 172
Christian Aid 89
Chrysler 97–8, 108
Chun Doo-Hwan, General 10
Cicero 61
civil service
bureaucratic competence and development 216–17
corruption 169–70
Clay, Henry 52–3
Clercq, Willy de 231
Clinton, Bill 172
Clinton, George 233
Cobden, Richard 48, 231
Colbert, Jean-Baptiste 58
Cold War 63, 109, 266
collective investment funds 240, 241
Collor, Fernando 180
Colombia 150, 205, 225, 241
colonialism 24–5, 45
communism: and private property 103–4
comparative advantage, theory of 46–7, 70–4
competition 120–1, 126
Confucianism: and economic development 188–9, 189–92, 199
Congo (formerly Zaire; now Democratic Republic of Congo) 160–1, 164, 178, 257
contracting out 169
controlling stakes 108
copyrights and copyright law
academic books 144
balancing interests 126
expense of protecting 141–2
first laws 131
industries who protect aggressively 122
South Korea 11, 61
USA 134–5, 208, 212
see also IPR
Corn Laws 46–8
corruption
avoiding 259
causes 18, 166–7

and economic development 160–6, 180–1
and neo-liberal policies 168–71
and privatization 118
Corruption Perception Index 168
Costa Rica 10, 241
cotton manufacturing industry see textile and garment industries
counterfeit goods
Asia 11, 61, 122
copy drugs 123, 249
developed countries 131–4
harm (or otherwise) of 144
trademark laws 131, 133
see also IPR
Cruise, Tom 145
Crusoe, Robinson (fictional character) 43
Cuba 207
culture
changing 198–200
definition 187–9
and economic development 182–202

Dacom 121
Daewoo 90
Daimler-Benz 97–8
Daimler-Chrysler 97–8
dairy industry 238
Davos summit (2003) 228
De Gaulle, Charles 21
debts 86
Defoe, Daniel 40–3, 65, 229
democracy
alternatives 261
developed countries' undermining of 174–7
and economic development 171–4, 177–81
first in world 179
and free market 18
Deng Xiao-ping 121
deregulation
and corruption 170, 180
effects 115
see also SOEs
dictatorship: and economic development 178
Disney 135
Dominican Republic 241
Dore, Ronald 264
Durand, Peter 133
duty drawbacks 44, 232

Easterly, William 150–1
economic rights 175–6
Ecuador 10, 150, 205–6, 241, 251–2
Edison, Thomas 132
education
effects of copyright law on 141, 144

Korea 6
Edward I, king of England 228
Edward III, king of England 229
Egypt 241
Einstein, Albert 131–2
El Salvador 241, 251–2
electoral corruption 163, 259
electricity industry 113–14, 115, 120
electronics industry
    France 111
    Netherlands 132
    Nokia 3, 85, 101, 210, 212
    possible future scenario 1–3
    Samsung 1, 3, 210
    Singapore 96
    South Korea 1–3, 7, 9, 14, 210
Elf Aquitaine 111
Elizabeth I, queen of England 40, 41
EMBRAER 111, 112
employment
    and inflation 151–2
    and the welfare state 177
energy efficiency 219
energy industries 113–14, 115, 120
England
    17th-century excise service 259
    Tudor economic policies 40–3
    see also Britain
Enron 170
espionage see spies
essential services
    and competition 121, 248
    and privatization 113–14, 115, 118–19, 120
Etounga-Manguelle, Daniel 183
EU (European Union) 77, 264
export product quality standards 44

Faulkner, Sir Arthur Brooke 184
FDI (foreign direct investment) 86, 88–92
    see also foreign investment
Feldstein, Martin 34, 221, 255
Ferguson, Niall 25
Fielding, Henry 230
Fiji 241
financial institutions, multilateral
    regional 37
    see also IMF; World Bank
Finland
    cultural stereotyping 184
    development and democracy 178
    EU subsidies 77
    economic policies 57, 60
    foreign investment 84–5, 100–1
    SOEs 60, 110–11
Fischer, Stanley 147, 148

foreign aid 86
foreign direct investment see FDI
foreign exchange controls 14, 89, 95
foreign investment
    attempts to liberalize controls 78, 96–100
    Chile 31
    developed countries 59, 60, 92–6
    developing countries 14, 17, 29–30, 31
    pros and cons 84–102
    TRIMS agreement 76, 96–7
    types 86
Ford 20, 96
Ford, Henry 36
France
    18th-century financial system 128
    18th-century manufacturing 129, 130
    19th-century manufacturing 48
    car industry 97, 107, 111, 112, 120
    corruption 162
    cultural stereotyping 186
    democracy 173, 178
    economic policies 45, 48, 56, 58–9, 226
    electronics industry 111
    foreign investment 95, 243, 244
    IMF, control of 228
    interest rates 153
    IPR laws 131, 136, 251
    SOEs 110, 111, 120–1
    steel industry 111
    TNCs 97
    US import tax rates 75
Franco, Gustavo 27
free market economics
    academic theories supporting 46–7, 70–4
    and corruption 168–71
    and democracy 171–4, 177–81
    and developing countries 17, 67–74–8
    effect of trade liberalization on government
        revenue 69
    and growth 25, 27–31
    history of 15–17, 21–31, 40–64
    Korea's use 14–15
    neo-liberal view 12–14
    possible future scenario 203–9
    winners and losers 70–4
    see also neo-liberal economics
free trade 14–16, 24–30, 36–7, 40–63, 65–83, 211,
    217–20
free-rider problem 106–7, 116
Friedman, Milton 147
Friedman, Thomas 20–1
fuel cell technology 1–2
Fujimori, Alberto 180
Fukuyama, Francis 186–7, 197
The Full Monty (film) 71

Galbraith, John Kenneth 103
gas industry 113–14
Gates, Bill 122
GATS (General Agreement on Trade in Services) 97
GATT (General Agreement on Tariffs and Trade) 22, 23, 27, 63, 226
  Uruguay Round 74–8
Gay, John 230
General Motors (GM) 20, 90, 96
Germany
  19th-century manufacturing 48
  car industry 90, 97–8, 107, 112, 210
  corruption 258
  counterfeit goods 133–4
  cultural stereotyping 183–5, 194–8
  democracy 173, 178
  economic policies 22, 45, 50, 56, 57, 226
  foreign investment 95, 243, 244
  government spending 156
  IMF, control of 228
  infant industry protection 58
  interest rates 153
  IPR laws 131, 136, 251
  Prussian model factories 113
  SOEs 112
  steel industry 57, 58, 113
  TNCs 97–8
Ghana 2, 3, 87, 185–6, 241
Ghosn, Carlos 97
GLCs (government-linked companies) 109, 246
Gleeson, Janet 128
global economy
  control 31–7
  rich countries' share 31
global warming 219
globalization
  and democracy 260–1
  history of 21–31
  TINA argument 37–9
GM see General Motors
Golden Straitjacket 20–1
Good Samaritan 16
government appointments: corrupt 162–3
government bonds 51
government corruption see corruption
government-linked companies see GLCs
government spending 146, 155–8
Greece 107
Greene, Graham 264
greenfield investment 90
growth rates
  and free trade 25, 27–31
  and inflation 148, 149–51, 152
Guatemala 205, 213, 241, 251–2

Gulick, Sidney 183, 196
Gulliver's Travels (Swift) 43

Haiti 162, 178, 223
Hamilton, Alexander 49–51, 214
Harley, Robert 40, 43
Harris, John 250
Harrison, Lawrence 198
Harrison, William 53
HCI (Heavy and Chemical Industrialization) programme 7, 217
Heckscher, Eli 70
Heckscher-Ohlin-Samuelson theory see HSO theory
Henry III, king of England 228
Henry VII, king of England 41–2
Henry VIII, king of England 42
Hinduism: and economic development 198
HIV/AIDS 123–4
Hoechst 111
Holker, John 130
Homestead Act (1862) 53
Honduras 241
Hong Kong 10–11, 24, 29, 87, 96, 122, 193
HOS (Heckscher-Ohlin-Samuelson) theory 70–4
housing
  Korea 4, 5–6, 10
  Singapore 109
Hungary 168
Huntington, Samuel 165–6, 185–6
Hyundai 211

Iberia 91
IMF (International Monetary Fund)
  control of 35
  on foreign investment liberalization 87–8
  and neo-liberal economics 13, 15
  origins 32
  roles and policies 23, 32–6, 145–9, 156–7
import substitution industrialization see ISI
India
  British rule 45
  bureaucratic competence 216–17
  copy drugs 123, 249
  corruption 257
  development and democracy 179
  foreign investment 241
  and free market policies 30, 69
  growth rates 27, 263–4
  IPR laws 136
  manufacturing output 215
  and manufacturing vs services 214
  post-colonial development 225
  SOEs 106
  stock market 87
  and Uruguay Round 76

US import rates 75
and WTO governance 36
Indonesia
1997 crisis 87, 156–7
corruption 160–1, 164
development under dictatorship 178
foreign investment 241
subsidies 27
unequal treaties 225
infant industry protection
in agriculture 80
developed countries 58–60
Germany 58
Japan 58, 59–60
parallel with foreign investment regulation
92, 94
pros and cons 65–7, 73–4, 82–3, 126–7, 214, 226
South Korea 82–3
USA 50–2, 55
infant mortality 12, 223
inflation 12, 18, 20, 147–55, 157, 171, 175, 255–7
innovation, Schumpeter's theory of 125
intellectual property rights see IPR
interest rates 152–8, 203, 212
International Monetary Fund see IMF
investment, industrial
developing countries 153
and monetarism 153–4
timescales 211–12
see also foreign investment
IPR (intellectual property rights)
costs of system establishment 141
effect on developing countries 140–2
and Korea 11, 14
laws and conventions 131–4
length of protection 134–6
originality of protected objects 136–8
pros and cons of protecting 122–44
TRIPS agreement 76, 122–3, 135, 141, 253
see also counterfeit goods; patents
Iran (formerly Persia) 225, 241
Ireland 45, 96
Irwin, Doug 235
ISI (import substitution industrialization) 22–3
Islam
cultural changes 196
and economic development 188, 192–3
Israel 241
Italy
corruption 162, 168
cultural stereotyping 186
democracy 173, 178
economic policies 57, 60, 226
foreign investment 244
IPR laws 251, 253
SOEs 110

Ivory Coast 68

Jackson, Andrew 52, 92–3
Jaffe, Adam 137
Jamaica 184, 241
Japan
1961 per capita income 224
1990s stagnation 208
agriculture 79
bureaucratic competence 216, 217
car industry 19–21, 96, 97, 99, 212
carbon emissions 266
Confucianism as success factor 188–9,
192–3
corruption 162, 168
cultural stereotyping 182–3, 184–5, 194–8, 199,
201
development and democracy 178
economic policies 20–2, 29–30, 44, 55–60, 212
export success 14
foreign investment 92, 94–5, 239, 244
growth rates 63
IMF, control of 228
infant industry protection 58, 59–60
IPR laws 136
and Korea 3, 5, 8, 34, 80–1, 109, 183
manufacturing output 215
SOEs 113
steel industry 58, 113
and South Africa 173
TNCs 96, 97
unequal treaties 225
Jefferson, Thomas 49, 51, 136–7, 138, 233
Johnson, Chalmers 264
Johnson, Dr Samuel 230

Kay, John 253
Keegan, William 155
Kenya 241
Keynes, John Maynard 146, 221
Kim, Alfredo (fictitious politician) 203
Kindleberger, Charles 250
Korea 183, 190, 225
see also North Korea; South Korea
Korea Telecom 121
Korean War (1950–3) 3, 5
Kornai, Janos 106
Krishna, Raj 263
Kwangju Massacre (1980) 10
Lal, Deepak 225
Lall, Sanjaya 242
land ownership and reform: USA 53, 93, 235
Landes, David 187, 197
Latin America
development 25, 233

growth rates 27–8
inflation 148, 150
see also individual countries by name
Law, John 128–9
law, rule of: and economic development 191
laziness 18, 182–4, 194–7, 245
legislative corruption 163
Lerner, Josh 137
Lesotho 249
level playing field 74–8, 217–20
Lexus cars 20
life expectancy 12, 223
Lincoln, Abraham 52–4, 124
Linux 245
List, Friedrich 16, 48, 50, 217
Livingstone, Ken 176
loans
conditionalities 33–4
ways of regulating 149, 157
see also banks
London City and Midland Bank 94
Low Countries 40–2
see also Belgium; Netherlands
loyalty: and economic development 188, 192, 199
Luddites 228

McCleary, Rachel 263
McNamara, Robert 264
McPherson, John 184
macroeconomic policies 146–59
Madagascar 237
Malawi 241
Malaysia 87, 99, 188, 225, 241
manufacturing industries
developed countries 40–52, 113, 129, 177
importance 213–15
technological development and flow 127–44
see also individual industries by name; infant industry protection
Marshall Plan 62–3, 221–2
Mauritius 241
Maynilad Water Services 115–16
Merchandise Mark Act (1862) 133
Mexico
economic policies 68, 119, 225
foreign investment 241
inflation 150
and NAFTA 68–9, 205
possible future scenario 205, 207, 208
microeconomic policies 254
Microsoft 122, 126
mining 93
Mission Impossible III (film) 145
Mississippi Bubble 128

mobile phone industry 2, 3, 245
see also Nokia; Samsung
Mobutu Sese Seko 160–2, 178
Modern Times (film) 129
monetarism 146–59
money
liberating aspect 173
money supply 152–4
origins of paper money 129, 204
monopoly
costs and benefits 126
and innovation 125
natural monopolies and competition 121, 248
natural monopolies and privatization 113–14, 118–19
neo-liberal view 13
Monty Python 85
Morill Act (1862) 235
Mozambique 1–2, 3, 198, 210
Muhammad, the Prophet 193
Myanmar see Burma

NAFTA (North American Free Trade Agreement)
Chapter 11 244
and Mexico 68–9, 205
NAMA (non-agricultural market access) 78–80, 264
Nanking, Treaty of (1842) 24
nano-technology industry 203–6
Nath, Kamal 78
nationalization see SOEs
natural resources: and standards of living 213
neo-liberal economics
and corruption avoidance 168–71
on democracy 171–7, 179–81
Friedman's take 20–1
and growth rates 27–31
history 12–13
influence on development 13–14
monetarist policies 146–59
and timescales 212
Nepal 75, 241
Nestlé 97
Netherlands
economic policies 15, 45, 57, 60
foreign investment 244
government spending 156
IPR laws 15, 132, 251
see also Low Countries
New Public Management see NPM
New Zealand 79, 148, 179
Newton, Isaac 138
NGOs (non-governmental organizations): and the World Bank 35
Nhumaio, Armando (fictitious company chairman) 1–2

Nicaragua 75
Nield, Robert 170
Niger 241
Nigeria 87
Nissan 96, 97, 247
Nokia 3, 85, 101, 210, 212
non-agricultural market access *see* NAMA
non-governmental organizations *see* NGOs
North American Free Trade Agreement *see* NAFTA
North Korea 80–1
Norway 60, 79, 110, 179
NPM (New Public Management) 169–70
Nullification Crisis (1832) 52

ODA (official development assistance) *see* foreign aid
OECD (Organisation for Economic Co-operation and Development) 12, 78
Ohlin, Bertil 70
Opium War (1841–2) 24
Opus Dei 188
Orléans, Duc d' 128
Orwell, George 104
Ottoman Empire 225
  see also Turkey
overseas aid *see* foreign aid

Pakistan 216, 225, 241
Palma, Gabriel 88
Papua New Guinea 241
Paraguay 241
Paris Convention on patents and trademarks (1883) 131
Park Chung-Hee, General 6–7, 10, 217, 265
patents
  developed countries 60, 232–3
  on imported inventions 133
  interlocking 138–40
  Korea 11, 14
  possible future scenario 206, 207, 208
  public interest clashes 123
  TRIPS agreement 76
  see also IPR
Patten, Christopher 24
Peel, Robert 231
Pendleton Act (1883) 163
perfect factor mobility 71
Persia *see* Iran
Peru 75, 150, 175, 180, 241
Petrobras 111
Peugeot-Citroën 121
pharmaceuticals industry 122–5, 135, 136, 174, 208
Philippines 109, 115–16, 178, 216, 225, 241
Philips 132
Pinckney, Charles 233
Pinochet, General Augusto 30, 108, 171

pirate goods *see* counterfeit industry
Pitt the Elder, William 49
Plaza Accord (1985) 208
Pohang Iron and Steel Company *see* POSCO
politics *see* democracy
portfolio equity investment 86
Portugal 12, 223, 251
POSCO (Pohang Iron and Steel Company) 14, 109–10, 112, 113, 121
postal services 114
Potrykus, Ingo 139–40
pricing and prices
  effect of patents 126
  and natural monopolies 113–14
  price stability *see* inflation
  and privatization 117
  transfer pricing 89–90, 242
principal-agent problem 105, 107
privatization
  as loan conditionality 34
  see also SOEs
pro-cyclical investment behaviour 87
productivity: and privatization 248
profit rates, average 153
protection *see* free trade
Prussia 113, 251, 258

R&D funding
  developed countries 55–6, 58, 60, 235
  effect of patents on 124–6
  slimming drugs vs malaria cures 174
  WTO regulations 77
railways 58, 113–14, 115, 248
Reagan, Ronald 74–5, 108, 147
religion: and economic development 188–9, 189–92, 199
Renault 97, 111, 112, 120–1
residual claim 105
reverse engineering: Korea 11, 14
Rhone-Poulenc 111
Ricardo, David 46–7, 70, 231
rice, golden 139–40
road building and maintenance 118–19
Robinson, James 260–1
Robinson, Joan 100
Rolls-Royce 107
Roosevelt, Franklin 260
Roosevelt, Theodore 163
Ruggiero, Renato 23
Russell, John 184
Russia
  imperial 84, 129, 243, 251
  post-Soviet 117–18, 170–1

Sachs, Jeffrey 27, 236
St Gobain 111

Samsung 1, 3, 210
Samuelson, Paul 70
Sanofi-Aventis 111
SAPs (structural adjustment programmes) 32, 35
Sarel, Michael 256
Say, Jean-Baptiste 232
Schindler, Oscar 162
Schindler's List (film) 162
Schumpeter, Joseph 125
Schuyler, Philip 233
SDT (special and differential treatment) 77
semiconductor industry 3
Sen, Amartya 178
Senegal 241
Seoul 4–5, 10
Serbia 251
service economy: vs manufacturing 214
Shanghai 145
Shelley, Mary 183
shipbuilding 108
Sierra Leone 237
Singapore
    development under dictatorship 178
    economic policies 29
    foreign investment 96, 241
    growth rates 225, 227
    SOEs 109
    sources of wealth 215
Singapore Airlines 108, 112
Singer 138–9
Singh, Ajit 27
slavery: USA 53–4
Slovenia 12, 223
Smith, Adam 12, 45–7, 49–50, 214, 217
Smoot-Hawley tariff 54–5
Soares, Jose Antonio (fictitious businessman) 203
Soares, Luiz (fictitious businessman) 203, 206
Soares, Paulo (fictitious businessman) 203–5, 206
Soares Tecnologia (fictitious company) 203–6
SOEs (state-owned enterprises)
    developed countries 58–60
    examples of successful 108–12
    improving performance 120–1
    monitoring 120
    privatization pitfalls 116–19
    pros and cons 103–21
    state vs private enterprise 106–8
soft budget constraint problem 106
software industry 122, 126
Somoza, Anastasio 260
South Africa 123–4, 152–3, 173, 224, 241, 249
South Korea
    1997 crisis 12, 34, 87, 90, 156, 158–9, 208–9
    bureaucratic competence 216–17
    car industry 90, 211
    corruption 162, 168

counterfeit goods 11, 61
culture 183, 185–7, 189, 196, 199–201
development and politics 178, 179
economic policies 14–15, 29, 44, 55–6, 61, 81–2, 265
electronics industry 1–3, 7, 9, 14, 210
foreign investment 95–6, 101, 241, 244
growth rates 225, 227
history and development 2–12
IMF loan conditionalities 34, 148, 156, 158–9, 257
inflation and growth 149–50
life expectancy and infant mortality 12, 223
manufacturing output 29, 215, 265
per capita income 3–4, 10–11, 223, 263
sense of time 196
SOEs 109–10, 112, 113, 120, 121
steel industry 7, 9, 14, 109–10, 112, 113, 211
see also Korea
South Sea Bubble 43
Spain 56, 91, 136, 251
special and differential treatment see SDT
spies: industrial 130
spill-over effects 91
sporting analogies 218–19
'Spring of Seoul' 10
Sri Lanka 225, 241
state-owned enterprises see SOEs
steel industry
    Britain 71, 107, 129
    British ban of American 45
    France 111
    Germany 57, 58, 113
    Japan 58, 113
    protectionism 25, 57, 129
    South Korea 7, 9, 14, 109–10, 112, 113, 211
Stiglitz, Joseph 5, 254
stock markets: relative size 87
structural adjustment programmes see SAPs
subsidies
    developed countries 17, 58–60
    and essential services 114–15
    Korea's use 14
    private firm bail-outs 107–8
    and SOEs 106, 107
    white elephant projects 27
    WTO regulations 76–7
Suharto, Mohamed 160–1, 178
Sun Yat-Sen, Dr 110
Swaziland 237
Sweden
    corruption 162
    economic policies 57, 58, 153, 157–8, 201, 226
    government spending 156, 158
    industrial relations 199
    industry automation 177

interest rates 153
IPR laws 251
public-private cooperation 58
SOEs 58, 108
training 72
Swift, Jonathan 43
Switzerland
    agriculture 79
    19th-century manufacturing 46, 48
    development and democracy 178, 179
    economic policies 15, 45, 60
    foreign investment 244
    interest rates 153
    IPR laws 15, 131–2, 136, 251
    life expectancy and infant mortality 12, 223
    manufacturing output 214–15
    sources of wealth 214–15
    TNCs 97
Syngenta 139–40

Taiwan
    bureaucratic competence 216–17
    corruption 162
    culture 193
    development and politics 178, 179
    economic policies 29, 44, 55
    foreign investment 95
    growth rates 225
    SOEs 110
Tanzania 123, 241, 249
tariffs
    ongoing pressure to reduce 203
    protection see free market economics
taxation
    and corruption avoidance 259
    independent tax offices 175; see also ARAs
    system establishment 115
Taylor, Zachary 53
technologies
    historical development and flow 127–44
    importance of acquiring 81–2, 127
telephones
    landline 113–14, 119, 121
    mobile see mobile phone industry
Telmex 119
textile and garment industries 9, 41–2, 45, 81
Thailand 87, 99, 225, 241, 256
Thales 111
Thatcher, Margaret 37–8, 104, 209
The Third Man (film) 214–15
Thomson 111
timber industry 93
time, sense of 196
TINA (There Is No Alternative) 37–9
TNCs (transnational corporations) 89–102,
    239–40

Togo 241
Tools Act (1785) 130
township and village enterprises see TVEs
Toyota 19–21, 92, 212
trade liberalization see free market economics
Trade-related Intellectual Property Rights agree-
    ment see TRIPS
Trade-related Investment Measures agreement see
    TRIMS
trademark laws 131, 133
    see also counterfeit goods; IPR
transfer pricing 89–90, 242
transnational corporations see TNCs
treaties, unequal 24–5
Tres Estrelas (fictitious company) 1–2, 3
TRIMS (Trade-related Investment Measures)
    agreement 76, 97–7
Trinidad and Tobago 241
TRIPS (Trade-related Intellectual Property Rights)
    agreement 76, 122–3, 135, 141, 253
trust: and economic development 186–7, 197
Tunisia 241, 251
Turkey 225, 241
TVEs (township and village enterprises) 110

Uganda 123, 175, 178, 237, 249
unemployment
    disguised 152
    see also employment
Uruguay 168, 241
USA
    1800 presidential election 233
    1860 presidential election 54
    2000 presidential election 261
    agriculture 77, 79
    anthrax scare 123
    banks 51, 92–3, 94, 154
    and BWI control 35
    Californian electricity deregulation 115
    car imports 19
    carbon emissions 266
    corruption 163, 168, 170
    development and democracy 178, 179
    drugs research funding 125
    economic policies 17, 22, 48–56, 57, 62–4, 74–5
    foreign investment 92–4, 243
    government spending 157
    import tax rate variations 75, 76
    infant industry protection 50–2, 55
    interest rates 152–4, 156–8, 203
    IPR laws and suits 131, 133, 134–5, 136–9, 208, 212
    manufacturing output 215
    Marshall Plan 62–3
    Mexican diaspora 68, 236
    per capita income 25

possible future scenario 205–8
Republican Party, origins 53
slavery 53–4
soldiers in Korea 8–9
stock market 87
subsidies 77, 108
TNCs 97–8
Whig Party 234
see also America
USAID: on Korea 3
Usinor 111
utilities see essential services
Uzbekistan 257

VAD (Vitamin A deficiency) 139
Venezuela 150, 206–7, 241
Venice 131
Vidal, Gore 158
Vietnam 5, 61, 165, 188, 205
Vinalon 81
Vitamin A deficiency see VAD
Volcker, Paul 151
Volkswagen 112, 210
wages: and inflation 151–2
Walpole, Horace 230
Walpole, Robert 40, 43–6, 162, 213–14
Wang Xing-Guo (fictitious central banker) 204
Warner, Andrew 27, 236
water industry 113–14, 115–16, 118
The Wealth of Nations (Smith) 46, 49
Webb, Beatrice 183, 199
Weber, Max 182
welfare state 72, 167, 177, 199, 259
Welles, Orson 214–15
West, Richard 40

Wilkins, Mira 243
Williams, Ernest 133–4
Winters, Alan 216, 217
Wolf, Martin 142, 172
Woolf, Virginia 253
woollen manufacturing industry see textile and
    garment industries
Woolsack: origins 229
World Bank
    and agricultural liberalization 78
    control of 35
    and corruption 161
    on costs of TRIPS agreement 141
    East Asian Miracle report 216
    and neo-liberal economics 13, 15
    origins 32, 75
    and privatization 119
    roles and policies 23, 32–6, 75–8
World Economic Forum, Davos (2003) 228
WorldCom 170
Wright Brothers 139
WTO (World Trade Organisation)
    and China 172
    governance structure 36–7
    and neo-liberal economics 13, 15
    origins 23, 36, 75
    policies 75–8
    possible future policies 203

Yemen 257

Zaire see Congo
Zambia 241
Zhou Enlai 212
Zimbabwe 68–9, 241

图书在版编目（CIP）数据

富国的伪善：自由贸易的迷思与资本主义秘史／
（英）张夏准著；严荣译 . -- 北京：社会科学文献出版
社，2023.1
（思想会）
书名原文：Bad Samaritans：The Myth of Free
Trade and the Secret History of Capitalism
ISBN 978 - 7 - 5228 - 0636 - 5

Ⅰ.①富… Ⅱ.①张… ②严… Ⅲ.①发展中国家 -
经济发展 - 研究　Ⅳ.①F112.1

中国版本图书馆 CIP 数据核字（2022）第 158711 号

· 思想会 ·

富国的伪善：自由贸易的迷思与资本主义秘史

著　　者／〔英〕张夏准（Ha-Joon Chang）
译　　者／严　荣

出 版 人／王利民
组稿编辑／祝得彬
责任编辑／吕　剑
责任印制／王京美

出　　版／社会科学文献出版社 · 当代世界出版分社（010）59367004
　　　　　　地址：北京市北三环中路甲 29 号院华龙大厦　邮编：100029
　　　　　　网址：www. ssap. com. cn
发　　行／社会科学文献出版社（010）59367028
印　　装／北京盛通印刷股份有限公司

规　　格／开 本：880mm × 1230mm　1/32
　　　　　　印 张：9.125　字 数：227 千字
版　　次／2023 年 1 月第 1 版　2023 年 1 月第 1 次印刷
书　　号／ISBN 978 - 7 - 5228 - 0636 - 5
著作权合同
登 记 号　／图字 01 - 2021 - 2626 号
定　　价／88.00 元

读者服务电话：4008918866